조선의 탐식가들

食

조선의 탐식가들

지은이 김정호
초판 1쇄 발행 2012년 2월 6일
초판 5쇄 발행 2023년 12월 20일

펴낸곳 도서출판 따비
펴낸이 박성경
편집 신수진
디자인 박대성

출판등록 2009년 5월 4일 제313-2010-256호
주소 서울시 마포구 서교동 460-14번지 1층
전화 02-326-3897
팩스 02-6919-1277
메일 tabibooks@hotmail.com
인쇄・제본 영신사

ISBN 978-89-964175-6-9 03910

값 22,000원

* 사진 · 그림 도움주신 곳
국립중앙박물관, 상주시청, 연합뉴스, 초의학술문화원, (주)KEYWORD

조선의 탐식가들 食

김정호 지음

일러두기

· 본문에서 인용한 고서들의 번역은 한국고전번역원 고전번역총서를 따르고 다듬은 것입니다.

· 책 뒤 참고도서 목록에 들어 있지 않은 《논어》, 《진서》, 《파한집》, 《필원잡기》, 《한경지략》, 《지수염필》, 《증보산림경제》 등 몇몇 고서의 인용문은 한국고전번역원 고전번역총서의 각주에서 따온 것이거나, 출처를 확인하지 못하고 재인용한 것임을 밝힙니다.

추천사

맛깔스런 글로 차린 조선 시대 맛의 식탁

조금 이상하게 들릴지 모르겠으나 조선 시대 선조들 가운데에는 조선의 음식이 한중일 세 나라 음식 가운데 제일이라고 생각한 사람들이 꽤 있었다. 대신 중국은 옷이 제일이고 일본은 주택이 제일이라는 것이다. 우리 자신을 이웃나라인 중국, 일본과 견주어 생각하는 버릇이 의식주에 적용된 것이리라.

의식주를 놓고 그 시대 사람들이 이렇게 자부한 것은 중식이나 일식이 현대사회에서 차지하는 음식권력에 비춰 보면 당당하다 못해 오만하게까지 느껴진다. 얼마 전까지만 해도 나는 그런 생각을 우물 안 개구리의 독단이라고 치부하고 말았다. 그런데 점차 생각이 바뀌어서 그렇게 볼 만한 이유가 충분하다고 인정하게 되었다. 한식의 맛이 지닌 도도한 가치를 나이가 들어 가고 갖가지 외국 음식을 체험하며 알아차렸다고나 할까? 더욱이 음식의 맛이란 이기적이지 않은가?

조선 시대 사람들이 자부심 섞어 한 말을 내가 한때나마 인정하지 못했던 데는 이유가 있다. 한식을 단순하고 소박한 음식이라고 여겼고, 경제가 좋지 못했던 조선 시대에 멋진 음식을 탐하는 탐식가가 얼마나 되랴 하는 선입관이 있어서다. 옛사람들이 누누이 강조하는 사치혐오증이 음식에도 전이된 자취를 많이 접한 것도 그런 선입관을 굳히게 만들었다. 그런데 조선 시대 지식인들이 남긴 수많은 고서를 읽게 되면서 그런 관점이 한 가지 측면만을 주목한 상당히 좁은 편견이었음을 점차로 깨닫게 되었다. 누가 뭐라 하지 않아도 그동안 상식처럼 지니고 있었던 편견이 스스로 허물어짐을 느꼈다.

이번에 출간되는 김정호 작가의 《조선의 탐식가들》을 보고 나니 내가 고서를 읽어 가면서 깨뜨렸던 조선 시대 음식문화의 편견을 한꺼번에 부숴 버리는 느낌을 받았다. 생존을 위한 소박하고 거친 음식만이 조선 시대 사람들의 식탁을 독점한 것은 아니라는 실상을 문헌 속 증거와 흥미로운 이야기와 논리로 선명하게 드러냈다. 퍼뜩 눈에 뜨이는 것 한두 가지를 보면, 서양의 피자나 스파게티와 같은 음식이 근래 들어 우리 식탁 위에 올라오듯이 조선 시대에도 중국과 일본으로부터 신선로와 승기악탕이 수입되어 식탁에 올라왔고, 성호 이익처럼 참으로 소박하게 콩 요리를 해 먹은 절식가가 있었던가 하면, 교산 허균처럼 미식가 내지 탐식가도 있었으며, 지금도 개고기를 즐기는 사람과 혐오하는 사람이 나뉘듯이 조선 시대에도 전혀 다를 바 없는 갈등이 있었다. 우리 주위에서 어렵지 않게 미식가들이 눈에 뜨이듯이 조선 시대에도 유별난 미식가들이 존재했었다.

이 책은 많은 문헌자료를 통해서 그 시대 탐식가의 세계가 충분히 그럴 듯한 미각의 진실함을 지녔음을 보여 준다. 그동안 우리는 옛사람의 음식의 향유에 대해 지나치게 편견을 갖고 있었던 것이나 아닌지 반문하게 된다. 탐식가의 존재는 문명 어디에나 고금을 따지지 않고 존재한다는 사실을, 먼 나라가 아니라 바로 몇 백 년 전 음식을 탐하는 우리 선조들의 사연이 또렷하게 말해 준다.

저자인 김정호 작가는 수많은 자료더미 속에서 음식의 향유를 다룬 기록들을 찾아 그 계보를 추적했다. 그 안에는 그동안 단편적으로 알려진 사실도 있고, 지식으로 이해하던 것도, 그럴 법하다고 짐작하던 것도 있다. 그러나 숨겨져 있고 흩어지고 조각난 자료의 퍼즐을 짜 맞추어 조선 시대 음식문화의 주요한 장면을 복원하여 그 진진한 맛의 식탁을 우리 앞에 질서 있고 성대하게 차려 놓은 것은 저자의 특별한 솜씨다. 음식과 관련하여 우리가 알고 있던 상식이 통쾌하게 무너지고, 서로 연결되지 않던 현상들이 잘 꿰 맞춰진다. 맛깔스런 글의 성찬이다. 이 책이 널리 읽혀 우리들 탐식의 역사를 음식을 차려 놓은 대화의 자리에서 즐겁게 주고받을 수 있기를 기대해 본다.

안대회 성균관대 한문학과 교수

서문

성리학으로 차린 조선의 밥상

사대부, 어금니를 벌려 고기를 뜯다

1392년, 새 나라 조선이 들어섰다. 무엇이 달라졌을까? 변화는, 아주 미미했지만 밥상에 찾아왔다. '육식 금지'가 풀린 것이다. 그러나 조선 정부가 '먹어도 된다'고 말한 '고기'가 소나 말, 돼지, 개, 닭이라면 그것은 서민들을 약 올리는 처사였다. 없어서 못 먹고 있었기 때문이다.

반면에 지배층이 된 사대부 계층에게 '육식 금지 해제' 소식은 새 시대의 축포 소리였다. '만악의 근원' 불교를 상대로 유교가 이겼다는 사실에 몹시 고무된 그들은 축승 의식을 '사문대작寺門大嚼'으로 대신했다. 절간을 향해 웃음을 날리며 한껏 어금니를 벌려 고기를 뜯었던 것이다.

그러나 패망국 고려의 부실 채권을 고스란히 승계한 조선은 축포를 너무 일찍 터뜨렸다며 속도 조절에 나섰다. 백성들의 밥그릇은 여전히 비어 있었기 때문이다. 정치란 백성들의 밥을 해결하는 것이다. 혁명이란 정치권력만 바꾸는 것이 아니고 밥을 해결하는 것이다.

조선은 황급히 사대부의 육식 열풍에 찬물을 끼얹었다. '혁명'의 후퇴를 막자면 블랙홀 같은 지배층의 목구멍을 통제해야 했다. 첫 조치가 '소 도살 금령'이다. 그뿐 아니라 조선 정부는 고려 정부와는 차원이 다르게 밥상을 전면적으로(!) 통제했다. 이른바 '성리학적 밥상론'이 등장한 것이다.

조선은 성리학의 명분론名分論을 앞세워 밥상을 차별했다. 제후

신분인 왕은 '12첩 반상', 공경대부는 '9첩 반상', 양반은 '7첩 반상', 중인 이하는 '5첩·3첩 반상'을 차려 먹도록 강제한 것이다. 명분론은 '모든 사람이 자신의 명목과 본분을 지키면서 살 때 그 사회가 조화와 균형을 이룬다'는 주장이다. 신분은 하늘이 내린 것이므로 왕은 왕답게, 사대부는 사대부답게, 백성은 백성답게 자기 분수를 지키라는 것이다. 조선의 사농공상 신분 차별은 바로 명분론에 뿌리를 두고 있다.

왜 조선은 개개인의 지극히 사적인 공간, 밥상까지 통제했을까? 그것은 사대부 중심의 계급질서를 지키기 위해서였다. 밥상을 차별함으로써 신분과 신분 사이에 장벽을 세웠고, 계층 간에 서로 견제하고 반목하게 만들었으며, 서민에게는 지속적으로 열패감을 심어 주었다. 국가는 질서의 수호자로서 '망치'를 들고 '모난 돌'만 때리면 됐다.

그러나 그 시스템이 지속되려면 사대부 계층에게도 '페널티'를 주어야 했다. 지배층의 지나친 탐욕은 서민들의 불만과 반발을 불러일으킨다. 따라서 조선의 지배층은 최소한 고려의 귀족처럼 탐욕스럽지는 말아야 했다. 그래서 조선의 지배층은 탐욕을 감추기 위해 성리학의 '예禮'로 자신을 포장했다.

조선의 사대부들은 예의 출발을 식사예절에서 찾았다. 공자의 식습관이 모범답안이었다. 공자는 인간의 식사는 짐승들의 먹이활동과 달라야 한다고 말했다. 예법을 갖추고 바르게 먹으라는 얘기였다.

다음은《논어》에 나오는 공자의 식습관이다.

(공자는) 밥은 정백精白한 것을 좋아하였고, 회는 얇게 썬 것을 좋아하였다. 밥이 쉬고 상한 것과 생선이 상하고 고기가 썩은 것을 먹지 아니하고, 색이 나빠도 먹지 아니하고, 냄새가 나빠도 먹지 아니하고, 조리가 알맞지 아니하여도 먹지 아니하며, 식사 때가 아니면 먹지 아니하였다. 벤 것이 똑바르지 않으면 먹지 아니하고, 거기에 알맞은 장을 얻지 못하면 먹지 아니하였다.

〔논어, 향당 제10〕

공자와 제자들이 나눈 예에 관한 이야기는 후세들에 의해 문자로 기록되었고, 그것이 또 후세들에게 전해져 다양한 예설이 세워졌다. 한나라 이후에는 예학을 전문으로 연구하는 예학자들이 등장했고, 그들은 신분제 사회에 걸맞은 예법을 발전시켰다. 그 모든 예법을 집대성한 책이 《예기禮記》이다.

《예기》의 〈왕제〉 편에는 "제후는 까닭 없이 소를 잡지 않으며, 대부는 까닭 없이 양을 잡지 않고, 선비는 까닭 없이 개, 돼지를 잡지 않으며, 서인은 까닭 없이 진미를 먹지 않는다."라는 말도 있다.

공자의 말과 《예기》는 조선 성리학자들의 식습관에 큰 영향을 끼쳤다. 공자를 본받아서 '바르게 먹어야 정신도 바르게 된다'며 식사 예법을 강조했고, '담박하게' 먹는 것을 군자의 미덕으로 여겼다. 공자의 식습관은 조선 사대부 여성의 식습관에도 큰 영향을 끼쳤다. 특히 임신한 여성에게 공자의 식습관은 반드시 지켜야 할 태교 철칙으로 강요되었다.

이덕무의 '소박한 밥상'론

; 참다운 미식가는 절제할 줄 안다

어떻게 먹는 것이 바르게 먹는 것일까? 거기에는 두 가지 뜻이 있다. 하나는 낯설거나 부정한 음식은 먹지 말라는 것이다. 또 하나는 음식을 대하는 마음가짐과 자세를 바르게 하라는 것이다. 그 모범 답안을 조선 후기의 중인 지식인 이덕무의 〈사소절〉에서 발견할 수 있다.

이덕무는 "나는 본시 가난한 형편이고 먹는 양 또한 매우 적은데다 천성이 청검하고 체질이 취약하다. 언제나 분수를 알아 명복을 아끼고 먹는 것을 절제하여 건강을 꾀하려 했다."라고 말했다. 그러기 위해 그는 송나라 시인 황정견의 식시오관食時五觀을 지키려 노력했다. 식시오관이란 '음식을 대하는 다섯 가지 마음가짐'이라는 뜻으로, 조선 사대부의 음식철학을 엿볼 수 있는 글이다. 허균의 《한정록》과 빙허각 이씨가 쓴 《규합총서》에도 실려 있다.

식시오관

• 음식을 보면 그 속에 담겨 있는 노고를 헤아리고, 그것이 어디서 나왔는지 생각해 보라.

• 자신의 덕행德行이 완성되었는지 결여되었는지를 헤아려서 공양供養을 받아야 한다.

• 마음을 절제하여 지나친 탐욕을 없애는 것으로 근본을 삼아야

한다. 특히 맛에 대해서는 지나치게 까탈을 부리지 말아야 한다.

• 음식을 몸에 좋은 약으로 알고 몸이 파리해지는 것을 막기 위해 먹어야 한다.

• 군자는 도업을 먼저 행하고 그 다음에 음식 먹을 생각을 해야 한다.

이 글은 '선비에게 밥이란 무엇인가'를 생각하게 한다. 선비의 식사는 밥에서 인격 도야에 필요한 힘을 얻는 것이 목적이다. 그러므로 소박하고 정갈한 밥상이면 충분하다. 그 이상은 탐욕이며 군자로서 추구할 바가 아니다. 성리학은 미식과 탐식 행위를 소인배나 호사가의 추악한 취미라고 무시했다. 그렇게까지 탐식을 죄악시할 필요는 없지만, 조선의 왕들보다 더 탐식을 일상적으로 즐기게 된 우리로서는 입가심하듯 식시오관을 읊조려 보는 것도 의미가 있겠다.

이덕무, 그는 학자로서는 가수저라(카스테라)·승기악이(스기야키) 같은 외국 음식과 음식문화에 관심이 많았다. 그러나 정작 자신이 먹는 음식에는 신경을 쓰지 않았다. 음식과 옷에 관한 그의 소신은, "무릇 입에 들어가는 것이면 다 음식이라 할 수 있고, 몸에 걸치는 것이면 다 의복이라 할 수 있다."라는 것이었다. 그는 음식을 가려 먹고 미식을 추구하는 사람을 어리석게 여겼다.

그는 부귀한 집 자제로서 거친 밥을 달게 먹는 사람은 복 받을 사람이요, 시정市井 사람으로 기장·보리·피·콩으로 지은 밥을 먹기 싫어하는 사람은 길한 사람이 아니라고 했다. 밥에 관해서는,

썩거나 설익은 밥, 겨나 모래, 먼지가 섞인 밥, 벌레나 짐승이 먹다 남긴 밥만 아니면 다 먹을 수 있다고 말했다. 그러면서 "다른 못된 습관은 쉽게 고치지 못할 것도 있지만, 음식을 가리는 습관만은 고치기가 어려운 것도 아니다."라고 하였다.

그렇다고 이덕무가 음식으로 정을 나누는 일까지 사치로 폄하했던 것은 아니다. 그는 "술과 음식을 가지고 서로 즐기는 것은 아름다운 일이다."라고 했다.

탐식하는 사람은 주식酒食이나 과실을 오래 간직했다가 쉬고 곰팡이가 나면 땅에 버릴지언정 차마 남에게 주지 않는데, 이것은 인정에 가깝지 않은 일이다. 모름지기 이런 따위의 일은 빨리 고치기를 생각해야 한다.

그가 경계한 것은 미식과 탐식, 절제할 줄 모르는 식습관이었다. 그는 사대부가 아니라 서자 출신 중인이었음에도 성리학의 가르침에 충실하려고 애썼다.

조선 왕들의 식치 퍼포먼스

조선 시대 왕들의 통치술 중에 '식치食治'가 있다. 식치에는 두 가지 의미가 있는데, 하나는, '음식이 가장 좋은 약'이라는 한의학의 건강철학이다. 조선 시대에 왕의 건강을 지키기 위해 취한 음식 처방이었다. 다른 하나는, 왕이 검소한 식생활을 보여서 민심을 얻으려 했던 통치술이다.

조선의 왕들은 자연재해나 전염병, 전쟁 등으로 위신이 떨어지거나 신하들에게 주의를 환기할 필요가 있을 때 술과 음식을 줄이고 근신하는 모습을 보였다. '왕은 백성들과 한 몸이며, 동고동락하고 있다'는 것을 과시하려는 퍼포먼스였다. 그런 수법은 요즘도 가끔 보인다. 예전에 어느 대통령이 청와대의 점심을 칼국수로 바꾼 것이나, 또 어느 대통령이 시장에서 떡볶이를 시식하고 '맛있다'고 한 것 혹은 배추 파동 때 배추김치 대신 양배추김치를 올리라고 지시했던 것이 '식치 퍼포먼스'이다. 조선 시대의 수법을 지금도 써 먹다니, 그들은 아직도 민심은 늘 통치술을 앞질러 왔다는 사실을 모르고 있다.

그럼에도, 조선의 왕들은 늘 '소박한 밥상' 전략을 폈다. 사실 그들은 적게 먹지도 않았으면서 그랬다. 그 이유는 '적게 먹지 않으면 살아남을 수 없다'는 국가적 차원의 절박감에서 나온 것이었다. 그러나 그들의 퍼포먼스는 구한말의 국채보상운동이나, 외환위기 때 금 모으기 운동과 같은 효과를 보지 못했다. 그 까닭은 왕들의 진정성이 약했고, 오래 지속되지도 않았기 때문이다. 무엇보다 아래로부터 조직된 운동이 아니었기 때문이다. 심지어 식치 전략은 지배층인 사대부조차 설득하지 못했다.

탐식가도 가지가지, 이유도 가지가지

조선 사대부는 이덕무처럼 '식시오관'을 실천했을까? 사대부 중에 가장 건전한 식습관을 추구한 사람은 성호 이익과 다산 정약용을 꼽을 만하다. 성호는 평생 궁벽한 시골에 살면서 '애숙가愛菽歌'를 불렀다. 그는 콩 예찬론자였다. 다산은 유배생활 내내 채소를 몸소 가꾸었고, 두 아들에게 "맛있고 기름진 음식을 먹으려고 애써서는 결국 변소에 가서 대변보는 일에 정력을 소비할 뿐"이라며 근검을 강조했다. 심지어 다산은 "음식이란 목숨만 이어 가면 되는 것"이라며 맛을 이성적으로 무시했고, "아무리 맛있는 고기나 생선이라도 입 안으로 들어가면 이미 더러운 물건이 되어 버린다."라며 진수성찬의 가치를 부정했다.

반면에 미식과 탐식에 빠져든 사대부도 많았다. 《홍길동전》을 쓴 허균은 음식철학에서 다산과는 정반대였다. 그는 "먹는 것과 성욕은 사람의 본성이다."라며 성리학의 심성론에 반기를 들었고, 먹을거리를 생산하는 사람을 천하게 여기는 조선 지식인의 위선을 비판했다. 그러면서 "나는 평생 먹을 것만 탐한 사람"이라고 실토했다. 그는 물산이 풍부한 고을에 부임하려고 로비를 벌였고, 부르는 곳이면 불원천리하고 달려가 후회 없이 먹었다. 그런 그를 안티anti들은 "천지간의 한 괴물"이라 불렀다. 그는 사대부 출신 첫 음식 칼럼니스트로서 《도문대작》을 썼다. 그 책은 조선 최초의 음식·식재료 품평서이다.

허균 외에도 미식과 탐식을 즐겼던 사대부들은 많았다. 주로 권력과 부의 정점에 오른 사람들이 진귀한 음식으로 자신의 힘과 존재를 과시하려 했다. 그들이 미식을 추구한 동기는 무지개 색깔처럼 다양했다. '조선의 소동파'로 불릴 만큼 많은 시를 쓴 서거정은 소동파처럼 미식가이기도 했다. 음식 취향은 불교와 유교 사이에서 왔다 갔다 했고, 정치적으로는 2퍼센트 부족한 권력 때문에 늘 열등감을 드러냈다.

또 다른 유형의 탐식가로는, 권력의 달콤함을 혀로 느끼고자 했던 윤원형·김안로·정후겸, 커다란 밥상으로 부를 과시하려 했던 졸부들, 중국 사대부들의 흥취를 그대로 따라했던 문화 사대주의자들, 금령을 비웃은 소고기 마니아들, 두부 먹으러 절간으로 달려갔던 호사가들, 음식 조리서 《수운잡방》을 쓴 안동 선비 김유 등이 있었다.

반면에 귀양살이의 고단함을 음식으로 달래고자 했던 추사 김정희, 신분 차별의 설움을 미식으로 달래려 했던 중인 이표, 중인 주제에 신선처럼 살고 싶어 했던 이규경은 탐식가로 분류하기는 미안한 감이 있지만 다른 차원의 미식가였다. 이처럼 조선의 탐식가들은 미식을 추구한 동기가 각자의 신분과 처지에 따라 달랐다.

탐식가, 그들은 성리학에 가려진 조선의 이면을 보여 주는 반사경이다. 그리고 성리학으로 차린 조선의 밥상, 그것은 차별 밥상이었다.

01

우심적

존경하는 선비에게 바치는 음식

牛心炙

우심은 왕희지에게 대접함이 좋으리

고려의 문신 이인로李仁老(1152~1220)의 《파한집破閑集》에 '우심牛心'이라는 말이 나온다. 고려 의종 대의 문신 유희劉羲가 기생 우후牛後의 마음을 얻기 위해 지었다는 시에 등장한다. 어느 날 유희는 과거에 급제한 동료들과 함께 우후의 기방에 갔다. 한창 술을 마시다가 절세가인 우후를 서로 차지하려고 경합을 벌였는데, 각자 시를 지어서 우후의 선택을 받기로 했다. 그때 유희가 쓴 시가 이것이다.

우심지합공희지 牛心只合供羲之

'우심적은 희지(왕희지)에게 대접함이 좋으리.'라는 뜻이다. 우심은 소의 심장이다. 때로는 염통과 간까지 우심이라 부르기도 한다. 우심적은 진나라의 주의周顗가 소 염통을 구워 누구보다 먼저 왕희지王羲之에게 주었다는 고사가 담긴 음식이다. 《진서晉書》 〈왕희지전〉에 이와 같이 나온다.

왕희지는 어릴 때 말을 더듬어서 아무도 특별하게 여기지 않았다. 13세에 주의를 찾았을 때에 주의는 그를 특출하게 여겨 우심구이로 대접했다. 당시 이 음식을 매우 중히 여겼는데 좌중의 다른 손님은 누구도 먼저 먹은 이가 없었다.

그 뒤로 우심적은 덕망이나 학식이 높은 사람이나 지인에게 존경하는 마음을 담아 대접하는 명예로운 음식으로 선비들 사이에 퍼졌다.

유희는 우심적의 고사를 떠올려서, 우심을 '우후의 마음'으로, 왕희지의 희는 자신의 이름 '희'에 빗대어 "우후의 마음은 희에게 오는 것이 좋으리."라고 썼다. 즉 우심적이 왕희지의 차지가 되었던 것처럼, 우후는 자신이 차지하는 것이 마땅하다고 재치 있게 표현한 것이다.

유희는 고려 의종 대의 문신으로, 여러 관직을 거쳐 한림학사가 되었으나 명종 때 이의방李義方에게 피살당했다.

천하 명소 팔백리박의 심장을 구워 먹은 왕제

우심적牛心炙은 왕희지 이전부터 존재했던 음식으로, 그 유래를 보여 주는 고사가 있다.

진나라의 부호였던 왕개王愷는 '팔백리박八百里駮'이라는 이름난 소가 있었다. '팔백리'란 '천리마'의 '천리'처럼 상징적인 거리이고, '박駮'은 준마에게 쓰는 말이다. 왕개는 그 소를 무척 사랑하여 날마다 발굽과 뿔을 번쩍번쩍 빛나게 닦고 치장했다.

어느 날 또 다른 부호 왕제王濟가 왕개를 찾아가 내기를 청했다. "나는 활을 당신만큼 잘 쏘지 못하오만, 오늘 활쏘기로 내기를 합시다. 내가 만일 저 소를 한 번에 쏘아 죽이면 나에게 주고, 죽이지 못하면 내가 천만 전千萬錢으로 보상을 하리다."

왕개는 선뜻 내기에 응했다. 설마 왕제가 정말 팔백리박에게 활을 쏘겠나 하는 생각도 들었고, 자신의 소가 화살 한 방에 죽지는 않을 거라 생각했던 것이다. 그러나 왕제는 서슴없이 활을 쏘았고, 팔백리박은 그 자리에 쓰러져 죽고 말았다. 왕개는 심장이 덜컥 내려앉은 듯 외마디 비명을 질렀고, 왕제는 큰 소리로 하인들을 불렀다. "속히 저 소의 심장牛心을 꺼내 오너라."

하인들이 팔백리박의 배를 갈라 심장을 꺼내 오자 왕제는 숯불에 구워서 단 한 점만 맛보고는 유유히 자리를 떴다. 왕제는 지극히 사치스럽게 맛 좋은 음식만 찾아다녀서 미식가의 대명사로 불렸다.

이 일화는 《진서》의 〈왕제열전〉에 실려 있는데, 왕제의 호탕한 기개를 칭송하는 이야기로 널리 퍼졌다. 그 뒤로 우심구이(우심적)는 사나이의 기개를 상징하는 음식이 되었다.

헛된 칭찬은 우심을 욕되게 했네, 서거정

우심적은 조선 시대 사대부 문인들의 시에 종종 모습을 드러낸다. 사대부들의 서화에서 사군자가 군자의 기상을 보여 주는 소재로 사랑을 받았듯, 우심적은 군자가 즐겨도 탐욕스럽게 보이지 않고 허물이 되지 않을 음식으로 대접받았던 것이다. 우심적이 그런

융숭한 대접을 받게 된 것은 물론 왕희지가 먹었다는 고사 때문일 것이다.

조선 최대 시문집 《동문선東文選》(1478)의 책임 편찬자 서거정徐居正(1420~1488)의 《사가집四佳集》(1488)에도 '우심적'이 보인다. 무려 여섯 편의 시에서 '우심(적)' 타령을 했는데, 그중 〈담수가 화답하므로, 다시 앞의 운을 사용하여 화답하고, 겸하여 채자휴에게 적어 보내다〉라는 시이다.

……

젊은 날엔 늘 우심적을 생각했는데 常懷少日牛心炙

노년에는 해안다의 내력이나 적고 싶구려. 欲譜殘年蟹眼茶

〔사가집 권12〕

담수淡叟는 조선 전기 문신 윤자영尹子濴이고, '해안다蟹眼茶'의 해안은 차가 막 끓기 시작할 때 게의 눈처럼 자잘하게 일어나는 기포를 말한다. 여기서는 차의 내력 또는 차를 달이는 방법을 가리킨다.

서거정이 평소 실제로 우심적을 즐겼는지는 알 수 없다. 그가 "늘 우심적을 생각했"다고 쓴 것은 '젊은 날에는 높은 명망과 부귀를 꿈꾸며 살았다'는 의미이다. '우심적'에서 '해안다'로 관심사가 바뀌었다는 것은 나이를 먹은 뒤로 욕심을 비웠다는 뜻이다. 그의 시 중에는 '홍시紅柿'를 우심에 비유한 것도 있다.

깊은 가을 단풍잎에 늦은 서리 어릴 제 秋深紅葉晚凝霜
규룡의 알, 소 심장이 덩이마다 향기롭네. 虯卵牛心顆顆香
한 번 씹으니 단맛이 입을 기쁘게 하여라, 嚼破甛甘能悅口
요사이 석 달 동안 고기를 전혀 잊었네. 邇來三月肉全忘

〔사가집 권10〕

'규룡虯龍'은 용의 새끼로, 온몸이 붉고 뿔이 달린 상상의 동물이다. 그런 동물의 알이라면 당연히 진귀한 음식일 것이다. 색깔은 홍시처럼 붉었던 모양이다. 홍시를 규란에 비유한 사람은 서거정이 처음은 아니다. 고려의 문신 목은 이색李穡(1328~1396)도 홍시를 '규란'이라 불렀다. 홍시를 우심에 비유한 것도 이채로운데, 소 심장의 모양과 색깔로 봤을 때 시각적으로 쉽게 공감이 된다.

서거정이 원접사로서 명나라 사신을 영접할 때 썼던 시에도 '우심'이 등장한다.

정사의 압록강별운鴨綠江別韻 4수에 처운하다

서로 사귀는 데는 꾸밈이 적었고 交際皮毛少
사문*으로는 골육처럼 깊었도다. 斯文骨肉深
이름 전하려 기미*는 생각했지만 傳名思驥尾
헛된 칭찬은 우심을 욕되게 했네. 虛譽忝牛心
그대 명가는 연성벽*의 갑절인데 價倍連城壁
내 재주는 약야금*이 부끄럽구려. 才慚躍冶金

백 년 동안 이별의 한을 머금고 **百年離別恨**

세월 속에 자꾸 늙어만 가겠네. **歲月老侵尋**

〔사가집, 사가문집보유 권2〕

당시 우심을 맛본다는 행위는 사대부가 남들로부터 호탕한 기개를 인정받는 것을 의미했다. 위 시에서 "우심을 욕되게 했"다는 것은 서거정이 '나는 우심을 먹을 만큼 칭찬받을 자격이 없는 사람이다'라고 자신을 낮추는 겸양의 표현이다.

서거정은 젊었을 때 집현전 학사로 지내면서 안평대군의 집을 자주 드나들었다. 그때 성삼문成三問, 박팽년朴彭年, 하위지河緯地 등과 더불어 향기로운 술에 우심적을 먹었을 것이다. 그 뒤로 세조가 계유정난을 일으켜 안평대군과 성삼문 등을 차례로 죽였다. 그때 서거정은 자신의 동료가 죽어 가는데도 침묵으로 일관했다. 그 대가로 그는 세조의 눈에 들어 공신이 되고 요직에 중용되었다. 그는 '시성詩聖'으로 불릴 만큼 문명文名을 떨쳤고, 경기도 내 경치 좋

---

*사문(斯文) 유학자를 달리 일컫는 말로 선비를 골육지친처럼 여긴다는 뜻이다.

*기미(驥尾) 준마의 꼬리. 《사기》의 〈백이열전〉에, "안연이 비록 학문에 독실했지만 준마의 꼬리에 붙어서 행실이 더욱 드러났다(顔淵雖篤學 附驥尾而行益顯)."라는 글귀가 있다. 안연이 공자의 칭찬을 받은 뒤에 더욱 유명해졌다는 뜻이다. 학덕이 높은 사람을 종유함으로써 큰 명성을 얻게 됨을 의미한다.

*연성벽(連城璧) 화씨벽(和氏璧)을 가리키며, 조나라의 진귀한 보물이다. 전국 시대 진 소왕이 조 혜문왕에게 서신을 보내 화씨벽을 진나라의 15성과 바꾸자고 청했다 한다.

*약야금(躍冶金) '상서롭지 못한 쇠'를 가리키는 말로, 여기서는 자신의 분수를 모르고 스스로 유능하다고 여겨 빨리 중용되기를 바라는 사람을 가리킨다.

은 곳마다 별장을 둘 만큼 부귀도 누렸다. 그 별장에서 그는 우심적을 누구와 더불어 먹었을까?

소 염통 구워 먹는 게 부추밭 가꿈보다 낫다, 정약용

우심적은 다산 정약용丁若鏞(1762~1836)의 시에도 보인다. 그런데 우심적에 대한 다산의 생각은 서거정과 사뭇 다르다.

신 진사 종수가 찾아오다

가을바람 가랑비 불어 내리니 秋風吹小雨
산촌 숲에 단풍잎 우수수 지네. 黃葉下山村
허전함에 도성을 생각하면서 漭宕懷城闕
조촐하게 술상을 마주 대하네. 蕭條有酒樽
궁벽한 해변이라 친교 중한데 親交窮海重
문장도 아름다운 노인 계시네. 文采老人存
알겠노라 소 염통 구워 먹는 게 也識牛心炙
부추밭 가꿈보다 낫다는 것을. 猶賢種韭園
……

〔다산시문집 권2〕

이 시는 정약용이 관직에서 쫓겨나 강진에서 귀양살이를 할 때

다산초당

1801년 겨울에 강진에 유배된 다산은 주막과 암자를 전전하다가 1808년에 이 초당으로 거처를 옮겼다. 해남 윤씨 윤단이 손자들을 가르치기 위해 이 초당으로 다산을 초빙했던 것이다. 본디 초가집인데, 복원한답시고 기와집으로 탈바꿈해 놓았다.

쓴 것이다. 어느 날 그 먼 바닷가 마을로 친구 신종수申宗洙가 찾아 왔다. 그때 다산은 친구를 대접하는 술상이 너무 초라해서 겸연쩍고 미안했던 모양이다. 군자인 양 가난하게 살면서 친구에게 부추 안주를 먹이는 것보다는 구차하더라도 벼슬살이를 해서 우심적을 대접하는 게 낫다며 울적한 심사를 토로한 것이다.

하필 왜 우심적이었을까? 정약용에게도 우심적은 상대방에 대한 존경과 인정의 마음이 담긴 귀한 음식이었던 것이다. 그것은 선비들끼리만 통하는 꽤나 진중한 음식이었다. 그리고 우심적은 고기를 먹었다는 사실보다, 상대방으로부터 존경과 인정을 받았다는 기쁨 때문에 절로 배가 불러지는 음식이었다.

진사 신종수는 한때 정약용과 함께 유람을 하며 시를 짓기도 했던 사람이다. 어느 절에 묵을 때, 정약용은 신종수를 '재주 품고 은거한 예형'이라고 불렀다. '예형禰衡'은 후한後漢 때의 평원 사람인데, 젊었을 때 재주가 있고 언변이 좋아 명사로 이름을 날렸다. 그러나 지나치게 성품이 강직하여 세상 사람들과 어울리지 못하고 불우하게 살다가 강하 태수 황조黃祖에게 살해당했다. 정약용은 신종수의 인간됨과 자질을 높이 평가했던 것이다.

신종수의 이름은《조선왕조실록》어디에도 보이지 않는다. 미루어 보건대, 그는 벼슬에 나아가지 않고 평생 야인으로 살았던 모양이다. 그런 신종수에게 정약용은 주의가 왕희지에게 했듯이 우심적으로 우정을 드러내고 싶었던 것이다. 그러나 두 사람은 부추 안주 하나만으로도 즐거웠을 것이다. 만약 정약용이 구차한 벼슬살이로 우심적을 먹여 주었던들 신종수가 그것을 달게 먹었을까?

'왕희지의 당일적을 받았으니', 권근

우심적은 조선 사대부들 사이에 선물로도 오갔다. 여말 선초의 수준급 성리학자였던 권근權近(1352~1409)의 《양촌집陽村集》(1418)에 아래와 같은 시가 있다.

우심을 보낸 필선* 한상덕에게 사례한다

근래 몸조리에 건강을 잃어서 邇來調理失平安
아침마다 목숙반*에 짜증이 나더니, 厭見朝朝苜蓿盤
보내 온 추환에 입맛을 돋구니 悅口方霑惠芻豢
금란* 같은 그 마음 고맙기만 하구려. 同心深感似金蘭
나물만 먹던 창자 양고기 얻기 어찌 쉬우랴, 食蔬豈易逢羊踏
약을 구하매 토끼 간 얻기 어렵더라. 求藥誠難得兎肝
다행히 왕희지의 당일적을 받았으니 幸受羲之當日炙
고기 없다 장협*을 굳이 치지 않으리라. 無魚長鋏不須彈

〔양촌집, 양촌선생문집 권10〕

---

*필선(弼善) 왕세자 교육을 담당했던 관리

*목숙반(苜蓿盤) 목숙은 '거여목'이라는 풀로 소와 말의 꼴이다. 여기서는 '초라한 밥상'을 가리킨다.

*금란(金蘭) 금란지교(金蘭之交)의 준말. 지극히 친밀한 교분을 비유한 말이다.

*장협((長鋏) 긴 환도. 전국 시대에 풍환(馮驩)이 제나라 맹상군의 식객이었을 때, 고기 없이 푸성귀만 내놓으며 박대하자, 긴 칼을 두드리며 "음식에 고기가 없으니 그만 돌아가자." 고 불평했다는 고사〔사기, 맹상군열전(孟嘗君列傳)〕가 있다.

권근은 한상덕韓尙德이 우심을 보내 오자 답시를 써서 고마운 마음을 전했다. 위 시에서 권근은 우심적을 '추환芻豢'이라 불렀다. 추환이란 소·말·양·개·돼지 등 가축을 통틀어 이르는 말이자, 아주 잘 차린 밥상을 뜻한다. 《맹자》의 〈고자 상告子上〉에 "의리가 내 마음을 기쁘게 하는 것이 추환이 나의 입맛을 즐겁게 하는 것과 같다."라는 말이 있다. 다시 위 시로 돌아가서, '왕희지의 당일적當日炙'이란 우심적을 가리킨다.

한상덕과 권근이 어떤 사이였는지는 확인하기가 쉽지 않다. 다만 한상덕의 어머니가 공민왕 때의 문신 길창군 권적權適의 딸이라는 점에서, 집안끼리 교분이 있었던 것으로 보인다. 권근은 안동 권씨로 권적과 본관이 같다.

권근은 정도전과 더불어 조선 초기의 대표적인 석학이었다. 학자로서는 명망이 높았으나 정치가로서는 '처세의 달인'이라는 달갑지 않은 평가를 받은 인물이다. 고려가 망할 때 그는 청주에 유배되어 있었다. 조선을 세운 이성계가 계룡산 행재소에 머물면서 그를 불렀는데, 불원천리하고 달려가 새 왕조의 창업을 찬양하는 노래를 지어 바쳤다. 그런데 내용이 너무 현란해서, 듣던 사람들이 다들 '오바'한다고 여겼다.

무엇보다 그가 처세에 능하다는 말을 듣게 된 것은, 목은 이색 문하에서 동문수학한 정도전이 태종 이방원에 의해 숙청되었을 때였다. 태종은 곧이어 자신의 형제들을 죽이고 왕위에 올랐다. 그러자 권근은 즉시 태종 편에 서서 왕권 찬탈 행위의 당위성을 변호했다. 형제를 죽인 것은 성리학적으로 도저히 용납이 될 수 없는 패륜이었다. 그럼에도 그는 '조선을 안정시킬 적임자는 이방원'이라며 태종을 옹호했다.

권근은 이성계의 부친 환조의 능침, 정릉定陵에 비문을 지어 바치기도 했다. 그 비문은 이성계의 왕조 창업을 찬양한 글과 함께 '유문謬文·곡필曲筆의 대표적인 사례'라는 혹평을 들었다. '보기 좋게 꾸며 쓴 글'에 불과하다는 말이다.

그런 평가를 받은 권근이었지만, 학자로서는 독보적이었기에 존경을 받았다. 한상덕이 우심을 보낸 것도 권근의 높은 학문을 존경했기 때문일 것이다. 그렇지만 늘 권력에 아부하며 양지만 찾아다닌 권근의 정치인생을 생각하면 앞에서 서거정이 한 말, "헛된 칭찬은 우심을 욕되게 했네."가 떠오른다.

그런 권근에게 우심적을 선물한 한상덕은 어떤 사람이었을까? 그는 태종의 명으로 중국 농서《농상집요農桑輯要》에서 '누에 치는 법'을 이두로 번역하여《양잠경험촬요養蠶經驗撮要》를 편찬한 사람이다. 사대부였음에도 양잠에 조예가 깊은 농학자였다. 벼슬은 호조 참판까지 지냈고, 관직생활에 큰 굴곡은 없었다.

한명회를 기른 사람으로도 알려졌다. 부모를 일찍 여읜 한명회가 찾아와 몸을 의탁하자, "이 아이는 그릇이 범상하지 않으니, 반드시 우리 집안을 일으킬 사람이다."라며 기꺼이 받아들였다. 어쨌든 한명회는 한상덕의 예언대로 집안을 크게 일으켰다. 수양대군을 왕위에 앉힌 공으로 일등공신에 책록되었고, 그 여세를 몰아 '만인지상 일인지하'의 자리까지 올랐다. 한상덕은 어린 한명회의 어떤 재능을 보았던 것일까?

우심적을 천하제일의 요리로 꼽은 김문

김문金汶(?~1448)은 세종 시대의 문신으로 직제학을 지냈다. 태어난 해는 알려지지 않았고, 어렸을 때 어머니가 무당 노릇을 하여 감악사紺嶽祠에서 먹고 지냈다고 한다. 감악사는 경기도 양주 감악산에 있는 사당으로, 당나라 장수 설인귀를 산신으로 모시는 사당이다. 지금은 한국전쟁 당시 북한군에 맞서 싸운 '감악산결사대'의 사당으로 남아 있다.

김문은 세종이 한글을 창제할 때 최만리·정창손과 함께 반대한 인물로, 서거정의 《필원잡기筆苑雜記》(1487)와 이긍익李肯翊(1736~1806)의 《연려실기술燃藜室記述》에 그의 됨됨이가 짤막하게 소개되어 있다. 그는 총명이 뛰어났고 경사經史에 두루 밝았다. 특히 역사 분야에 능했는데, "《자치통감강목》이 환하게 뱃속에 있었다."라고 한다. 그에게 역대의 고사를 물으면 말이 끝나기가 무섭게 "몇 권 몇째 장에 있다." 하여 한 번도 실수하는 법이 없었다. 세종도 그의 실력을 인정하여 《자치통감강목 사정전훈의思政殿訓義》를 지을 때 큰 역할을 맡겼다. 이 책은 《자치통감강목》에서 이해하기 어려운 부분을 뽑아 풀이한 책으로, 김문의 공이 컸다. 그는 조선 건국 이래 사학에 가장 능통한 인물로 손꼽혀서 세종의 총애를 받았는데, 아깝게도 일찍 죽었다. 원인은 중풍이었다. 세종은 김문의 부고를 듣고, 관곽과 곡식을 하사하면서 애도하였다.

그런데 김문은 주변 동료들과의 관계가 매끄럽지 못했던 듯하다. 《세종실록》을 보면 사관史官이 그의 박학은 인정하면서도 됨됨이는 좋게 쓰지 않았다.

(김문은) 사람됨에 아집이 세고 권모술수가 있어, 밖으로는 청렴하고 정숙한 것 같으나, 안으로는 실상 욕심이 많으며, 자기에게 아첨하는 사람은 좋아하고 아부하지 않는 자는 미워하였다.

〔세종 30년(1448) 3월 13일, 세종실록〕

사관의 말을 그대로 믿을 수는 없는 노릇이지만, 김문을 두고 달리 생각할 만한 기록은 보이지 않는다.

김문은 음식을 꽤나 좋아했다. 술도 잘 마셨고, 고기를 즐겼다. 서거정은 《필원잡기》에 그가 가장 맛있는 음식으로 우심적을 꼽았다는 이야기를 실었다.

공은 술을 잘하였는데, 일찍이 집현전에서 동료들과 더불어 이야기를 하고 있을 때에 어떤 사람이 말하기를, "송나라 여러 학사들이 차茶의 품질을 논하는데 자소탕*을 제일로 삼았고, 《사림광기事林廣記》에는 궁중의 아름다운 요리로는 증계蒸鷄(닭찜)를 제일로 삼았다." 하니, 공이 미소를 지으며 말하기를, "자소탕이 어찌 새로 익은 술의 맛만 하며, 증계가 어찌 소간적(우심적)만 하랴." 하니, 그 자리에 있

---

* 자소탕(紫蘇湯) 차조기 잎을 우린 차로, 《산림경제》에는 이렇게 소개되어 있다. "여름철에 먼저 백비탕(물을 끓여 반으로 졸인 것)을 끓여, 붉은 차조기를 적당량 따서, 움직이지 않게 종이로 격지 놓아 불에 쬐어 향기가 나거든 백비탕을 병에 붓고 이어 차조기 잎을 속에 넣은 뒤, 병 주둥이를 꼭꼭 봉하면 향기가 갑절 난다. 이때 다만 뜨거워야 하니, 차게 되면 인체에 해롭다."

던 사람들이 모두 웃었다.

이 일화에는 다소 이해하기 어려운 구석이 있다. 김문의 우심적 타령에 모두가 웃었다는 걸 보면 우심적은 당시 사대부들이 좋아했던 요리임을 알 수 있다. 그런데 현실을 보면 세종이 소고기 금령을 강력하게 추진하던 상황이었다. 소고기 먹기가 쉽지 않은 시대였던 것이다. 혹시 사대부들은 예외였을까? 소고기 주요 소비층은 사대부였으므로, 그렇게 볼 수도 있다. 권근이 그랬듯이 사대부들은 쉬쉬하면서도 다들 먹었다. 게다가 소고기 금령은 특정 계층을 겨냥해서 만든 특별법이었다. 특정 계층이란 소를 밀도살하고 유통하는 천민 백정들이다.

소고기 유통로가 차단되면 제 아무리 상류층 사대부라 해도 소고기 구하기가 쉽지 않았을 것이다. 따라서 김문이 우심적을 최고의 요리로 꼽은 데는 쉽게 먹을 수 없는 귀한 음식이라는 점도 작용했다. 못 먹게 하면 더 먹고 싶다고, 우심적이 그런 음식이었던 것이다. 한상덕이 권근에게 우심을 선물한 것은, 우심이 상류층 사대부들이 선물로 주고받을 만큼 귀한 식재료였음을 보여 준다.

김문이 우심적을 좋아한 데는 모종의 허영심도 작용했다. 우심적은 조선 사대부들의 지적 허영심을 자극하는 음식이었다. 왕희지가 먹었던 음식이기 때문이다. 왕희지는 조선 사대부들의 로망이었다. 왕희지처럼 글씨를 쓰고, 왕희지처럼 존경을 받고 싶어 했다. 김문은 실록 사관의 평가에서 느낄 수 있듯이, 그런 허영심이 많은 사람이었다. 그가 우심적을 좋아한 데는 '왕희지처럼 되고 싶다'는 욕망도 한몫했을 것이다.

조선 사대부들은 우심적을 먹으며 왕희지를 떠올렸고, 왕희지처럼 대접받고 싶어 했다. 우심적에는 '당신을 왕희지처럼 여긴다'라는 뜻이 담겨 있으므로, 사대부들은 정작 우심적의 맛보다 그런 호사가 더 즐거웠으리라.

그런데 우심적은 어떤 요리일까? 그것은 소의 염통을 얇게 저며서 양념간장으로 간을 하여 구운 음식이다. 양념간장은 간장에 배·설탕·다진 생강·마늘·파·참기름·깨소금·후춧가루를 넣어 만든다. 쫄깃하게 씹히는 맛이 좋다.

부친 상중에 우심적을 먹은 채수

경북 상주시 이안면에 가면 야산에 쾌재정快哉亭이 있다. 그 앞에는 너른 들과 강줄기가 훤히 내려다보여 쾌재가 절로 나온다. 그런 신명 나는 이름을 붙인 사람은 누구일까? 그는 난재 채수蔡壽(1449~1515)이다. 1469년(예종 1) 문과의 초시·복시·전시에 장원으로 급제를 했는데, 그것을 '삼장三場을 이루었다'라고 한다. 조선 초기에 삼장을 이룬 사람은 세조 때의 문신 이석형李石亨(1415~1477)과 채수뿐이었다.

채수는 성종이 왕비 윤씨를 폐출하려 할 때, 대사헌으로서 성종에게 백성들이 윤씨를 동정하더라는 얘기를 전하며, 폐출을 반대했다.

쾌재정

상주시 이안면 가장리 소재. 조선 초기 문신 채수가 중종반정 이후 이조 참판직에서 물러나 낙향해 지은 정자다. 그곳에서 채수는 최초의 한글소설인《설공찬전》을 지었다. 정자 이름에서 느낄 수 있듯이, 그는 성리학의 엄숙주의에 갇히지 않고 다소 유연한 사고를 가진 인물이었다.

윤씨가 예전 입궐할 때에 길거리의 아이들과 동네 아낙네들이, '윤씨가 매우 가난하여 스스로 반포斑布(무명)를 짜서 팔아 가지고 어머니를 봉양했는데 이제 팔자가 좋아진 것이 어찌 우연이겠는가?'라고 말했습니다.

〔성종 13년(1482) 8월 11일, 성종실록〕

그 일로 채수는 성종의 미움을 사 파직당했다. 하지만 몇 년 후 화가 누그러진 성종은 그를 한성부 좌윤으로 불러들였다. 그 뒤로 채수는 호조 참판을 지내다가 연산군을 맞이했는데, 1496년(연산군 2) 채수는 홍문관 응교로서 도승지 임사홍任士洪의 비행을 낱낱이 파헤쳐 좌천시켰다.

그때만 해도 연산군은 별다른 문제가 없었다. 연산군이 성난 이빨을 드러낸 것은 1498년 무오사화戊午士禍(사초를 문제 삼아 김종직 등 사림을 죽인 사건) 이후였다. 채수는 연산군의 포악한 만행으로 피바람이 부는 조정에서 여전히 잘 버텼다. 그러다가 덜컥 미움을 산 것은 엉뚱하게도 술자리에서였다.

1506년(연산군 12) 정월, 연산군이 권균·임사홍·채수 등 10여 명을 불러 술을 내렸다. 흥이 난 연산군은 그 자리에서 당나라 왕건王建의 시를 읊었다.

옥루는 옆으로 기울어지고 분장은 텅 비니
겹겹이 싸인 푸른 산만 고궁을 둘렀구나
무제가 간 후 미인은 다 없어지고

들꽃에 누른 나비만 봄바람을 차지하누나

연산군은 그즈음 왕건의 시가 자꾸 마음에 걸렸다. 위 시는 왕건이 미인과 향음을 좋아하다가 옥좌에서 쫓겨난 뒤에 먼 훗날 옛터를 돌아보며 쓴 시였다.

낭송을 마친 연산군은 느닷없이 채수에게 "이 시가 어떠한가?" 하고 물었다. 마땅히 '매우 쓸쓸합니다'라고 대답해야 했건만, 뜬금없이 채수는 "매우 아름답습니다."라고 말했다. 그러자 연산군이 벼락같이 화를 냈다. "누가 너에게 시 잘한다고 하더냐!" 그러면서 연산군은 신하들에게 명하며 채수를 '두들겨서' 내쫓았다.

그때 연산군은 성색盛色과 연회에 흠뻑 빠져 지내면서, 행여 자신도 사치와 폭정을 일삼다가 왕건처럼 옥좌에서 쫓겨나게 될까봐 두려워하고 있었다. 그러면서 왕건의 시가 뇌리에서 떠나질 않아 영 불길했는데, 채수가 자신의 질문에 아무 생각 없이 '매우 아름답다'고 대꾸하자 부아가 났던 것이다.

채수는 다방면에 재주는 뛰어났지만, 뭔가 좀 앞뒤 계산이 안 되는 인물이었던 듯하다. 그와 관련된 우심적 일화만 해도 그렇다. 연산군과 술 마신 날, 실록의 사관이 채수에 관해 쓴 이야기다.

채수는 일찍이 아비의 상을 치르면서 행동을 조심하지 않았다. 하루는 최부*가 가 보니, 그를 대하여 우심적을 먹는데, 조금도 어려워

* 최부(崔溥) 1454~1504, 성종 대의 문신으로 중국 표류기《표해록(漂海錄)》의 저자

하는 빛이 없었다. 부가 나오면서 말하기를, '거상하는데 병이 있으면 육즙肉汁은 먹을지라도 어찌 고기 적까지 먹는가? 그러고 스스로 마음이 편할 수 있는가?' 하였다.

최부가 본 채수의 행동은 성리학의 강상의 도를 저버린 것이었다. 상주가 문상객과 마주앉아 태연히 우심적을 먹었다니! 조선 최고의 우심적 마니아로 꼽을 만하다. 채수의 행동은 경우에 따라서는 탄핵의 사유가 될 수도 있었다. 실제로 《조선왕조실록》에는 국기일이나 상중에 고기를 먹은 관리를 국법으로 다스렸다는 기사가 있다.

채수의 엉뚱함은 다른 곳에서도 빛난다. 술자리에서 쫓겨난 채수는 그해에 일어난 중종반정에 가담하여 연산군 축출에 앞장섰다. 그 공으로 분의정국공신奮義靖國功臣에 녹훈되고 인천군仁川君에 봉해졌다. 이듬해 그는 갑자기 반정이 올바르지 않다고 여겨 처가가 있는 상주시 이안면으로 낙향했다. 반정 참여가 사실은 자신의 뜻이 아니었던 것이다. 반정의 주역 박원종 등이 그를 이용한 것뿐이다. 반정이 명분을 얻으려면 채수처럼 도덕적인 명사가 필요했는데, 김안로가 그 역할을 맡았다. 그는 채수의 사위였다.

거사 전날 김안로는 채수를 고주망태로 만들었고, 거사가 시작되자 약속된 장소로 채수를 들쳐 업고 뛰어갔다. 채수는 인사불성 상태에서 반정 세력에게 이용당했고, 다음 날 정신을 차렸을 때는 어쩔 도리가 없었다. 그러나 결국 그는 반정 세력과 결별했다. 벼슬에서 물러나 상주로 내려가서 여생을 독서와 풍류로 보냈다.

채수는 어릴 때부터 신동으로 소문이 자자했고, 대단한 다독가로 당시 패관소설까지 독파했다고 한다. 음악에도 조예가 깊어 장악원(조선 시대에 음악에 관한 일을 맡아보던 관아)에 있기도 했고, 성격은 쾌활하고 행동이 다듬어지지 않아 당시 성리학자들 틈에서는 튀는 재사였다. 자신이 지은 정자 이름을 '쾌재정'이라 지을 만큼, 선비로서는 드물게 즐거움을 추구한 사람이었다.

채수는 쾌재정에서 《설공찬전薛公瓚傳》(1511)을 지어 조정의 사림들을 놀라게 했다. 그 내용은, 훈구파와 사림파 간의 갈등이 점점 치열해지는 상황에서 저승을 다녀온 설공찬이라는 사람이 조정 대신들에게 염라대왕의 평가를 전달하는 것이다.

불교의 윤회화복설을 빌려 정치 현실을 꼬집었던 것인데, 반정의 주역들이 불쾌하게 여길 내용도 있었다. '반역으로 정권을 잡은 사람은 지옥에 떨어진다'는 것인데, 반정을 '반역'으로 본 것은 용서할 수가 없는 문제였다. 사헌부는 격한 목소리로 채수를 교수형에 처할 것을 주장하기도 했다.

채수가 《설공찬전》을 지었는데, 내용이 모두 화복이 윤회한다는 논설로, 매우 요망한 것인데 중외中外가 현혹되어 믿고서, 문자로 옮기거나 언어諺語(한글)로 번역하여 전파함으로써 민중을 미혹시킵니다. 부府에서 마땅히 행이行移하여 거두어들이겠으나, 혹 거두어들이지 않거나 뒤에 발견되면, 죄로 다스려야 합니다.

〔중종 6년(1511) 9월 2일, 중종실록〕

논란이 점점 커지자 영사 김수동金壽童(1457~1512)이 대책을 내놓았다.

> 들으니, 채수의 죄를 교수絞首로써 단죄하겠다 하는데, 정도正道를 붙들고 사설邪說을 막아야 하는 대간의 뜻으로는 이와 같이 함이 마땅하나, 채수가 만약 스스로 요망한 말을 만들어 인심을 선동시켰다면 사형으로 단죄함이 가하지만, 다만 기양技癢(재능을 발휘하고픈 의욕을 참을 수 없는 것)을 이기지 못하고 보고 들은 대로 망령되이 지었으니, 이는 해서는 안 될 것을 한 것입니다. 그러나 형벌과 상은 중中을 얻도록 힘써야 합니다. 만약 이 사람이 죽어야 된다면, 《태평광기太平廣記》, 《전등신화剪燈新話》 같은 유를 지은 자도 모조리 베어야 하겠습니까?
>
> 〔중종 6년(1511) 9월 20일, 중종실록〕

이에 중종은 《설공찬전》을 모두 불사르게 했다. 책을 숨기고 내놓지 않는 자는 '요서'를 빼돌려 은닉한 죄로 다스리라고 명했다.

엄밀히 평가할 때 채수는 독실한 유학자가 아니었다. 부친 상중에 우심적을 먹었던 것이나, 《설공찬전》을 지은 것으로 볼 때 그는 성리학에서 한 발 비켜서 있었던 인물이다.

채수는 67세 겨울에, 자식들에게 자리를 바르게 깔라 하고 편안히 누워 운명했다. 그런 그를 사람들은 '세상 밖에서 살다 간 신선'이라고 칭송하였다. 쾌재정에는 자화자찬을 늘어놓은 그의 시 한 수가 남아 있다.

늙은 내 나이 금년에 예순여섯 老我年今六十六
지난 일 생각하니 생각이 아득하다. 因思往事意茫然
소년 시절에는 재예로 대적할 자 없기를
기약하였고 少年才藝期無敵
중년에는 공명이 또한 홀로 훌륭하였다. 中歲功名亦獨賢
세월은 흐르고 흘러 탄식에 묶여 매였고 光陰滾滾繩歎縶
청운의 길 아득한데 말은 달리지 않는구나. 雲路悠悠馬不前
어찌하면 티끌세상의 일 다 벗어던지고 何似盡抛塵世事
봉래산 정상의 신선과 짝이 될 수 있을까. 蓬萊頂上伴神仙

02

우금령

탐식가들의 입을 봉쇄하라

牛禁令

1668년 청계천 장통교 살인사건

현종 9년(1668) 3월 3일, 한성부에서 끔찍한 살인사건을 보고했는데, 그 내용이 《승정원일기》에 실려 있다. 사건은 1월 29일에 일어났다. 청계천 장통교 아래에서 큰 항아리가 발견되었는데, 그 속에 발가벗겨진 남자아이가 칼에 목을 찔린 채 죽어 있었다. 포교가 마을 사람들에게 그 아이를 아는 사람 있느냐고 탐문했으나 아무도 알지 못했다. 다음 날 아침 광주에 사는 이명길이라는 자가 관아로 찾아와서 자신이 죽은 아이의 형이라고 말했다.

동생 이명원은 열다섯 살로 어제 소에 땔나무를 싣고 서울로 들어갔는데 저녁 무렵까지 돌아오지 않아 걱정이 되어 사방을 찾아보았지만 찾지 못했습니다. 동생이 누구에게 살해되어 장통교 아래에 버려졌는지, 동생이 데리고 갔던 소는 어디로 사라졌는지, 모두 알지 못합니다.

현종과 조정 대신들은 도성 안의 대로변에서 그런 끔찍한 살인사건이 일어난 사실에 놀라움을 금치 못했다. 당시 조선은 십 년 가까이 우역牛疫이 창궐하여 소가 절종될 위기에 놓여 있었다. 그런 시기에 아이는 왜 소를 몰고 도성으로 들어왔을까? 그것은 소가 병에 걸리기 전에 팔아서 생계를 잇기 위함이었을 것이다. 그런데 아이는 누군가에게 소를 빼앗기고 목숨까지 잃었다. 범인은 누구일까? 단독범행은 아닐 것이다. 15세 소년의 사체를 넣은 항아리를 다리 밑으로 옮기려면, 망지기 한 명에 항아리 옮길 사람 두 명, 족히 세 명은 필요했을 것이다. 조직적인 범행으로 봐야 한다.

이 사건은 당시 사회에 남의 소를 강탈하여 도살장에 팔거나, 직접 밀도살하여 소고기를 유통하는 범죄 집단이 암약했음을 보여 준다. 《비변사등록》에서는 그들을 가리켜 '한잡무뢰배'라고 부르며, "도성에서는 한잡무뢰배들이 도살을 업으로 삼으면서 전혀 거리낌 없이 낭자하게 매매함이 푸줏간과 다름이 없었다."라고 했다. 그들이 사람을 죽이면서까지 소를 훔친 것은 소고기로 큰돈을 벌 수 있었음을 뜻한다. 우역이 기승을 부리는 와중에도 건강한 소고기를 찾는 소비층은 폭넓게 존재했던 것이다.

육식 열풍, 조선을 강타하다

조선 건국이 민중들의 식생활에 끼친 변화는 토지 개혁으로 '이밥'(이성계가 준 밥)을 먹게 된 것과 육식이었다. 고려 시대에는 소고기를 많이 먹지 않았다. 살생을 죄악시하는 불교 탓이기도 했지만, 소는 사람 대신 땅을 갈아 곡식을 심게 해 주고, 무거운 짐을 운반해 주는 동물이라 육식의 대상으로 보지 않는 분위기였다. 고려의 문장가 이규보의 시를 보면 당시 농민들이 소에게 가졌던 애잔한 감정을 엿볼 수 있다.

이규보李奎報(1168~1241)는 불교 교리를 지키려고 오신채(부추, 염교, 파, 마늘, 생강)를 끊으면서 아울러 소고기도 끊었다. 그러나 그

때는 마음뿐이었고, "눈으로 보고서는 안 먹을 수가 없었다."라고 고백했다. 훗날 그는 다시 소고기를 끊고 시를 지었는데, 서두에 "고기를 보고도 먹지 않게 되고 나서야 시로 쓴다."라고 썼다.

소고기를 끊다

소는 큰 밭을 가는 데 능하여 牛能於甫田
많은 곡식을 가꾸어 낸다네. 耕出多少穀
곡식이 없으면 사람이 어떻게 살랴. 無穀人何生
사람의 목숨이 모두 여기에 달렸다네. 人命所自屬
게다가 무거운 짐까지 운반하여 又能馱重物
모자란 인력을 보충해 주누나. 以代人力蹙
하지만 이름이 소라 하여 雖然名是牛
천한 가축으로 보아서는 안 될걸세. 不可視賤畜
어찌 차마 그 고기를 먹고서 何忍食其肉
야자의 배*를 채우랴. 要滿椰子腹
가소롭다 두릉 옹이 可笑杜陵翁
죽는 날 소고기를 배불리 먹었던 것이.* 死日飽牛肉

〔동국이상국 후집 권6〕

---

*야자(椰子)의 배(腹) 야자 열매만 한 배

*가소롭다……먹었던 것이 두릉 옹(杜陵翁)은 두보를 가리킨다. 두보가 뇌양현 악사에서 노닐다가 갑자기 불어난 물에 갇혀 열흘이 넘도록 밥을 먹지 못하였다. 그곳 현령이 구운 소고기와 탁주를 배에 실어 보내 주자 그것을 먹고 죽었다는 고사가 있다.

육식 문화는 원나라의 지배를 받으면서 지배층 사이에 되살아났다. 소고기 소비량이 점점 증가했고, 소에 대한 인식에도 변화가 찾아왔다. '농우農牛'가 식욕의 대상으로 바뀐 것이다. 그러다가 유교를 통치이념으로 삼은 조선이 들어서자 유례가 없었던 소고기 열풍이 사회를 강타했다.

소는 유교식 제례에서 천자의 제상에 올리는 희생이기 때문에 육류 중에서 가장 지위가 높다. 조선 사대부들이 소고기를 귀히 여긴 까닭이 바로 거기에 있다. 그리고 소고기는 조선 사대부들에게 기분 좋은 음식이었다. 그들이 문화적 본국으로 여겼던 중국 이야기가 담겨 있었기 때문이다. 우심적에 담긴 왕희지 이야기, 설야멱雪夜覓에 담긴 송 태조와 보普 사이의 군신 관계를 뛰어넘은 우정 이야기는 참 멋스럽게 느껴졌다. 그런 이야기에 조선 사대부들은 한껏 기분이 고양되어 소고기를 찾았다. 화롯불에 우심을 구우며 왕희지인 양 폼을 잡아 보고, 설야멱을 먹으며 송 태조와 보의 허물없는 우정을 떠올렸다. 조선 사대부들에게 소고기는 고귀한 신분과 지위의 상징이었고, 문화인이라는 자부심을 느끼게 해 주는 음식이었다.

유학자였던 그들에게는 살생에 대한 죄의식이 희박했다. 이규보가 소를 보면서 느꼈던 연민의 감정은 그들도 느꼈으나 식욕이 더 강했다. 반면에 백성들은 그때까지도 소를 식용 가축으로 생각하지 않았다. '소의 힘으로 먹고 살면서 고기까지 먹을 수는 없다'는 것이 농민들의 육식관이었다.

조선 정부가 숭유억불 정책을 강화하자 살생에 대한 죄의식은

밭갈이 양기훈

지금은 농촌에서도 소로 밭갈이 하는 풍경을 보기가 힘들어졌다. 이제 사람들이 소를 기르는 목적은 오직 탐식에만 있다.

더욱 열어져 육식 열풍이 더 확산되었다. 양민들까지 소고기에 맛을 들인 것이다. 그 뒤로 곳곳에서 소 도살이 공공연하게 벌어졌고, 소 절도 사건이 부쩍 증가했다. 너무 많은 소를 먹어 치운 나머지 농사지을 소마저 모자라는 지경에 이르자 조선 정부는 위기감에 휩싸였다. 소 절도는 조선의 농업 기반을 와해시키는 범법행위였기 때문이다.

농민들에게 소는 가장 중요한 일꾼이었다. 소가 없으면 농민들이 농사를 포기하고 유랑민이 되어 토지를 떠났다. 농업생산력도 떨어져 국가경제에 심각한 타격을 입혔다. 농사를 안정시키려면 정부가 나서서 소 부족 사태를 예방해야 했던 것이다. 그래서 태조는 "사사로이 소와 말을 도살하는 것은 마땅히 금지령이 있어야 한다."〔태조 7년(1398) 9월 12일, 태조실록〕며 한성부가 이를 관장하도록 했다. 그것이 '우금령牛禁令'이다.

우금령은 소 보호 효과도 있었지만 역효과도 만만치 않았다. 법망을 피해서 소 밀도살과 밀거래가 기승을 부렸던 것이다. 이에 조선 정부는 금령 위반자에 대한 처벌 수위를 강화했고, 그러자 소 관련 범죄는 더욱 은밀하고 교묘해졌다.

> 一. 소는 밭을 갊으로 사람에게 공이 있다. 도살의 금지는 이미 나타난 영갑令甲(법령)이 있는데도, 완악하고 포악한 무리가 오히려 법을 두려워하지 않고 사사로이 도살하니, 이제부터는 중외中外의 관사官司에서 엄하게 금단하여, 어기는 자는 엄격하게 다스리라.
>
> 〔정종 1년(1399) 8월 8일, 정종실록〕

그런데 "완악하고 포악한 무리"란 누구를 가리키는 것일까? 그들은 훗날 '백정'으로 불리게 된 몽골족인 '달단韃靼'과 거란족인 '화척禾尺'이다. 그들은 고려 초부터 한반도에 들어와 살던 북방 유목민의 후예로, 광대·가축 도살·버들고리 제작으로 생업을 이어 가던 유랑 집단이었다. 소와 말을 밀도살하여 조선 부유층에게 공급한 장본인이 그들이다.

조선 정부의 우금령은 바로 그들을 겨냥한 것이었다. 정부는 그들을 '백정白丁'으로 부르며 농민으로 만들어 세수를 늘리는 수단으로 삼으려고 정착생활을 지원했으나 실패했다. 고려 때만 해도 백정은 일반 백성을 일컫는 말이었으나, 백성들이 백정으로 불리는 것을 꺼리면서 점차 백정만의 칭호로 변질되어 갔다. 조선 정부의 정책은 애초 실패할 수밖에 없는 것이었다. 예나 지금이나 이주민에게 가장 절박한 것은 경쟁력 있는 일자리이다. 그런데 조선 정부는 그들이 가진 고급 도살 기술과 육류·가죽 가공 기술을 무시하고, 아무 경험도 없는 농사를 짓게 했던 것이다.

결국 그들 백정은 정착생활에 적응하지 못했고, 스스로 살길을 찾아 나갔다. 그때 조선에 육식 열풍이 불어 그들은 밀도살꾼이 되어 생업을 이어 갈 수 있었다. 그러자 조선 정부는 밀도살꾼을 겨냥해서 처벌 규정을 대폭 강화했다.

태종은 백정을 도성 90리 밖으로 내쫓고, 저절로 죽은 소만 신고를 받아 세금을 매긴 뒤에 매매를 허락했다. 심지어 세종은 그런 소의 매매까지 금지했다. 멀쩡한 소를 죽여 놓고 병사했다고 허위 신고하는 일이 비일비재했기 때문이다.

세종은 소에 대해 이중적인 태도를 보였다. 금살도감禁殺都監을 설치해서 소 밀도살을 감시·처벌했고, 도살 현장을 신고한 사람에게 도살범의 재산을 보상금으로 주는 '소파라치' 제도를 시행했다. '소는 농사에 꼭 필요한 동물이니 잡아먹지 말라'며 소 보호 정책도 강화했다. 세종은 소 절도범에 대한 처벌도 강화해서, 홍원에서 타인의 소를 절도한 이난수와 아들 우동에게 주형柱刑을 내렸다(세종 24년 10월 23일, 세종실록). 번화한 저자거리에 기둥을 세우고 묶어 놓는 형벌이다.

그러나 정작 세종 본인은 육선肉饍(고기반찬)이 없으면 밥을 먹지 못할 정도로 고기를 좋아했다. 세종의 육류 편식 습관은 부친 태종이 탄식할 정도로 심각했다. 그런 왕이 우금령을 내리고, 농우를 보호하라고 목소리를 높였다. 과연 그 영이 지배층 안에서라도 위엄을 발휘했을까?

우금령은 잘 지켜졌을까?

1467년(세조 13) 1월 4일, 대사헌 양성지梁誠之(1415~1482)가 농우 도살 금지에 관한 상소문을 올렸다. 소 도살 문제가 더 심각해졌기 때문이다. 밀도살한 소고기가 저자에서 버젓이 팔리고 있었는데, 양성지는 소고기 밀거래가 "이익을 취하는 데 가장 후하여 풍속을 이루었다."라고 썼다.

밀도살업자들의 신분도 바뀌는 추세였다. 예전에는 백정이 소를 잡았으나, 점점 도성 밖의 양민들이 "저자 안에서 판매하기 위해" 소 밀도살에 뛰어들었다. 백정은 소 잡는 도적, 즉 '재우적宰牛賊'으로 불렸으나, 양민들은 '거골장去骨匠'으로 불렸다. 양성지는 양민들이 밀도살에 가세한 것을 특히 심각한 문제로 보았다.

옛날에는 남의 소를 훔쳐서 이를 잡았으나, 지금은 저자에서 사서 잡습니다. 백정은 일정한 수가 있으나 양민은 그 수가 무한하며, 잔

+ 설렁탕의 유래에 관한 오해

세종은 설렁탕의 유래와 관련된 오해를 받고 있다. 세종이 선농단에서 농민들의 노고를 위로하고 소를 잡아 푹 끓여서 함께 먹었는데, 그 국을 '선농탕'이라 불렀다는 설이 그것이다. 그 선농탕이 나중에 '설렁탕'으로 바뀌었다고 한다. 그러나 그 설을 뒷받침하는 기록이나 근거는 아직 없다. 시대 상황을 보더라도 소 보호 정책을 취했던 세종이 공개적으로 소를 잡아 백성에게 대접할 수는 없었을 것이다. 국가 정책을 왕이 위반하면 누가 법을 지키겠는가. 설렁탕은 백정들의 음식이었을 것이다. 백정들은 도축해 준 대가로 가죽이나 소의 부산물을 받았다. 설렁탕은 도축한 소의 부산물(소머리, 뼈, 도가니, 힘줄 등)을 푹 끓인 것이라 재료를 쉽게 구할 수 있는 사람에게 친근한 음식이다. 그런 사람이란 도축업자, 즉 백정이다.
설렁탕이 대중화한 것은 구한말로 알려져 있다. 백정 집에서 소고기 부산물로 탕을 끓여 싸구려 옹기그릇에 담아 팔았는데, 그것이 하층민들 사이에 선풍적인 인기를 끌었다. 양반들도 그 맛에 홀딱 반했는데, 선뜻 주막에 들어서지는 못했다. 하층민들 틈에 끼여서 먹는 게 싫었던 것이다. 그래서 양반들은 설렁탕을 집으로 배달시켜서 먹었다고 한다.

치는 일정한 수가 있으나 판매하는 것은 끝이 없으며, 남의 것을 훔쳐서 잡는 것은 일정한 숫자가 있으나 소를 사서 잡는 것은 무궁하니, 일정한 수효가 있는 소를 무궁한 날에 끝없이 잡는다면, 반드시 남산의 소나무와 같이 다 벤 다음에야 그만둘 것입니다.

〔세조 13년(1467) 1월 4일, 세조실록〕

양성지는 "농우의 절종을 막기 위해" 금령 위반사범을 "군법에 의하여" 처벌하자고 주장했다. "소를 잡은 사람은 도둑질하여 잡았거나 사서 잡았거나 불문하고, 주범과 종범을 가리지 않고 모두 다 즉시 사형에 처하며, 그 처자와 전 가족을 변방으로 이주시키자."라고 강변했다. 도살범의 삼절린三切隣(가장 가까운 이웃 세 사람), 고기를 사 먹은 사람, 도살범을 비호한 구실아치도 처벌 대상에 넣었다. 그들은 "장杖 1백 대에 전 가족 변방 이주" 대상이었다. 고기를 사 먹은 사대부는 "장 1백 대를 때리고, 영원히 벼슬에 서용하지 말자."라고 했다.

세조는 양성지의 상소문을 상정소詳定所에 내리게 했다. 요즘으로 치면 국회에 보내 입법 절차를 논의하게 한 것이다. 당시 양성지의 상소문은 '도살범 사형 법안'으로 의결되었던 것으로 보인다. 그 사실은 성종 즉위년에 형조에서 올린 '말과 소를 훔친 자의 죄율에 관한 소'에서 확인할 수 있다. 소의 내용 중에 "나라의 제도에 소와 말을 도둑질한 자는 초범에도 사형에 처하는데"라는 말이 있다.

성종 때에는 죄율을 다소 낮추었다. 초범은 장 1백 대에 도徒(강제노동형) 3년에 처하고, 재범은 장 1백 대에 자자刺字하고, 삼범은 장 1백 대에 경면黥面하고, 사범은 교형絞刑에 처했다. 자자는 팔뚝에 죄명을 새기는 벌이고, 경면은 얼굴에 새기는 벌이다. 교형이란 교수형이다. 실제 교형을 받은 사람이 있을까? 성종 2년 7월, 경상북도 흥해에서 소를 도살한 백정 박오을미朴吾乙未에게 교대시絞待時 형을, 사노 양봉良奉에게는 '장 1백 대·유流 3천 리·자자' 형을 내렸다. '교대시'란 교형을 시키되 추분이나 춘분을 기다렸다가 집행하는 것이며, '유 3천 리'는 도성에서 3천 리 떨어진 곳으로 유배하는 형벌이다.

그런데 소고기를 사 먹은 사대부들도 엄하게 형벌을 받았을까? 그렇지 않다. 조선 정부는 사대부들에게 금령을 어기면 지위고하를 막론하고 처벌하겠다고 으름장을 놓았다. 그러나 정작 마지막 순간에는 '솜방망이 처벌'에 그쳤고, 사실상 조선 정부는 사대부들의 자발적인 협조를 기대하는 수밖에 없었다. 물론 간혹 채찍을 들기도 했다.

성종 시대의 문신 표연말表沿沫(?~1498)은 예문관 재직 시절 면신례免新禮(새로운 관원의 신고식. 신참례)에 참석한 것이 빌미가 되어 파직당했다. 그때 예문관 관리들이 신참 조위에게 술과 소고기를 차리게 하고, 여악女樂(기생)까지 불러서 음주를 즐겼는데, 그 사실이 성종의 귀에 들어갔던 것이다. 그 일로 신참 조위는 고신告身(관직 임명장)을 빼앗기고 외방부처外方付處(서울 바깥 어느 곳에 머물러 있게 하는 형벌)를 당했고, 표연말 외 예문관 관리들은 태笞 50대를 맞고 고신을 빼앗겼다. 그러나 그들은 모두 이듬해 고신을 돌려받고 관직에 복귀했다. 소 금령 상황에서 중앙 관원들이 궐 안에서 기생까지 불러 소고기 파티를 했다니, 당시 사대부 관료들의 정신적 해이가 어느 정도였는지 짐작할 수 있다.

사대부들은 소고기 금령을 잘 지키지 않았고, 형벌도 심하게 받지 않았다. 연산군 때는 금령 위반자에게 전가사변全家徙邊(죄인을 그 가족과 함께 평안도나 함경도의 변방으로 강제 이주시키는 형벌)을 내렸지만, 사대부들은 해당되지 않았다.

오히려 권근과 서거정의 시에 보이듯이, 사대부들은 소고기를 선물로 자주 주고받았다. 놀라운 것은, 조선 중기에 소고기가 옥에 갇힌 사대부에게 관식으로 제공되기도 했다는 사실이다. 그 사대부는 광해군 대의 문신 정온鄭蘊(1569~1641)이다. 광해군의 이복동생 영창대군이 살해되자, 진범 강화부사 정항鄭沆의 참수를 주장했던 강직한 인물이다. 그 일로 광해군의 미움을 사 옥에 갇혔는데, 그때 관에서 주는 밥상에 소고기 반찬이 있었다. 그걸 본 사헌부 금졸은, "이분에게 공급하는 음식을 어찌 차마 범하겠는가."라고 말하며 손을 대지 않았다고 한다.

이와 같이 우금령은 그다지 실효를 거두지 못했다. 오히려 금령을 집행해야 할 고을 관장과 금리禁吏(의금부와 사헌부의 하급관리)들이 "장시에서 도살이 낭자한데도 이를 엄금하지 않고 도리어 도세屠稅를 거두기도"〔정조 15년 4월 30, 비변사등록〕 했다. 조선 정부가 도살범에게 형벌 대신 속전贖錢(죄를 면하기 위해 바치는 돈)을 징수하는 것을 허용한 것도 우금령의 효력을 떨어뜨리고, 사사로운 도살을 부추겼다. 숙종 40년(1714) 9월, 사헌부에서 아뢰기를,

"일전에 사사로운 도살을 금했음에도 이를 저지른 사람은 속전을 징수하지 말고 가장을 유배 보내는 일에 대해 이미 주상 전하의 재결을 받았는데, 형조에서는 요사이 잡혀 온 자들에게 여전히 속전을 받는다고 합니다." 하였다.

농민들이 우금령을 어기는 경우도 있었다. 극심한 가뭄과 홍수 등 자연재해로 생계가 어려워지면 농우를 시장에 내다 팔거나 스스로 잡아먹었다. 정조 17년(1793) 대사간 임제원林濟遠이 올린 상소는 기층 민중들마저도 우금령을 우습게 여겼음을 보여 준다.

농가의 으뜸으로 치는 물건 중에는 소가 제일인데 소를 길러 번식시키는 일은 점차 그전만 못하고 날마다 마구 잡아먹는 일은 이 근년에 가장 심해졌습니다. 이름 있는 고을이나 큰 도회지에는 성균관 하례들이 푸줏간을 설치하고 가난한 집과 피폐한 마을에서는 미욱한 백성들이 소를 잡아 고기를 나누어 먹습니다. 심지어 큰 거리에 늘어선 가게에는 소고기 파는 것을 업으로 삼는데 쌓아 놓은 고기가 마치 산더미 같습니다.

〔정조 17년 9월 11일, 정조실록〕

우금령이 실효를 거두지 못한 또 다른 원인은, 19세기에 이르러 소가죽 수요가 증가한 데 있다. 특히 일본과 청에서 조선산 소가죽 수입이 부쩍 증가했다. 당시 일본 수출량은, 순조 24년(1824) 1만 5,000매, 헌종 4~11년 사이 4만 2,000여 매, 고종 2~4년 사이 1만 5,890매였다. 청나라로 수출하는 소가죽의 물량을 순조는 2만장으로 정했으나, 나중에 제한이 없어지면서 더욱 증가했다.

수출에 필요한 소가죽은 대개 밀도살로 마련되었다. 밀도살꾼들은 단속에 걸리더라도 소고기와 가죽을 팔아서 버는 돈이 속전을 내고도 남았기 때문에 우금령을 우습게 여겼다. 그리고 이의 단속을 맡은 금리들은 밀도살꾼들과 결탁하여 뇌물을 받거나, 징수한 속전을 횡령했다.

단군 이래 최악의 우역이 전국을 삼키다

전염병이 발생하면 금육령이 무용지물이 되기도 했다. 율곡 이이李珥(1536~1584)의 《석담일기石潭日記》를 보면, 선조 때 역병疫病이 크게 발생했는데, 세간에 역병 예방에 소고기가 좋다는 말이 돌면서 전국에서 소 도살이 대대적으로 이루어졌다. 그때 일을 율곡은 이렇게 썼다.

금상今上 10년 봄. 전국에 전염병이 대단히 번성하였다. 이 때문에 민가에서, "독한 역신疫信이 내려오니, 오곡을 섞은 밥을 먹어야 예방할 수 있다."는 말이 돌아 서울에 널리 퍼졌다. 이리하여 잡곡을 쌓아 두었던 사람들이 많은 이익을 취하였다. 또, "소고기를 먹고 소피를 문에 뿌려야만 예방이 된다." 하여, 곳곳에서 소를 수없이 잡았다. 작년에는 흉년이 들고 올해는 또 전염병을 만나 죽은 사람이 이루 셀 수 없었다. 〔선조 10년 (1577), 석담일기〕

이긍익은 위 내용을 바탕으로 《연려실기술》의 〈천문전고天文典故〉에 "평안도와 황해도에 특히 심했다."라고 썼다. 당시 선조는 두 도에 승지, 내관, 사관 등 근신을 보내 여제厲祭를 올렸다고 한다. 여제란 나라에 역질이 돌 때 지내던 제사이다. 역질을 하늘이 내린 벌이라 생각한 백성들은 죽음의 공포에서 벗어나려고 무속신앙에 의지하거나, 무당이 내뱉은 말을 그대로 따랐다. '소고기를 먹고 소 피를 문에 뿌리라'는 말은 무당에게서 나왔을 것이다. 그 말에 따라 백성들은 지푸라기라도 잡는 심정으로 애지중지하던 소를 줄도살했다.

같은 해 가을에는 엎친 데 덮친 격으로 "소와 말의 전염병이 아울러 성하여 소가 더욱 많이 죽었다"〔연려실기술 별집 권15, 천문전고〕. 그로 인해 농부가 소를 대신해서 밭을 갈아야 했는데, 소 두 필이 할 일을 사람 아홉 명이 감당했다고 한다.

사람 전염병보다 더 심각한 사태는 소 전염병, 우역이었다. 조선은 병자호란 이후 북부 지방에서 발병한 우역으로 엄청난 소 파동을 겪었다. 우역은 대개 평안도·함경도 일대에서 발생했는데, 그 까닭은 그 곳이 유목민족인 거란·여진족과의 접경지대였기 때문이다. 두만강을 사이에 두고 사람과 가축의 왕래가 빈번히 이루어지면서 우역이 한반도에 전파되었던 것이다.

인조 14년(1636) 8월 평안도에서 우역이 발생했는데, "살아남은 소가 한 마리도 없었다."라고 한다. 멀쩡한 소도 언제 죽을지 모른다는 생각에 미리 잡아먹는 일이 허다하게 벌어졌다. 당시 최명길崔鳴吉(1586~1647)이 상소를 올려 "소의 도살을 엄격히 금지해야 한다."라고 주장했지만 우역이 가라앉지 않는 한 소 도살 금령은 공허한 메아리였다. 이듬해(1637) 농우가 모자라자 조선은 청나라를 통하여 몽골 땅에서 소를 사다가 농민에게 나누어 주어 농사를 지을 수 있게 했다.

우역은 현종 때 또다시 함경도에서 발생하였다. 몽골에서 들여온 소들이 왕성하게 번식하여 마리 수에서 예전 수준을 회복한 때인데, 또다시 된서리를 맞은 것이다. 그때 시작된 우역은 현종~숙종 집권기 내내 이어졌다.

현종 즉위년에 함경북도 경흥부에서 발생한 우역은 차츰 남하하여 전국으로 번지더니 현종이 죽을 때까지, 15년간 끊임없이 이어졌다. 실록에 의하면, 현종 4년(1663)에 관서 지방에서 1,000마리 이상 죽었고, 강원도에서 1,770여 마리, 황해도에서 1,000여 마리, 충청도에서는 "죽은 소가 매우 많았다."라고 한다. 겨울이 되자 우역은 잦아들었으나 이듬해(1664) 8월 황해도에서 다시 발생해서 충청도와 전라도, 경상도로 번졌다. 현종 즉위 후 5년 만에 전국으로 확산된 것이다.

현종 6년(1665)에는 경상도에서 6,400여 마리가 죽었고, 전라도에서 1,300여 마리가 죽었다. 그해 우역은 12월에도 기승을 부려서, 궁중의 제사에 쓸 가축을 기르던 전생서典牲署의 검은 소 14마리도 죽었다. 현종 9년(1668)에는 함경도에서 1만 8000여 마리가 죽었다. 현종 12년(1671)에는 '경신대참변'으로 불리는 대참사가 일어났다. 유례없는 기상이변이 조선을 강타했는데, 가뭄과 혹한, 수해·냉해·풍해·충해에 우역과 역병까지 '팔재八災'가 반도를 휩쓸어, 소는 물론 "굶어 죽은 백성들이 길에 깔렸다."라는 기록이 있다. 가장 피해가 컸던 경상도에서는 소 6,800여 마리가 죽었다. 그때 현실은 이렇게 참혹했다.

좌도左道의 각 고을은 우역이 크게 치열한데 저절로 죽은 것의 고기는 혹 사람에게 해로울까 염려하여 파묻게 하고 있습니다. 그러면 굶주린 백성들이 밤을 틈타 파내어 먹고는 죽은 자가 매우 많습니다.
〔현종 12년 7월 5일, 현종실록〕

우역이 기승을 부리면 백성들은 소가 병에 걸리기 전에 미리 잡아먹거나, 돈이 아쉬워서 백정이나 도살꾼에게 팔았다. 우역이 기승을 부릴수록 부유층에서는 건강한 소고기를 찾았기 때문에 반사 이득을 노린 소 밀도살 집단의 강력범죄도 잇따랐다. 현종 9년에 일어난 청계천 장통교 살인사건이 바로 소를 노린 강도 살인이었다. 당시 조선 정부는 농우의 씨가 마를 것을 염려하여 특단의 조치를 내렸다. 전국의 도살장을 폐쇄하고, 소를 도살한 사람에게 살인죄를 적용하기로 한 것이다.

지평 윤우정尹遇丁이 아뢰기를, "올해 우역이 매우 참혹하게 번져 앞으로 종자가 끊길 염려마저 있습니다. 일찍이 정축년에 우역이 있었을 때 소를 죽인 자는 사람을 죽인 것과 똑같은 죄를 적용하기로 영갑에 기재하였으니, 지금도 이 법에 의거하여 통렬히 금하도록 하소서." 하니, 상이 따랐다. 〔현종 4년(1663) 7월 5일, 현종실록〕

그러나 '소를 사람과 동일하게 대우할 수는 없다'는 대신들의 주장으로 살인죄 적용은 무산되었다.

우역은 숙종의 집권 기간에도 이어졌다. 숙종 6년(1680)에 전라도에서만 4,100여 마리가 죽었고, 이듬해 경기에서 2,300여 마리가 죽었다. 숙종 9년(1683) 1월에는 소의 절종을 염려한 송시열宋時烈(1607~1689)이 금육령을 뒷받침할 '특별한 법령' 제정을 촉구하고 나섰다.

시정時政에 대해 조목조목 진달하는 차자

一. 우역으로 살아남은 소가 얼마 없는데도 도살을 중지하지 않고 있습니다. 대개 우리나라 사람의 습성은 소고기 맛을 으뜸으로 쳐서 이를 먹지 않으면 못 살 것같이 여기고 있으므로 엄한 금령이 있어도 돌아보지 않고 있습니다. 삼가 바라건대 특별한 법령을 만들어 엄중하게 금단하소서. 정자程子가 "흉년이 드는 것은 소를 잡아먹기 때문이다." 하였습니다. 사람이 소의 힘으로 먹고 살면서 도살하여 고기까지 먹고 있으니 어찌 화기를 상하게 하는 원기怨氣가 없겠습니까. 삼가 바라건대 유의하시어 통렬히 금단하소서.

〔송자대전 권17 소疏 차箚〕

그러나 그 뒤로 특별한 법령이 시행되지는 않았다. 송시열의 주장도 "신하들을 책려"하여 제사에 소고기를 쓰지 못하게 하자는 정도였다. 그런데 같은 해 6월, 조선 경제를 무너뜨릴 정도의 메가

톤급 대재앙이 발생했다. 급기야 우역이 조선 최대의 소 축산지 제주도까지 확산된 것이다. 그해에 제주도에서만 수만 마리의 소가 죽었다. 단군 이래 최대의 소 떼죽음 사태였다. 조선 정부는 패닉 상태에 빠져 팔도 각지에서 잇따라 들어오는 소 피해 보고에 아무런 조치를 취하지 못했다.

그렇게 조선이 우역으로 어려움을 겪고 있을 때에도 청나라는 소 무역과 진상을 요구했다. 조선은 아무리 소가 없어도 진상을 중단하지 못했다. 청나라의 보복이 두려웠기 때문이다. 그러나 소가 절종 상태에 이른 마당에는 더 두려울 것도 없었다. 숙종 11년(1685), 조선 정부는 사은사 박필성朴弼成을 보내 청나라에 소 무역 중단을 통보했다. 그러자 청나라는 박필성에게 회자回咨(공식적인 답변)도 없이 곤욕을 주면서 내쫓았고, 회자는 따로 의주로 보내왔다.

살펴보건대 지금 조선 국왕 모某(숙종)는 황상이 진휼하는 높은 은혜를 여러 번 입었으니, 도리상 마땅히 공손하고 삼감을 더해서 보답하기를 힘써 일체 사무를 모두 규례에 따라야 할 것인데, 소가 우역으로 죽었다고 일컫고는 제본* 쓰기를 미루어 핑계하고 있으니, 이는 매우 합당하지 못하다. 이 때문에 장차 조선 국왕 모에게 은 1만 냥을 벌금으로 내게 해야 한다.

---

* 제본(題本) 중국 명·청 시대에 병(兵)·형(刑)·전곡(錢穀)·지방 사무 등 모든 공사(公事)에 관해서 황제에게 올리는 문서

조선 정부는 좌의정 남구만南九萬이 차자를 올려 잘못을 빌었고, 숙종은 청 황제를 위로하기 위해 유시(문서)로 답하였다.

조선 정부가 우역 문제로 청국과의 소 무역을 중단한 것은 영조 14년(1738)의 일이다. 2월 초에 북관北關(함경북도)에 우역이 번져서 청국과의 교역에 쓸 소 600마리 중에 550마리가 죽었다. 송인명宋寅明이 남관南關(함경남도)의 소를 옮겨 보낼 것을 청하자 영조는 "다른 소를 들여보내도 반드시 병들어 죽게 될 것이니, 이는 할 수 없는 일이다. 우역이 없어지기를 기다려서 무역하도록 하라." 하였다.

영조 때 역시 우역이 치성해서 큰 피해가 발생했다. 가장 큰 피해는 영조 39년(1763) 12월에 기록된 것으로, 호남에서만 1만 마리나 희생되었다.

그런데 정조가 집권한 뒤로는 실록에 우역 발생 기사가 보이지 않는다. 그렇다고 우역이 발생하지 않았거나, 예방·치료법이 등장한 것도 아니었다. 정조 22년(1798)에 공주 유생 유진목柳鎭穆이 올린 상소를 통해 그 사실을 알 수 있는데, 그는 "소의 돌림병에 대한 치료법을 널리 물어서 농서에 첨부"하자고 주장했다. '소의 돌림병'이란 우역을 두고 한 말이다. 여전히 우역이 치성했고, 예방과 치료법은 없는 실정이었음을 반증한다. 그런데 왜 《정조실록》에는 우역 발생 기사가 없을까?

그 의문을 풀 실마리는 있다. 영조 39년(1763) 전라도 광주부에서 작성한 《보첩고報牒攷》에 단서가 보인다. 광주부의 우역 발생과 피해 상황, 우역을 퇴치하려고 취한 조치 등을 기록한 책이다. 당시 광주부 46방坊 중에서 진전방眞田坊은 유일하게 우역 피해를 입지 않았는데, 마을 사람들이 건강한 소를 건조하고 깨끗한 심산궁처로 격리하여 지켰다는 것이다〔계미년(1763) 8월 16일, 보첩고〕. 이 방법이 정조 집권기에 널리 사용되면서 우역으로 인한 피해를 줄일 수 있었던 게 아닐까?

조선 사람들의 유별난 소고기 사랑

유만공柳晩恭이 조선 후기 세시 풍속을 시로 읊은 〈세시풍요歲時風謠〉에 이런 시구가 있다.

가게의 풍성한 음식 흐뭇하게 바라보니 欣看野店侈肴饌
도처에 다리 부러진 소 많기도 하구나. 倒處何多蹇脚牛

〔조선대세시기, 세시풍요〕

우금령이 내렸는데 가게마다 팔고 있는 소고기가 많음을 두고 한 말이다. 명절이 다가오면 일단 소부터 잡고는 다리 부러진 소를 잡았다고 관청에 허위 보고했던 것을 풍자한 것이다.

물론 소고기 금령을 철석같이 지킨 이들도 있었다. 율곡 이이가 그런 위인인데 그는 평생 소고기를 입에 대지 않았다고 한다. 그 사실은 율곡의 행장을 쓴 김장생金長生(1548~1631)이 아래와 같이 증언했다.

…… 그 당시 국법에 소의 도살을 엄금하여 그 법을 범하는 사람은 변방으로 내쫓기까지 하였는데, 선생은 "나라에서 금하는 것은 범해서는 안 된다." 하고, 그로부터 소고기를 제사에 쓰지도 않고 먹지도 않았다. 누가 선물을 가지고 오면 반드시 가려서 받았으며, 비록 하찮은 것일지라도 모두 친구들에게 나누어 주었다. ……

〔사계전서 권7, 율곡 이 선생 행장〕

조선 정부는 한때 소 도살을 막기 위해 소고기 대체재로 양고기를 보급하는 방안을 검토했다. 그러나 실시되지는 않았다. 그 까닭은 이유원李裕元(1814~1888)의 《임하필기林下筆記》(1871)에서 확인할 수 있다.

소고기를 먹지 않는 일

…… 옛사람이 말하기를, "양을 키우면 소의 도살을 금하는 일은 힘들이지 않고도 저절로 해결된다."고 하였는데, 이 논의가 매우 좋기는 하나 풍토가 양을 키우기에 적합하지 못하여 향사享祀에 쓰이는 제수祭需를 책시柵市*에서 사 오는 실정이니, 사람들이 소고기를 먹는 것을 어떻게 양으로 바꾸겠는가.

〔임하필기 권25, 춘명일사〕

---

* 책문후시 원래 밀무역 시장이었으나 1755년(영조 31)에 공인한 후 일시 폐쇄된 적이 있지만 구한말까지 유일하게 청과 조선의 무역 기능을 담당했다.

어떤 특단의 조치도 조선 사람들의 소고기 탐식 열풍을 잠재우지 못했다. 금령이 무색하게 서울에는 현방懸房(푸줏간)이 많게는 48개, 적게는 22개가 성업했다. 최고 교육기관인 성균관 유생들의 무상급식에도 소고기가 정기적으로 제공되었다.

왜 조선 사람들은 육류 중에서 유독 소고기를 고집했을까? 돼지는 왜 선택받지 못했을까? 그 까닭은 맛도 맛이거니와 키우는 데 드는 비용 때문이기도 하다. 소는 초식동물이라 먹이에 큰돈이 들지 않는다. 사방에 널린 게 풀이다. 겨울에는 볏짚·콩깍지·건초 등 농업 부산물을 먹이면 된다. 그러나 돼지는 다르다. 잡식동물이고 사람과 거의 식성이 같다. 비싼 곡물을 먹여야 살이 찐다. 사람이 먹을 곡물도 모자란 판에 어떻게 돼지에게 먹이겠는가. 그런 까닭에 돼지는 효용가치가 낮은 가축이었고, 보편적인 육류로 자리 잡지 못했다.

그래서 조선 시대에는 돼지고기가 소고기보다 비쌌다. 한치윤韓致奫의 《해동역사海東繹史》에, "거위는 한 마리에 4냥이고, 돼지고기는 한 근에 1전 2푼이고, 소고기는 한 근에 7, 8푼이다."〔해동역사 권63, 본조의 비어고 3, 왜적을 막은 데 대한 시말 3〕라고 나온다.

+ 정부의 공인을 받은 도축업자 반인

박제가는 《북학의北學議》에서 "우리나라에서는 날마다 소 500마리를 도살하고 있다."고 말했다. 그 소고기는 국가 제사나 왕실 찬품이나 군사들을 위로할 목적으로 주는 음식인 호궤犒饋에 쓰였다. 박제가의 증언은 조선 시대에 국가의 공인을 받은 전문 도축업자가 있었다는 것을 의미한다. 그들이 바로 '반인伴人'이다. 대개 도축업자라면 백정을 떠올리지만, 반인은 백정과는 다른 부류였다.

조선 후기에 편찬된 유본예柳本藝의 《한경지략》은 한성의 역사를 간략하게 기술한 책인데, 거기에 "모두 반민泮民으로 하여금 고기를 팔아 생계를 삼게 한다."라는 말이 있다. 즉 당시 서울에서 소고기 도축과 판매는 '반민'으로 불렸던 특정 계층이 독점했다는 뜻이다.

'반민'은 성균관의 다른 호칭인 '반궁泮宮'과 관련이 있다. 본디 천자의 나라에 세운 학교는 벽옹이라 했고, 제후의 나라에 세운 학교는 반궁이라 했다. 반민이란 반궁(성균관) 근처(반촌)에 사는 사람들을 가리킨다. 그들은 성균관에 속한 노비들인데, 고려 성리학자 안향이 성균관에 헌납한 노비(100명)의 후손이었다.

반민들은 성균관에 속한 종이라 평생 반촌을 떠날 수가 없었다. 성균관은 학생 수만 300명에 이르는 국립교육기관이었고, 학생들은 무상으로 먹고 자면서 공부했다. 따라서 성균관 운영에는 많은 인력이 필요했다. 대성전·명륜당의 각종 행사를 준비하며 필요한 물자를 조달하고, 건물 청소와 유생들의 식사 등 자질구레한 뒤치다꺼리를 할 사람이 필요했는데, 바로 반민이 그 일을 했던 것이다. 그리고 그들의 직임은 자식들에게 대물림되었다.

그런데 반민이 어떻게 소 도축과 판매를 독점하게 되었을까? 추측하건대, 임진·병자 양란을 겪은 뒤로 성균관 재정이 악화하여 반인들의 생계가 막히자 정부가 소 도축과 판매권을 허가했을 것이다. 그들은 오랫동안 문묘 제향에 필요한 음식을 수발했기 때문에 소 도축 기술은 터득하고 있었다. 정부 입장에서 보면, 소고기 금령을 내렸다 해도 문묘에는 소고기를 올려야 했으니 반민의 소 도축까지 금할 수는 없었다. 게다가 성균관의 전통에는 유생들에게 소고기를 반찬으로 제공하는 관습이 있었는데, 그 관습을 정부가 갑자기 없앨 수는 없었다.

이쯤 되면 조선 정부가 반민에게 소 도살과 판매 독점권을 준 까닭을 유추할 수 있다. 그럼으로써 정부는 문묘와 유생들의 소고기 문제, 반민들의 생계 문제까지 해결했고, 소고기 품귀 현상으로 사대부층의 불만이 커지는 것도 막을 수 있었다. 유본예가 쓴 《한경지략》의 '현방' 항목이 그것을 뒷받침해 준다.

성균관의 노복들로 고기를 팔아서 생계를 잇게 하고, 세稅로 바치는 고기로 태학생들의 반찬을 이어 가게 한다.

〔한경지략, 현방〕

03

난로회

양반들의 소고기 탐식 풍속

煖爐會

음력 시월 초하루는 고기 먹는 날

언제부터인가 3월 3일을 '삼겹살데이'로 부르며 삼겹살을 먹는 풍속이 생겼다. 축산업자들이 삼겹살 소비를 촉진하려고 만든 상술이라며 대수롭게 여기지 않는 사람도 있다. 하지만 새로운 풍속이란 게 사실 그렇게 시작되지 않는가. 발렌타인데이·화이트데이처럼 말이다. 재미있는 사실은 조선 시대에 '고기 먹는 날'이 있었다는 점이다.

《동국세시기東國歲時記》(1849)에 따르면, "서울 풍속에 음력 10월 초하룻날, 화로 안에 숯을 시뻘겋게 피워 석쇠를 올려놓고 소고기를 기름장·달걀·파·마늘·산초가루로 양념한 후 구우면서 둘러앉아 먹는 것을 '난로회'라고 한다."라고 하였다. 연암 박지원의 〈만휴당기〉에 그 풍속이 이렇게 소개되어 있다.

> 내가 예전에 작고한 대부 김 술부* 씨와 함께 눈 내리던 날 화로를 마주하고 고기를 구우며 난회煖會를 했는데, 속칭 철립위鐵笠圍라 부른다. 온 방안이 연기로 후끈하고, 파·마늘 냄새와 고기 누린내가 몸에 배었다. 공이 먼저 일어나 나를 이끌고 물러 나와, 북쪽 창문가로 나아가서는 부채를 부치며, "그래도 맑고 시원한 곳이 있으니, '신선이 사는 곳과 그다지 멀지 않다'고 할 만하구먼." 하였다. ……
>
> 〔연암집 권3, 공작관문고孔雀館文稿〕

* 대부 김 술부(金述夫) 술부는 김선행(金善行, 1716~1768)의 자이다. 1739년(영조 15) 문과 급제 후 옥당(玉堂), 황해 감사, 대사헌, 한성부 좌윤, 도승지 등을 거쳤다.

야연(野宴) 작자미상

조선 후기 양반들의 난로회 풍경을 세밀한 필치로 그렸다. 머리에 쓴 모자와 털방석, 화로 위에 놓인 벙거짓골로 보아 초겨울 난로회 풍경임을 알 수 있다. 왼쪽 아래의 남자는 털방석을 기생에게 양보하고 기생이 먹여 주는 고기에 입을 벌리고 있다.

위 글에 나오는 '난회'가 난로회煖爐會이다. 난란회爛暖會라고도 한다.

우리나라의 세시풍속이 대개 중국에서 들어왔듯이 난로회도 그렇다. 고대 중국의 풍속을 다룬 《세시잡기歲時雜記》에 '난로煖爐'가 나온다. 북경 사람들이 10월 초하루에 술을 걸러 놓고 화로에 둘러앉아 고기를 굽고 마시는데, 그것을 난로라 한다고 했다. 또한 남송 시대의 박물지 《동경몽화록東京夢華錄》에도 10월 초하루에 유사有詞(관리)들이 난로와 술을 올리라고 하면 민가에서는 모두 술을 가져다 놓고 난로회를 했다고 한다.

난로회 풍속이 조선에 언제 들어왔는지는 알 수 없다. 고려나 조선 초기 기록에는 보이지 않다가 조선 영조 대의 무신 구수훈具樹勳(1685~1757)의 《이순록二旬錄》에 "근래 골식회骨食會가 있는데 이것은 호인胡人이 사냥터에서 먹는 것으로서 노爐를 둘러싸고 스스로 구워 다투어 먹었다."라고 나온다. 골식회란 전립골(벙거짓골)에 고기를 구워 먹는 수수한 풍속이었을 것이다. 그런데 중화 사대주의에 젖은 조선 지식인들이 '골식회'라는 말을 비루하게 여겨 송나라 풍속에 따라 난로회로 불렀던 것으로 보인다.

규장각 신하들과 난로회를 즐겼던 정조

난로회는 18세기에 이르러 연암 박지원과 정조의 글에도 등장한다.

《홍재전서弘齋全書》(1799)에 정조가 신하들을 불러서 난로회를 가졌다는 내용이 있다. 정조 5년(1781) 겨울, 그는 규장각의 각신, 승정원의 승지, 예문관의 사관을 불러 매각梅閣에서 난로회를 열었다. 정조는 '매梅' 자를 시제로 정하여 신하들에게 칠언절구를 지어 올리게 하고, 매화가 핀 뒤에 다시 모이기로 약속하였다. 그 때 정조가 먼저 시 한 수를 지었다.

가벼운 갖옷 차림으로 각중에 돌아오니 輕裘緩帶閣中廻
좌우로 일백 그루 매화나무에 둘러싸였네. 左右交横擁百梅
좋도다 이 천지조화의 원기가 모였으니 好是氤氳元氣會
이 술잔 남겨 두고 활짝 필 때 기다리세. 此樽留待十分開

〔홍재전서 권5 시1, 매각갱재축梅閣賡載軸〕

정조는 밤늦게 일하는 규장각·승정원·홍문관에 음식을 내리면서, "난로회의 고사를 모방하여 중사中使(내시)를 시켜 탁자 가득 좋은 술과 안주를 받들어 전하면서 연운聯韻의 시구를 곁들여 보내노라."라고 말했다. 그 회식 자리에는 심상규, 정약용, 홍석주도 있었다. 정약용이 "임금 하사 진수성찬 열 사람이 떠멨다나…… 청빈한 선비 입이 황홀하여 놀랄 따름"이라고 했던 시(눈 내리는 밤 내각에 음식을 내리시어 삼가 은혜를 기술하다)가 바로 그날의 추억을 노래한 것이다.

그날 정조는 이와 같이 어제를 내렸다.

금화전의 경서 해설은 규장에 빛이 나고 金華經說耀奎章
분서의 글 읽는 소리는 옥당에 미치도다. 粉署書聲及玉堂

이에 참석한 신하들이 제각기 갱재賡載(왕이 지은 시가에 화답하는 시나 노래를 짓던 일)를 올렸는데, 심상규는 "비서감에서 글 읽으니 서함은 크기도 해라. 서청각에 거처하니 성상의 편액 빛나도다(讀於中祕琅函鉅 處以西淸寶扁煌)."라고 하였고, 정약용은 "서책을 간행하는 데는 기나긴 해와 함께 하고, 야간의 독서는 매양 종이 울릴 때에 이르네(繡梓共添宮線永 燃藜每到院鐘鏜)."라 하였다.

다산은 오랜 유배생활에서 해배된 뒤에 고향에서 지인들과 함께 난로회를 벌였던 모양이다. 겨울 날 고기 구워 먹는 사람들 모습을 그린 그림에 제화시를 남겼는데, 그림의 행방은 알 수 없고 시 〈한방소육도寒房燒肉圖〉만 그의 문집에 남아 있다.

해진 갖옷* 소매 걷고 화롯가에 다가앉아 弊貂揎袖進爐頭
빈한한 선비가 가장 마음 기쁜 때로세. 寒士沾沾得意秋
꾸르륵 하고 삼키니 누가 욕하지 않으랴 慢作蚓鳴誰不罵
성낸 듯 눈이 튀어나와도 걱정할 건 없다오. 怒如魚眼即無愁
이자가 포록을 사양한 건* 일찍이 의심했으나 嘗疑李子辭包鹿
한공이 압구정서 잔치한 건 부럽지 않도다.* 未羨韓公宴狎鷗
예법이 있는 곳에서는 끝내 부끄러운 일이니 禮法場中終有媿
이 풍습은 원래 살마주*에서 시작되었네. 此風元自薩摩州

〔다산시문집 권6, 시 '송파수작松坡酬酢'〕

양반들이 모여앉아 고기를 쩝쩝 소리 내어 씹어 먹고 서로 눈을 부라리며 허겁지겁 고기를 먹는 모습을 유쾌하게 담았다. 그런데 다산은 난로회가 중국이 아니라 일본에서 건너온 풍습이라고 쓰고 있다. 다산이 잘못 안 것이다. 혹시 다산이 그날 난로회에서 먹은 음식이 조선통신사나 왜관의 일본인들에 의해 퍼진 일본음식 스키야키(이 책 9장에 소개)가 아닐까? 그래서 난로회까지 일본 풍습인 줄 알았던 것 같다.

난로회는 조선 후기에 수도권을 중심으로 식자층에 빠르게 확산되었다. 심지어 왕과 신하가 궐 안에서 함께 즐기기도 했으므로, 그 뒤로 양반층에 유행처럼 번졌을 것이다.

그런데 현종~영조 연간에는 우역이 전국을 휩쓸어 소가 부족했는데 어떻게 난로회가 유행할 수 있었을까? 우역은 영조 39년(1763)까지 지속적으로 발생했고, 그해에만 호남에서 소 1만여 마리가 죽었다. 그런데 정조 집권기에는 우역 발생 기록이 없다. 그렇다고 우역이 없었던 것은 아니다. 아마도 우역에 대한 경험이 쌓이고, 전염 경로를 조금씩 알게 되면서 건강한 소를 따로 격리하는 방법으로 피해를 줄였던 것 같다. 그렇다 해도 조선의 소 부족 상

---

*갖옷 짐승의 털가죽으로 안을 댄 옷

*이자가 포록을 사양한 건 포록(包鹿)은 노루고기를 싼 것을 가리킨 듯하나, 이자는 누구를 가리키는지 알 수 없다.

*한공(韓公)이 …… 않도다 한명회가 압구정을 짓고 거기서 갈매기와 친하기만 했다는 뜻에서 한 말이다.

*살마주(薩摩州) 지금의 규슈 가고시마

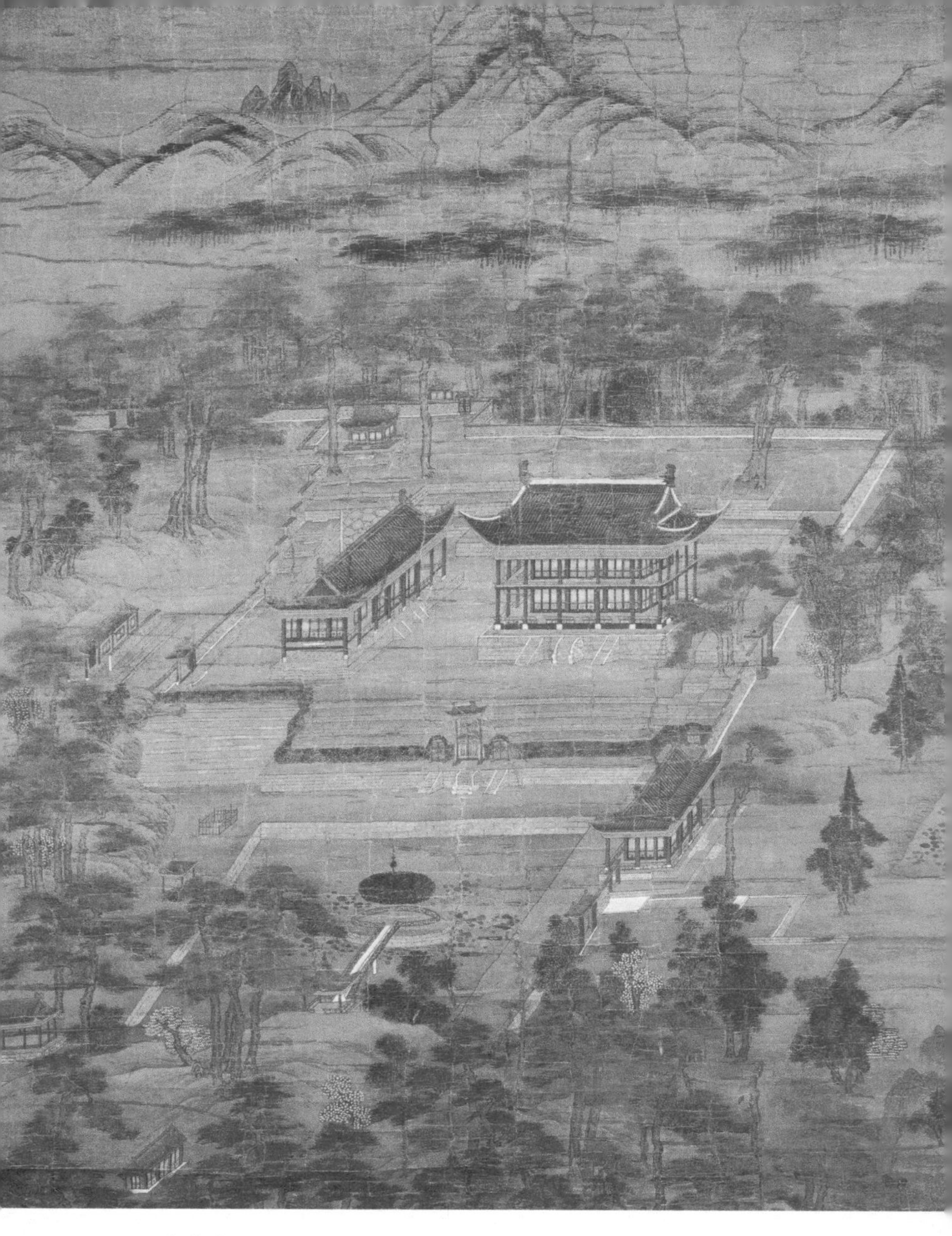

규장각도(奎章閣圖) 김홍도

정조는 젊은 문신들을 규장각에서 학문 연구에 전념하게 하여 이 기관을 중추적인 학술기관으로 성장시켰다.

태를 극복하지는 못했을 것이다.

난로회의 유행은 우금령이 유명무실해졌음을 보여 준다. 우금령은 여전히 법적인 효력은 있었으나 예전처럼 강력한 단속과 처벌은 이루어지지 않았다. 형벌 대신 속전을 징수했던 것이다. 정조는 이복동생인 은언군恩彦君 이인李裀이 몰래 소를 도살하여 물의를 빚자 내사內司(사복시, 궁중의 가마나 말에 관한 일을 맡아보던 관아)로 하여금 속전을 대신 납부하게 했다. 민간인에게도 속전을 내면 도살 허가를 해 주었고, 밀도살로 체포된 죄인조차 속전을 받고 방면했다. 그것이 난로회가 유행하게 된 사회적 배경이다.

> 난회를 행하기는 아세亞歲(동지)가 적합하니 煖會端宜亞歲供
> 노구솥에 둘러앉아 겨울 추위 견디네. 爐鍋圍坐禦寒冬
>
> 〔조선대세시기, 동지〕

소고기, 어떻게 요리해 먹었을까?

우리나라 사람이 가장 좋아하는 소고기 부위는 갈비일 것이다. 옛 문헌에서 갈비는 '가리'나 '우협牛脅'으로 불렸다. 18세기에 이르러 다산 정약용이 《아언각비雅言覺非》(1819)에서 우협을 갈비曷非로 고쳐 불렀다. 갈비에서 고기만 발라서 파는 것을 '갈비색임'이라고 하는데, "국을 끓이면 맛이 좋다."라고 했다. 갈비는 오래전부터 우리의 입맛을 사로잡아 왔다. 고려 시대의 중국어 교본 《노걸대》에

"소고기를 살 때는 뼈에 붙어 있는 살을 사라."는 말이 있다. 뼈에 붙어 있는 살이 갈비이다.

그럼 갈비를 어떻게 먹었을까? 가장 오래된 소고기 요리로는 고구려 사람들이 즐겼다는 맥적貊炙이 있다. 고기를 소금(간장)과 기름으로 양념해서 구웠다는 점에서 조선 시대 가리구이나 너비아니, 오늘날 불고기의 원조로 볼 수 있는 음식이다. 가리구이는 갈비를 이용하지만 너비아니는 살코기를 이용한다는 점에서 차이가 있다. 너비아니는 고기를 너붓너붓 썰었다는 데서 붙여진 이름이다.

가리구이는 19세기 조리서 《시의전서是議全書》의 〈음식방문〉에 조리법이 담겨 있다. "가리를 두 치 삼사 푼 길이로 잘라서 정히 씻어 가로 세로로 잘게 어히고(칼집을 넣고) 가운데를 갈라 좌우로 젖히고 갖은 양념하여 새우젓국으로 함담(간) 맞추어 주물러 재서 구워라."라고 했다.

한국 전통음식은 조선 시대에 이르러 조리법이 크게 발달했다. 육류를 비롯하여 향신·조미료가 다양해지기도 했지만 제례문화가 확산된 영향이 크다. 성리학이 생활규범으로 뿌리를 내리면서 제례음식은 음식문화의 총아로 떠올랐고, 가문 고유의 '손맛'도 탄생했다.

소고기는 제례음식이 발달하면서 쓰임새가 무척 다양해졌다. 소고기는 비싼 식재료라 여염집에서는 국과 탕에 부재료나 조미료 정도로 넣을 뿐이었지만, 부유층에서는 소고기 자체를 요리해서 먹었다. 그러면서 소고기는 갈비찜, 가리구이, 너비아니, 육전(고기전), 설야멱 등으로 조리법이 다양해졌다.

'설야멱'은 개성 사람들이 예로부터 즐겼던 음식이다. 구한말 문신 최영년崔永年(1856~1935)의 《해동죽지海東竹枝》(1925)에는 '설리적雪裏炙'으로 소개되어 있다. 설리적은 소갈비나 염통을 기름과 훈채葷菜(마늘, 생강)로 조미하여 숯불이나 화로에 구워 먹는 음식이다. 그런데 굽는 방법에 비결이 있다. 굽다가 반쯤 익으면 냉수에 잠깐 담그는 것이 비법이다. 그것을 '냉침법'이라고 하는데, 그렇게 식힌 고기를 다시 구우면 겉이 타지 않고 속까지 잘 익는다. 최영년은 "눈 오는 겨울밤의 술안주로 좋고 고기가 몹시 연하여 맛이 좋다."라고 하였다. 《규합총서閨閤叢書》(1809)와 《산림경제山林經濟》에서도 설야멱의 조리법을 소개하고 있다.

소고기 등심살을 넓고 길게, 전골고기보다 훨씬 두껍게 썰고 칼등으로 자근자근 두드려서 꼬치에 꿰어 기름장에 버무린다. 숯불은 세게 피워서 위에 재를 덮고 굽되 고기가 막 익거든 냉수에 담가 식혔다가 다시 굽는다. 그러길 세 번 한 후 기름장·파·다진 생강·후추를 발라 구워야 연하다.

〔규합총서〕

소고기를 썰어서 편을 만들고 칼등으로 두드려 연하게 한다. 그것을 대나무 꼬챙이에 꿰고 유염油鹽으로 조미해서 숯불에 굽는데, 굽는 중간에 찬물에 담가 식혔다가 다시 굽는다. 그러면 매우 연하고 맛이 좋다.

〔산림경제〕

냉침법은 개성 사람들이 굽던 고기를 눈밭에 던졌다가 다시 구웠던 데서 시작되었다고 한다. 겨울철에 노상에서 모닥불에 고기를 구울 때의 임시방편이었을 것이다. 그런데 개성 사람들은 그 방법을 누구한테 배웠을까? 아마도 고기를 많이 먹어 본 북방 이민족이었을 것이다. 원 간섭기에 개성에는 몽골·회회인(무슬림)들이 들어와 살았는데, 고려의 육식문화는 그들에 의해 부활했다.

'설야멱'이란 이름은 중국 고사에서 비롯한 것이다. 순조 때 조재삼趙在三(1808~1866)이 쓴 《송남잡지松南雜識》에 "송 태조가 설야雪夜에 보를 찾아가니覓 숯불에다 고기를 굽고 있더라."라는 고사가 소개되어 있다. 보는 송 태조 조광윤의 친구인 조보趙普를 가리키는데, 조광윤이 송을 개국한 뒤 초대 재상을 지낸 인물이다. 그 뒤로 화로에 고기를 구워 먹는 것을 '설야멱'이라 불렀던 모양이다. 조리법이나 맛이 특별해서보다는 송 태조와 보, 주군과 신하 관계가 된 이후에도 이어진 소탈한 우정이 그럴싸해서 후세의 선비들이 '화로구이'에 특별한 의미를 부여한 것이 아닐까?

조선 후기의 위항시인 조수삼趙秀三(1762~1849)은 《추재집秋齋集》의 〈세시기〉에, "신라에서는 새해 첫날 왕이 단향회檀香會를 열고 불을 피워 떡국과 설야멱을 먹는다."라고 했다. 설야멱에 대해서는 "일명 곶적串炙, 대꼬챙이에 소고기를 꿰어 굽는다."라고 썼다. 아마 왕과 신하 간에 신뢰와 의리를 확인하는, 상징성이 있는 음식이었던 모양이다.

설야멱은 음식 자체로는 소박하지만 그 속에 담긴 의미는 매우 웅대하고 멋스러우며, 성리학적이기까지 했다. 조선 선비는 물론 왕들도 좋아할 만한 음식이었다. 아마도 난로회의 단골 메뉴는 단연 설야멱이었을 것이다.

양반들 입을 '열광의 도가니'로 만든 열구자탕

《흥부전》을 보면, 배곯은 아이가 "애고 어머니, 우리 열구자탕에 국수 말아 먹었으면……" 하고 투정을 부린다. 그러자 다른 아이가 "애고 어머니, 우리 벙거짓골 먹었으면……" 한다. 조선 후기를 대표하는 가장 맛있는 음식이 열구자탕悅口子湯과 벙거짓골이었음을 말해 준다.

벙거짓골은 '난로회'에서 연암 박지원이 '철립위'라고 불렀던 음식이다. 고기를 굽는 구이판(번철)이 벙거지처럼 생겨서 전립투氈笠套·전립골로도 불렸는데, '전립'은 짐승털을 틀에 넣고 압착시켜서 만든 모자다. 사극에서 포졸들이 쓰고 나오는 모자가 그것이다. 실학자 유득공柳得恭(1749~1807)은 《경도잡지京都雜志》에, "냄비 중에 전립투라는 것이 있다. 벙거지처럼 생겼기 때문이다. 채소는 가운데다 데치고, 가에서는 고기를 굽는다. 안주나 밥반찬에 모두 좋다."고 썼다. 찌개 종류인 '전골'은 바로 '전립골'에서 나온 말이다.

열구자탕이란 어떤 음식일까? 열구자悅口子는 '입을 즐겁게 한다'는 뜻이다. 맹자의 말 중에 "오히려 추환이 나의 입을 즐겁게 한다(猶芻豢之悅俄於口)."에서 따온 말로, 추환芻豢은 소·말·양·돼지 등으로 아주 잘 차린 음식을 가리키고, 열구悅口는 '음식이 입에 맞는다'라는 뜻이다. 열구자탕은 어떤 음식이기에 그런 이름이 붙었을까?

열구자탕을 요즘엔 '신선로神仙爐'라고 부른다. 여러 가지 생선과 고기를 채소와 함께 끓인 음식인데, 재료를 색깔별로 담아 놓은 모양새가 눈을 먼저 즐겁게 한다. 조선 시대 조리서에 가장 많이 언급된 음식이기도 하다. 18세기 중인 역관 이표李杓는《수문사설》(1740)에 열구자탕熱口子湯을 이렇게 소개했다.

끓이고 익히는 기구가 별도로 있다. 큰 합과 같은 모양에 발과 아궁이가 달려 있다. 합 가운데에 둥근 통이 세워져 있는데 뚜껑의 바깥까지 높이 나와 있고 뚜껑은 중심에 구멍이 있어 원통이 위로 튀어나와 있다. 이 원통 안에 숯불을 피우면 바람이 아궁이로 들어가고 불길은 뚜껑 위의 구멍으로 나간다. 이 합의 둘레에 돼지고기, 생선, 꿩, 홍합, 해삼, 소의 양과 간, 대구, 국수, 만두 등을 돌려 놓고 파, 마늘, 토란을 고루 섞어 놓은 다음 맑은 장국을 넣고 끓이면 각 재료에서 국물이 우러나와 맛이 매우 좋다. 몇 사람이 둘러앉아 젓가락으로 집어먹고 숟가락으로 떠서 먹는데 뜨거울 때 먹는다. 이 음식은 모여 앉아 회식하기에 아주 적당하다. 우리나라 사람들이 (청나라에서 귀국할 때) 사 가지고 온 이 기구는 전별하는 야외 모임이나 겨울밤에 모여 앉아 술자리를 즐길 때 매우 좋다.

조선 후기의 학자 조재삼은《송남잡지》에서 열구자탕을 '열구지'라고 부르면서, "나부영이라는 노인이 여러 음식을 섞어 끓인 것을 골동갱이라 하였고 …… 그것이 지금의 열구지悅口旨이다. 그리고 그 냄비를 화호火壺 또는 신선로라 한다."라고 했다. 순조 때의 학자 홍석모洪錫謨가 쓴 《동국세시기》에는 "소고기나 돼지고기에 무·오이·훈채·달걀을 섞어 장탕을 만든다. 이것을 열구자 또는 신선로라 하는데 중국의 난로회에서 온 것이다."라고 하였다.

《규합총서》, 《시의전서》, 《해동죽지》에도 '신선로'와 '탕구자湯口子'로 나온다.

열구자탕의 묘미는 '화호' 또는 '구자'라고 불렀던 조리 도구에 있다. '새로 만든 화로'라는 뜻으로 '신설로新設爐'라고 쓰기도 한다. 모양은 작은 화로에 냄비가 붙은 형태인데, 중국식 샤브샤브 훠궈火鍋에 쓰이는 냄비 '훠궈쯔'가 조선에 들어와 변형된 것으로 추측된다. 정조 때 서유문徐有聞이 쓴 《무오연행록戊午燕行錄》에는 "(중국에) 혹 열구자탕을 놓고 화로에 둘러앉아 어지러이 먹으며 술장사와 열구자탕 장사가 무수하였더라."라는 말이 있다. 이 말을 통해서도 열구자탕이 중국에서 들어왔음을 알 수 있다.

열구자탕은 궁중의 잔칫상에 자주 오른 음식이다. 아마 중국을 다녀온 사신과 역관들에 의해 궁중에 알려졌을 것이다. 열구자탕은 사대부 관료들에 의해 다시 반가로 퍼졌다. 궁중에서 느꼈던 그 맛을 집에서도 맛보고 싶었던 것이다. 심지어 윤원형 같은 세도가들은 대령숙수를 집으로 불러 요리를 하게 했다.

궁중음식은 '사찬賜饌'을 통해서도 반가로 퍼졌다. 궁중연회가 끝나면 음식을 싸서 참가자들에게 들려 보내는 것이 관행이었다. 그것을 사찬이라고 하는데, 아무나 누릴 수 있는 혜택은 아니었다.

궁중음식은 사찬을 통해 반가에 알려졌고, 그 조리법은 반가의 음식에 영향을 끼쳤다. 궁중음식의 또 다른 전파자는 중인 출신 관원과 숙수, 나인, 연회에 참석했던 사대부 부인들이다. 특히 숙수들은 세도가들에게 불려 가서 음식을 해 올리는 것이 큰 수입원이었다.

궁중의 열구자탕은 재료가 무척 다양하고 고급스러웠다. 궁중 연회 음식을 기록한 《원행을묘정리의궤園幸乙卯整理儀軌》와 《진연의궤進宴儀軌》에 등장하는 열구자탕은, 소 안심·곤자소니(소 창자 끝의 기름기가 많은 부분)·간·천엽·돼지고기·새끼돼지·꿩·닭·전복·해삼·숭어·달걀·표고·미나리·무·녹말·밀가루·파·참기름·간장·후추·잣·은행·호두 등 25종류의 식재료가 사용되었다.

열구자탕은 정조가 밤늦게 일하는 각신들에게 하사했다는 훈훈한 일화가 담긴 음식이기도 하다. 그 각신 중에는 정약용도 있었다. 다산은 그날의 추억을 〈선조 기사先朝紀事〉라는 시로 남겼다.

규장각서 밤이 깊도록 교서를 하노라니 奎瀛校字夜迢迢
학사와 등불만 적막 속에 서로 마주했는데 學士燃藜對寂寥
성상께서 내리신 열구자탕이 이르러라 悅口子湯宣賜至
이것을 가져온 이는 바로 유명표*였네 領來者是柳明杓

〔다산시문집 권6, 시 송파수작 일부〕

* 유명표(柳明杓) 당시 규장각 주자감관. 인쇄 담당

신선로(열구자탕)

최남선은《조선상식문답》에서 "중국 음식에 신선로와 똑같은 그릇을 훠궈르火鍋兒(화과아)라 하여 그릇 한가운데 숯불을 피우고 그 가장자리에 국을 끓여 어육과 채소를 익혀 먹는 풍속이 있다."면서 "조선의 신선로가 중국에서 왔음은 거의 의심할 수 없다."고 하였다. 그런데 일부 한식 전문가들은 신선로가 우리 민족 고유의 음식이라고 억지를 부린다.

열구자탕을 맛본 다산이 정작 맛을 두고 한 말은 없어서 아쉽다. 다만 조선통신사로 일본을 다녀온 조엄趙曮(1719~1777)의 말을 통해서 당시 사대부들의 반응을 짐작할 뿐이다. 조엄은 쓰시마 도주가 바친 '승기악勝妓樂'이라는 음식을 맛보고 "그 맛이 어찌 감히 우리나라의 열구자탕을 당하겠는가?"〔해사일기〕라고 말했다.

조선에서 으뜸가는 소고기 탐식가, 김계우 부부

우금령이 엄중하던 조선 전기에 희대의 소고기 탐식가가 있었다. 그는 부인과 함께 오로지 소고기만 탐했다는데, 매달 초닷새날이면 어김없이 소 한 마리를 잡아 커다란 은 쟁반에 소고기를 담아 놓고 부인과 함께 하루 세 번 대작을 했다 한다. 그 정도였다면 탐식가를 넘어 '식귀食鬼'라 부를 만하다. 그의 이름은 김계우金季愚(?~1539)이다.

김계우는 중종의 재종(6촌) 외숙이었다. 반정 이전 중종이 진성대군으로 잠저에 있을 때 그를 가르친 스승이기도 했다니, 학식은 꽤 갖춘 사람이었던 듯하다. 연산군 10년(1504)에 별시 문과의 정과로 급제하였다. 중종은 왕위에 오르자 그를 참상판관으로 특채했다. 대간이 부당한 인사라고 반대했으나 중종은 뜻을 굽히지 않았다. 김계우는 중종의 후견으로 청도 군수·수원 부사·중추부 동지사 등을 두루 역임하다가 공조 참판까지 올랐다. 그는 청도 군수로 있을 때(1512년) 왜인을 추국하면서 단근질(불에 달군 인두로 살을 지지는 고문)을 하여 파문을 일으켰다. 대간과 사헌부가 나서서 김계우를 즉각 파직할 것을 주장했으나 중종은 허락하지 않았다. 그 뒤로도 중종의 김계우 감싸기는 계속되었다. 1533년 중종은 그를 사간원에서 반대함에도 공조 참판에 제수했다. 사간원은 부실인사라며 즉각 반발했다.

공조 참판 김계우는 인물이 용렬하고 어리석으므로 전년에 경주부윤慶州府尹에서 바로 참의가 되었을 때에도 물의가 있었는데, 지금 참판에 특별히 승진되어 관작이 분수에 맞지 않아 세상인심이 해괴하게 여깁니다.

〔중종 28년(1533) 8월 11일, 중종실록〕

그러자 중종은 "김계우는 나이가 많은 사람으로 통정대부(정3품)가 된 지 오래이며, 공조는 다른 관청만큼 일이 많은 곳도 아니고, 이미 공조의 참의를 지냈으니 참판을 삼는다 해도 무방하다."면서 거부했다.

김계우는 중종의 비호를 믿고 불법행위도 서슴지 않았다. 당시 이런 일이 있었다. 정업원淨業院(조선 시대 도성 안에 있던 여승방) 비구니가 아뢰기를, "김 참판이 정업원 지척에다 집을 짓고 있으니 금하여 주시기를 청하옵니다." 하였다. 중종은 김계우를 불러서 "듣건대 외숙께서 정업원 위에다 큰 집을 짓는다던데 그렇습니까?" 하고 물었다. 김계우가 그렇다고 대답하자, 중종은 "사가의 형편이 넉넉지 않을 터인데 어떻게 노역의 비용을 충당하시오? 과인이 마땅히 그 역사를 도울 테니 외숙은 심려치 마시오."라고 인심을 베풀었다. 김계우의 불법 건축을 막기는커녕 공사비까지 대 주기로 약조한 것이다.

게다가 중종은 떡 본 김에 제사 지낸다고, 오랜만에 만난 김계우에게 선온宣醞(왕이 신하에게 내린 술)까지 내렸다. "팔면 은종八面銀鐘을 가져오라." 하더니 연거푸 스물다섯 잔을 내렸는데, 김계우는 약간 취기가 오른 정도에 불과했다고 한다. 초헌에 기대어 돌아가면서 "평생토록 취해 본 적이 없는데 오늘은 약간 취하는구나!"라고 말했다니 엄청난 주당이기도 했다.

중종은 약조한 대로 김계우에게 인부들의 노역비를 내려 주고, 공사가 끝나자 낙성연까지 베풀어 주었다. 특별히 김안로와 김근사金謹思, 윤임, 윤원형에게 일러 연회에 참석하게까지 했다.

김계우는 특출한 능력이 있는 인물은 아니었으나, 오로지 중종과의 인연 하나로 평생 호의호식한 인물이다. 유몽인柳夢寅(1559~1623)의 《어우야담於于野談》(1622)에 김계우 부부의 식탐을 두고 쓴 글이 하나 들어 있는데, 내용은 비록 과장되었으나 그들이 아무나 누릴 수 없는 식복을 누린 것은 틀림없어 보인다.

(김계우는) 집에 있을 때에 매양 초닷새 날이면 소 한 마리를 잡아서 부인과 더불어 중당에서 결상을 마주하고 앉아 큰 은 쟁반에 잘 삶은 소고기를 저며 놓고 하루에 세 번씩 대작했는데, 커다란 잔을 사용하고 소반에 가득한 고기를 다 먹었다. 한 달에 항상 소 여섯 마리를 다 먹으며 다른 진미는 먹지 않았다. 부부가 각각 80세까지 수

를 누리고 죽었다.

야담에 실린 이야기를 그대로 믿을 수는 없다. 그리고 위 글은 앞뒤가 맞지도 않는다. "매양 초닷새 날이면 소 한 마리를 잡아서"라고 했다가 "한 달에 항상 소 여섯 마리를 다 먹으며"라고 한 것이 그 부분이다. 김계우가 정말 그 정도로 식탐이 많았을까? 그렇지는 않았을 것이다. 중종이 지나치게 김계우를 감싸자 시기심을 느낀 신하들이 김계우를 비방하기 위해 악의적으로 꾸며 낸 이야기를 실은 것이라고 생각된다. 사대부들은 정쟁 상대를 공격하거나 역모 죄인의 간악함을 고발할 때 흔히 식탐 버릇을 까발려서 도덕성을 깎아내렸다. 김계우의 식성에 대한 비방도 그런 차원에서 나온 말일 것이다.

1539년 김계우가 죽자 중종은 사제의 연을 강조하며 제문과 부의賻儀에 신경을 써서 각별히 대우할 것을 예조에 당부했다. 그리고 "관곽 각 하나씩과 석회石灰 30석을 따로 부의하게 하라."〔중종 34년(1539) 9월 20일, 중종실록〕 하였다 중종이 김계우만큼은 아니더라도 조광조 같은 현신賢臣을 챙겼으면 조선 중기의 정치 지형은 크게 달라졌을 것이다. 참 용렬한 인간이다, 중종도.

04

가장

사대부 양반들의 개고기 사랑

家獐

가장을 먹다가 요리사를 죽인 강원 감사

가장家獐이란 여름에 개고기를 삶아 먹는 풍속, 또는 개고기 요리를 가리킨다. 조선에서 가장을 즐기다가 사람을 때려죽인 사건이 발생했다. 저잣거리에서 왈패들끼리 싸우다가 벌어진 일도 아니고, 관아에서 사대부 관리가 저지른 범죄였다. 그 관리는 강원 감사 유석柳碩(1595~1655)이다. 효종 즉위년(1649) 8월 사간원 정언 이정영李正英이 유석이 저지른 범죄 사실을 고하였다.

> 유석은 국상을 당하여 공제*가 끝나기도 전에 질병도 없으면서 여러 사람이 보는 데서 고기를 먹으면서도 조금도 부끄러워하거나 두려워하지 않았으니, 풍속을 무너뜨리고 예를 혼란시킴이 이보다 심할 수가 없습니다. 사판*에서 삭제하소서.
>
> 〔효종 즉위년 8월 25일, 효종실록〕

이정영의 폭로는 거기서 그치지 않았다. 그때 유석이 먹은 고기가 개고기였고, 더구나 유석은 개고기가 맛이 없다고 화를 내며 요리하는 사람을 매로 쳐서 죽이기까지 했다. 이정영은 "어떻게 그런 사람을 풍속을 살피는 직임에 그대로 둘 수 있겠습니까?" 하고 유석의 파직을 건의했다.

---

*공제(公除) 애도 기간

*사판(仕版) 벼슬아치의 명부

그 일로 유석은 파직당했다. 그가 받은 처벌은 그것이 전부였다. 살인을 저지르고도 극형을 받지 않은 것이다. 사대부에게는 그런 특권이 있었다. 게다가 그는 불과 3년 뒤에 충원 현감으로 관직에 복귀했다. 그러나 '제 버릇 개 주지 못한다'고 오래 못 가 다시 파직당했다. 군정은 돌보지 않고 향락을 즐기다가 암행어사 홍처대洪處大에게 덜미를 잡혔던 것이다.

더 놀라운 사실은 유석이 그 전에도 사람을 죽인 전과가 있었다는 점이다. 관직에 입문한 지 5년째 되던 해, 1629년(인조 7)의 일로, 유석의 직책은 형조 좌랑(정6품)이었다. 9월 30일, 궐내에서 곤장을 맞던 서리가 죽었다. 장형을 집행한 책임자가 바로 유석이었는데, 그는 술에 취한 상태였음이 드러났다. 그 사실을 병조에서 이렇게 아뢰었다.

궐내에서 형장을 집행할 때의 한도는 곤장 7대가 고작입니다. 그런데 좌랑 유석은 국기國忌라서 형벌을 금해야 되는 날임에도 술에 취한 채 장형을 집행한 나머지 서리 한 사람이 곤장을 맞다가 죽고 말았습니다. 죄가 사소한 것이었는데도 죽음에 이르게까지 하였으니, 담당 관청으로 하여금 벌을 주게 하여 인명을 중히 여기도록 하십시오.

이에 인조는 "이 사람은 법을 어기고 살인한 죄를 면하기 어려우니 잡아다 추치推治하여 뒷사람들을 경계시키도록 하라." 하였다. 실록의 사가는 유석의 사람됨을 "흉험한데다 술주정까지 부렸는데, 하는 일이 이런 식이었다."라고 평했다.

그때도 유석은 파직되었다. 관직에 입문한 지 5년 만의 일로, 그는 1624년(인조 2) 별시문과에 병과로 급제했다. 유석은 3년 후 병조 낭관으로 복직했다. 그런데 또다시 사고를 쳤다. 간원의 상소에 의하면 병조의 낭관이 승문원의 하급관리에게 몽둥이질을 했다는데, 그 낭관이 바로 유석이었다. 그는 다시 한 번 파직당했다. 하지만 그것이 관직생활의 끝은 아니었다.

1638년(인조 16) 유석은 이조 판서 남이공南以恭(1565~1640)의 천거를 받아 사헌부 장령으로 관직에 복귀했다. 남이공은 "사람됨이 교활하고 사특하며 남의 마음을 잘 헤아렸다."라는 평가를 받는 인물이었다. 당시 유석이 남이공의 천거를 받은 것을 두고 이런 말이 돌았다.

유석은 다수의 합의에 용납되지 못하였으므로 원한을 품어 왔는데, 이제 남이공에게 붙어 드디어 대각에 들어갔으므로 식자들이 근심하였다.

〔인조 16년 5월 20일, 인조실록〕

그 뒤로 유석은 사헌부·사간원을 거쳐서 강원 감사로 부임했던 것이다. 유유상종이라는 말처럼, 유석 역시 남이공과 비슷한 평가를 받았다. 사간원 교리 조석윤趙錫胤과 수찬 조계원趙啓遠이 상소하기를, "장령 유석은 본래 성질이 사악하여 온갖 음험한 방법으로 자신의 목적을 달성하는 자로서 행실은 편벽되고 말은 번지르

르한데 모략을 장기로 삼고 당파 만들기를 능사로 삼았으므로, 발신發身하기 전부터 식자들이 벌써 그의 상서롭지 못함을 걱정하였습니다."〔인조 18년(1640) 1월 11일, 인조실록〕 하였다. 그런데 유석은 성품이나 행실과는 달리 문장에는 재주가 뛰어났다. 당시 목민관의 모범이었던 박동열朴東說이, "그의 변려체騈儷體 문장은 가히 소동파의 경지에 들어갈 만하다."라고 칭찬할 정도였다.

실록에는 유석이 1653년(효종 4)에 범죄자 은닉 혐의로 사헌부의 추문을 당했다는 기사가 있다. 사건의 발단은 이러했다. 당시 예조 판서 오준吳竣(1587~1666)의 가노가 칼을 들고 유생 집에 들어가 난동을 부리다가 부리(사헌부 하급관리)에게 붙잡혔는데, 유석의 가노들이 죄인을 탈취했다. 사헌부 관리가 오준에게 가서 죄인을 내놓으라 하자 오준은 '도망갔다'고 오리발을 내밀었다. 유석이 가노를 시켜 죄인을 빼앗아 은닉 또는 도주시켰던 것이다. 그 사건을 끝으로 유석은 실록에서 종적을 감추었다. 유석은 개고기 탐식가 가운데 가장 잔악한 사람으로 오명을 남겼다.

혜경궁 홍씨 생일상에 오른 '개고기찜'

개고기를 먹게 된 것은 조선 건국이 가져온 변화였다. 고려 시대에는 불교 때문에 육식이 어려웠다. 그럼에도 개고기를 먹은 사람은 있었다. 《고려사》 열전에 "김문비金文庇란 자는 항상 개를 구워서 대나무 조각으로 개털을 긁어 내어 버리고 이것을 즐기고 있었는데, 만년에는 그의 온몸에 종기가 나서 다른 사람으로 하여금 대나무 조각으로 자기 몸을 긁게 하다가 죽어 갔다."라는 내용이 있다. 개고기는 조선 건국 이후 서민들의 단백질 공급원으로 화려하게 부활했다. 비단 서민들뿐 아니라 양반들도 개고기 맛에 푹 빠졌음을 옛 책에서 발견할 수 있다.

개고기는 정부인 장씨(1598~1680)가 쓴 조리서인 《음식디미방》(규곤시의방閨壼是議方)은 물론 조선 정부에서 편찬한 연회 관련 기록인 《원행을묘정리의궤》에도 보인다. 《음식디미방》에는 개장狗腸(개순대), 개장꼬지 누르미, 개장국 누르미, 개장찜이라는 요리 외에 개고기 삶는 법까지 소개되어 있다. 개장은 갖은양념을 한 개고기를 개 창자에 넣어 찐 것으로 몽골의 양 순대와 비슷한 요리이다. 누르미란 찌거나 구운 고기 위에 국물을 끼얹은 요리이고, 개장찜은 오늘날의 갈비찜과 비슷한 요리이다. 조리법은 이렇다.

가리(갈비)와 허파, 간을 슬쩍 삶아 내고 참깨를 볶아 찧어 간장에 넣은 다음 버무린다. 그것을 시루나 혹은 항아리에 담아 중탕으로 난만하게 찐다. (이때) 항아리 안을 막대기로 촘촘하게 막고 또 같은 크기의 다른 항아리를 거꾸로 맞대어 두 항아리 사이의 틈새를 밀가루 반죽으로 막아 김이 새지 않게 하고 (솥에 안쳐서) 위의 항아리가 뜨겁도록 아주 오래 찐다. 무는 어슷어슷하게 썰고 가리는 찢어서 초, 겨자를 찍어 먹는다. 황백견이 좋다.

'황백견'이란 누렁개인데, 정부인 장씨는 '누렁개 삶는 법'에서 개

《음식디미방》의 개고기 요리법

《음식디미방》은 정부인 안동 장씨가 가문의 손맛을 딸과 며느리들에게 전하기 위해 한글로 쓴 음식 조리서이다. 17세기 양반가 식생활의 실상을 잘 알려 주는 문헌이다. 위 사진은 개고기 요리 가운데 개장국 누르미, 개장찜, 누렁개 삶는 법을 설명한 부분이다.

한테 닭 한 마리를 먹여 닷새쯤 지난 뒤에 잡으라고 했다. 개를 삶을 때는 "솥뚜껑을 뒤집어 덮고, 그 뚜껑에 물을 부어 뜨거워지거든 다른 물로 갈기를 열 번쯤 하면 고기가 잘 무르게 익는다."라고 조언했다.

《원행을묘정리의궤》는 정조가 화성 행차를 하면서 어머니 혜경궁 홍씨의 회갑연에 올린 음식들을 기록한 책이다. 그 음식 중에 '구증狗蒸(개고기찜)'이 있다. '찜'이므로, 조리법은 정부인 장씨의 '개장찜'과 비슷했을 것이다. 왕실의 연회상에 '개고기'가 오른 경우는 흔치 않다. 실록에도 왕이 개고기를 먹었다는 내용은 없다. 하지만 개고기는 왕실에서도 금기 음식이 아니었음을 알 수 있다.

개고기는 피를 씻으면 비린내가 난다?

개고기 요리법은 옛 조리서마다 조금씩 다르고, 손질법이나 먹을 때의 금기도 여러 가지가 있다.

먼저 요리법에서 '구장狗醬(개장국)'을 보자. 《동국세시기》에서는 "삼복에 개를 삶아 파를 넣고 푹 끓인 것을 구장이라고 하는데, 이것을 먹고 땀을 흘리면 더위를 물리치고 허한 것을 보충할 수 있으니, 시장에서 많이 팔고 있다."라고 하였다. 《음식디미방》의 개장국은 '국물에 밀가루를 풀어 넣되 너무 걸지 않게 하는' 방식이었다. 19세기 말의 조리서 《시의전서》에서는 '물에 삶아 조린다'라고 했다.

조리법은 지방색이나 생활 형편의 차이에 따라 얼마든지 다를 수 있다. 《음식디미방》의 개장찜은 조리법이 간단하지 않아서 부유층에서나 즐겼을 것이다. 서민들은 찜보다는 삶는 게 편해서 개장국을 선호했다.

개고기는 조리하기가 꽤 까다로운 식재료다. 다른 고기와 달리 다룰 때 조심해야 할 것과 금기가 있기 때문이다. 예를 들면, "개고기는 피를 씻으면 개 냄새가 난다"〔부인필지〕거나, "개고기에는 마늘을 넣지 말라"〔동국세시기, 동의보감〕, "개고기를 먹은 뒤에 찬물을 마시면 충이 생긴다"〔산림경제〕 등의 여러 가지 말이 있다. 《부인필지婦人必知》(1908)는 빙허각 이씨의 《규합총서》를 요약하여 필사한 책인데, 개고기 조리할 때 유의할 점을 이렇게 설명한다.

개고기는 피를 씻으면 개 비린내가 난다. 피가 사람에게 유익하니 개를 잡을 때 피를 그릇에 받아 국을 끓일 때 넣고 차조기 잎을 뜯어 넣고 고면 개 냄새가 나지 않는다. …… 살진 개를 잡아 피를 씻지 말고 내포(내장)만 씻어 간장에 고추장을 섞어 넣고 기름에 초·깨·소금·후추·파·미나리를 넣고 삶는다. 뚜껑을 뒤집어 덮고 그 위에 물을 붓고 헝겊으로 틈을 막아 김이 새어 나가지 않게 한다. 물이 끓는 소리가 날 때 물을 퍼내고 다시 찬물을 세 번 갈아 부어서 끓이면 자연히 잘 익으니, 다 익으면 꺼내서 손으로 살을 뜯어 양념을 한다. 국을 끓일 때는 밀가루를 풀지 않는다.

'개고기를 물에 씻지 말라'는 말은 다산 정약용이 형 약전丁若銓(1758~1816)에게 보낸 편지에도 보인다. 그런데 정말 개고기를 물에 씻으면 개 냄새가 날까? 그릇된 상식이다. 요즘은 개고기를 조리하기 전에 깨끗이 씻을 뿐 아니라 심지어 물에 담가서 피를 뺀다. 다만 물에 너무 오래 담가 두지 말라고 하는데, 그 이유는 '영양이 빠져나간다'는 속설 때문이다. 실제로 영양이 빠져나가는 건 아니다. 그런 속설이 생긴 까닭은, 개고기가 소고기나 돼지고기보다 불포화지방산이 많아서이다. 소고기나 돼지고기는 찬물에 지방이 응고되지만 개고기는 지방이 잘 응고되지 않아 핏물이 오래 빠진다. 그것을 옛 사람들은 영양이 빠져나가는 걸로 생각했다. 그래서 그들은 개의 피를 영양 덩어리로 여겨서 따로 그릇에 받아 뒀다가 국이나 개순대에 넣었다. 즉 '개고기를 물에 씻으면 개 비린내가 난다'는 말은 조리 과정에서 피 한 방울의 손실이라도 막으려는 데서 나온 말로 추측할 수 있다.

'개고기와 마늘은 상극'이라는 말은 《동의보감東醫寶鑑》(1610)에 나온다. 한의학에서는 개고기와 마늘을 열성이 강한 음식으로 분류한다. 이 두 가지를 같이 먹으면 몸에 열이 너무 많아져서 가슴이 답답하거나 시력이 떨어지거나 변비가 생길 수 있다고 한다. 이 금기를 따르는 사람은 지금도 많다. 보신탕집에서도 마늘 대신 양파나 생강을 준다.

'개고기와 찬물은 상극'이라는 말은 음양오행과 관련이 있다. 성질이 더운 개고기를 먹고 갑자기 찬물을 마시면 배탈이 날까 염려했던 데서 나온 속설이다. 이 속설 역시 오늘날에도 개고기 애호가들 사이에 통하는 금기이다.

박제가가 정약용에게 가르쳐 준 개고기 삶는 법

정약용은 개고기 애호가였다. 그렇다고 일없이 개를 잡아 식도락을 즐겼던 것은 아니다. 오랜 유배생활을 버텨 내기 위한 호구지책이었을 뿐이다. 다산이 유배지에서 두 아들에게 보낸 편지를 보면 손수 텃밭을 일궈 채소를 기르고, 과실수를 가꾼 일화가 나온다. 그것은 미식을 즐기기 위함이 아니라 생존을 위한 몸부림이었다.

다산이 성공한 정치가였더라면 그의 삶은 어떻게 달라졌을까? 규장각 시절에 그랬듯이, 해마다 10월이 오면 정조가 베푸는 난로회에서 허다한 진미를 즐긴 것처럼 그 맛을 시와 산문으로 남겼을 것이다. 그러나 조선 정부의 천주교 탄압이 안겨 준 혹독한 유배생활은 그의 입에 늘 거미줄을 드리웠다. 척박한 환경에서 다산은 손수 개를 잡아 몸을 보양했다. 그 사실은 다산이 흑산도에 유배된 형 약전에게 보낸 편지에서 확인할 수 있다. 다산은 형이 보내온 편지를 받고 이렇게 답장을 보냈다.

> 보내 주신 편지에서 짐승의 고기는 도무지 먹지 못하고 있다고 하셨는데 이것이 어찌 생명을 연장할 수 있는 도라 하겠습니까. 섬 안에 산개山犬가 백 마리 아니라 천 마리도 넘을 텐데, 제가 거기에 있다면 5일에 한 마리씩 삶는 것을 결코 빠뜨리지 않겠습니다.
>
> 〔신미년(1811) 겨울〕

그러면서 다산은 산개를 잡을 묘안까지 설명해 주었다. 섬 안에

활과 화살, 총과 탄환이 없다고 해도 그물이나 덫을 설치할 수는 있지 않느냐면서 친절하게 덫을 놓는 방법까지 일러 주었다. 그 방법은 이런 것이었다. 먼저 개의 머리가 완전히 들어갈 만한 크기의 개밥그릇 하나를 만든다. 그 그릇의 사방 가장자리에는 두루 송곳처럼 곧은 쇠못을 밑바닥을 향해 비스듬히 박는다. 그 그릇 안에 뼈다귀나 밥 같은 미끼를 넣고 개가 잘 다니는 곳에 놓아둔다. 그렇게 하면 개가 미끼를 먹으려고 머리를 넣었다가 쇠못 때문에 머리를 빼내지 못하고 "공손히 엎드려 꼬리만 흔들 수밖에 없다."라는 것이다. 그 말에 이어 다산은 개고기 삶는 법도 찬찬히 설명해 주었다.

개고기 삶는 법을 말씀드리면, 우선 티끌이 묻지 않도록 개를 달아매어 껍질을 벗기고 창자나 밥통은 씻어도 그 나머지는 절대로 씻

+ 조선 사람들은 식용 개와 애완견을 구별했을까?

개를 뜻하는 한자는 견犬·구狗·오獒·방尨, 네 글자가 있다. 이 글자들은 각각 쓰임새가 달랐다. 견犬은 애완견이고, 구狗는 식용 개를 가리킨다. 고기 맛이 가장 좋다는 누렁이를 '황구黃狗'라고 부른 것에서, 조선 사람들이 '견'과 '구'를 구분해서 사용했음을 알 수 있다. 오獒란 크기가 4척이 넘는 사냥개이며, 방尨이란 삽살개 또는 작은 사냥개를 가리킨다.
예로부터 애완견犬을 애완구狗로 부른 일은 없었다. 옛사람들도 식용 개와 애완용 개는 엄격히 구분을 했던 것이다. 애완견은 식용이 아니다.

지 말고 곧장 가마솥 속에 넣어서 바로 맑은 물로 삶습니다. 그러고는 일단 꺼내 놓고 식초·장·기름·파로 양념을 하여 더러는 다시 볶기도 하고 더러는 다시 삶는데 이렇게 해야 훌륭한 맛이 나게 됩니다. 이것이 바로 박 초정朴楚亭의 개고기 요리법이라고 하는 것입니다.

〔신미년(1811) 겨울〕

'박 초정'은 조선 후기의 실학자 박제가朴齊家(1750~1805)이다. 정약용은 박제가로부터 편지로 개고기 조리법을 배웠다고 한다. 진정한 개고기 애호가는 박제가였다. 그런데 정작 그의 글에서 개고기 관련 글은 찾을 수 없었다.

다산은 마지막으로 형에게 이렇게 당부했다.

하늘이 흑산도를 형님의 탕목읍*으로 만들어 주어 (개)고기를 먹고 부귀를 누리게 하였는데도 오히려 고달픔과 괴로움을 스스로 택하다니, 역시 사정에 어두운 것이 아니겠습니까. 호마胡麻(들깨) 한 말을 편지와 함께 부쳐 드리니 볶아서 가루로 만드십시오. 채소밭에 파가 있고 방에 식초가 있으면 이제 개를 잡을 차례입니다.

〔신미년(1811) 겨울, 다산시문집 권20, 서, '박 초정의 개고기 삶는 법'〕

이 편지는 다산이 길고 고달픈 유배생활 중에 개고기를 먹으면

---

* 탕목읍(湯沐邑) 중국 주나라 때 천자가 제후에게 목욕할 비용으로 삼도록 내린 채지(采地). 제후가 천자를 알현할 때는 반드시 목욕을 해야 했다.

모견도(母犬圖) 이암

고급스러운 목끈과 방울로 보아 애완견으로 보인다. 이 그림의 유물명을 한글로는 '모견도(母犬圖)'로 해놓고 한자로는 '구도(狗圖)'로 써 놓았는데, '狗'보다는 '犬' 자를 써서 '모견도'로 부르는 것이 맞다.

서 건강을 지켰음을 보여 준다. 개장국에 넣을 들깨와 파가 심겨 있었을 다산초당 주변 그의 텃밭이 눈에 선하다.

연경에 간 심상규가 개장국을 즐긴 일

정약용과 같은 시대에 또 한 명의 개고기 애호가가 있었으니, 심상규沈象奎(1766~1838)가 바로 그 사람이다. 정약용과 더불어 초계문신이 되었으며, 훗날 '경화세족'으로 불린 청송 심씨의 핵심 인물이다. 정조의 두터운 신임을 받아 요직을 두루 거쳤고, 본디 이름은 '상여象輿'였는데, 정조가 '상규'라는 이름과 '치교穉敎'라는 자를 하사했다. 정치적으로는 노론 시파로, 추사 김정희 집안과는 정적 관계였으며, 학문적으로는 이용후생을 강조하는 북학파에 속했다.

심상규는 당대 '경화세족'의 대표 인물이었다. '경화세족'이란 '서울에 뿌리를 내리고 살아온 거족'을 가리키는 말로, 단단한 세도를 누렸던 상류층이다. 그들은 권세와 재물을 바탕으로 조선 사대부들 사이에서 청나라풍의 유행을 선도했다. 집을 중국풍으로 꾸미고, 중국제 서화·골동품·차·희귀한 화초 따위를 사들여 자랑삼아 감상회를 열었다. 그 중심에 심상규가 있었다. 그를 아는 사람들은 심상규를 대단한 탐미가요, 사치벽을 가진 사람으로 소개했다.

홍한주洪翰周(1798~1868)는 《지수염필智水拈筆》에서 심상규의 저택은 한양 송항松港(송현동)의 북쪽에 있었다고 증언하면서 그 집의 화려함을 이렇게 썼다.

> 바깥 사랑채에서 구부러지는 곳에 두실斗室이 있다. 그곳을 지나면 난간이 둘려진 정당正堂이 있다. '가성각嘉聲閣'이라는 편액이 붙어 있는데 청나라의 명필 옹방강翁方綱(1733~1818)이 80세에 쓴 것이다. …… 서북쪽은 붉은 담장이 있고 비스듬히 벽돌을 쌓아 둥근 문을 만들었다. …… 그 뒤로는 일당·이당·삼당 건물이 있고, 그 뒤가 속당이다. 거기에 4만 권의 서적을 경經·사史·자字·집集으로 나누어 수장하였다.

또한 집안에 영당影堂을 두고 그의 선대인 함재공涵齋公 심염조沈念祖의 초상화를 봉안하였고, 붉은 장막을 두르고 밖으로 향로를 올려 둔 상을 두었다고 한다. 가성각은 실내장식도 호화롭기가 그지없어서 상아로 만든 책상이며, 벽을 가득 메운 거울, 온갖 화려한 조각과 장식이 놓여 있었다.

심상규는 화초 가꾸기가 취미였다. 가성각 앞에 별채로 온실을 지어 놓고, 멀리서 구해 온 이종異種 국화와 꽃송이가 유난히 큰 일본산 국화를 가꾸었다. 뜰에는 종려나무를 심었는데 키가 건물만큼이나 높았다. 심상규의 시문집 《두실존고斗室存稿》에는 봉선화·옥잠화·원추리·패랭이꽃·나팔꽃·맨드라미·추해당(베고니아)·접시꽃·국화·연꽃·창포·파초 등을 노래한 시가 있다.

심상규는 자신의 호를 '두실斗室'이라고 했다. 본디 두실이란 '두실와옥斗室蝸屋'의 준말이며, '매우 작은 집'이라는 뜻으로 자기 집을 겸손하게 이르는 말인데, 그의 가성각에는 전혀 어울리지 않는 말이었다. 심상규의 사치벽은 순조 때 어전회의에서 구설수에 올랐는데, 대사간 임존상任存常은 상소를 올려 그의 사치를 다음과 같이 비판했다.

그가 사는 집을 가 보면 놀라 눈이 휘둥그레져서 말로 표현할 수가 없습니다. 담이나 집을 조각하고 높게 만드는 것은 《서경》의 〈하서〉에서 경계한 것이고, 집의 벽을 치장하고 꾸미는 것은 가부*가 탄식한 일입니다. 그런데 이곳은 그보다 심하여 웅장하기는 하늘을 찌를 듯하고 화려하기는 인간의 교묘함을 다하였습니다. 집을 짓느라 돌을 다듬고 나무를 가공하는 일은 일 년 내내 그치지 않고 30년이나 되어 갑니다. 심지어 세상에서는 당옥唐屋의 새로운 제도라고 하였으니 이보다 더 상서롭지 못한 일이 무엇이겠습니까? 그가 일상생활에서 사용하는 물건들도 이 집과 걸맞은 것으로 구하지 않는 것이 없으니, 그 재물이 어디에서 나왔겠습니까? 그 병폐는 반드시 귀착되는 곳이 있을 것입니다.

〔순조 27년(1827) 3월 23일, 순조실록〕

그러나 순조는 임존상의 진언을 받아들이기는커녕 우의정 심상규를 '각신'이라 부르며 비호했다. 각신이란 규장각 관원을 가리키

---

*가부(賈傅) 유학자를 달리 일컫는 말로 선비를 골육지친처럼 여긴다는 뜻이다.

는 말로, 젊은 시절부터 정조와 정치적 운명을 같이 해 온 동지들이다. 임존상의 말에 순조는 오히려 화를 내며, "대관大官으로 임명하였거늘, 어찌 살고 있는 제택의 문제로 논척論斥할 수 있느냐?"며 임존상을 파직시켜 버렸다.

심상규는 1833년 좌의정을 거쳐 이듬해 영의정에 올랐다. 순조가 죽고 어린 헌종이 왕위에 올랐을 때 원상院相이 되어 정국을 이끌었으며, 종묘를 증수하는 일에 도제조의 책임을 맡아 업무를 수행하기도 했다.

심상규가 개고기 애호가로 알려진 것은, 조선 후기의 문신 이유원의 《임하필기》에 실린 '심상沈相이 개장국을 즐긴 일'이라는 글 때문이다. 심상규는 1812년(순조 12) 성절사로 연경(북경)에 갔다. 그때 복날이 되자 그릇을 빌려다가 개를 삶아 먹었다는 일화가 있다.

연경燕京 사람들은 개고기를 먹지 않을 뿐 아니라 개가 죽으면 땅에 묻어 준다. 두실 심상규가 연경에 들어갔을 때 경일庚日(천간天干이 경庚으로 된 날)을 만나 개고기를 삶아 올리도록 하였는데, 연경 사람들이 크게 놀라면서 이상히 여기고는 팔지 않았으며, 이에 그릇을 빌려다가 삶았는데, 그 그릇들을 모조리 내다 버렸다. 내가 북쪽에 갔을 때에 들으니, 예전에 장단長湍 상공相公 이종성李宗城(영조)은 남의 연회에 나아갔다가 개장국을 보고서 먹지 않고 돌아와 말하기를, "손님에게 대접하는 음식이 아니다." 하였다고 한다. 두 사람의 규모가 각기 달랐다 하겠다.

〔임하필기 권27, 춘명일사春明逸史〕

심상규가 개장국을 먹었다는 게 힐난을 받을 만한 일은 아니다. 조선 초기의 양반들은 불교의 영향으로 개고기 섭취를 불경하게 여기기도 했지만, 후기로 갈수록 그런 편견은 줄어들었다. 공자 역시 기장밥에 개고기를 먹었다는 속설이 있어서, 양반이 개고기를 먹는 것은 지나친 탐식이 아니면 성리학 정신에 위배되는 것도 아니었다. 심상규의 경우는 사신으로 청나라까지 가서 개장국으로 복달임을 했다는 것이 이유원의 눈에 유별나게 비쳤을 뿐이다. 이 일화는 심상규가 개고기 애호가였음을 보여 준다. 오죽 좋아했으면 머나먼 타국에서 그릇까지 빌려다가 개장국을 끓여 먹었을까.

심상규는 1838년(헌종 4년)에 죽었다. 헌종은 궁궐에서 쓰는 관곽을 하사하며 각별한 애도의 뜻을 표했다. 《헌종실록》에 그의 졸기가 이렇게 남아 있다.

심상규는 성품이 사치하고 화려한 것을 좋아하였으므로, 판서 서유구가 그 묘지墓誌에 이르기를 "공은 성품이 오만하여 모든 사물에 있어 둘째가는 것을 부끄럽게 여겼다." 하니, 당시의 사람들이 깊이 아는 말이라고 하였다. 시에 능하고 편지를 잘하였으며, 가지고 있는 책이 많아서 세상에서 그에게 견줄 만한 사람이 없었다. 음성이 그 몸보다 커서 임금에게 일을 아뢸 때마다 뭇 수레가 굴러가는 듯한 굉음이 울렸다.

〔헌종 4년 6월 20일, 헌종실록〕

서유구徐有榘는 심상규의 오랜 지기였다. 젊은 시절에는 규장각에서 일하며 대교待教 자리를 다투기도 했다. 그들은 친구이긴 했지만 취향이 달랐다. 서유구는 서책 8,000여 권을 보유한 장서가였고, 소박하고 검소한 생활 태도를 선비의 도리로 알았다. 반면에 심상규는 화려한 것을 좋아하고, 사치스러운 삶을 살았다. 심상규의 지나친 과시욕과 사치벽이 서유구의 눈에도 곱게 보이지 않았던 것이다.

+ 복날의 '복'은 무슨 뜻일까?

복날伏日의 복伏 자는 '날씨가 더워서 개도 주인 옆에 엎드려 있다'(人+犬)는 데서 나왔다. 삼복三伏 중에 초복初伏은 하지가 지난 뒤의 세 번째 경일庚日이며, 중복中伏은 네 번째 경일, 말복末伏은 입추立秋가 지난 뒤의 첫 번째 경일이다.

천간天干의 하나인 경庚은 오행五行(우주를 이루는 다섯 가지 원소, 쇠·물·나무·불·흙)에서 쇠金에 해당한다. 오행은 서로 대립하면서 균형을 이룬다. 그 주장이 오행상극설五行相剋說이다. 예를 들면, 나무와 흙은 상극이다. 나무는 흙에서 자라기 때문에 나무가 흙을 이긴다[목극토木剋土]. 불과 쇠도 상극인데, 불이 쇠를 녹이기 때문에 불은 쇠를 이긴다[화극금火剋金]. 다른 요소들도 서로 다툰다.

이와 같은 오행 사상에서 나온 것이 복 풍속이다. 경일은 쇠의 기운이 성한 날이기 때문에 화기가 강한 음식을 먹어서 쇠를 억눌러야 건강할 수 있다고 믿었다. 그래서 보신탕과 삼계탕 같은 뜨거운 음식을 먹는다. 그것을 '복달임'이라고 한다. 개고기는 《동의보감》이 꼽은 성질이 더운 음식이기도 하다. 복伏은 복福과 음이 같아서 복달임하는 것을 '福'을 먹는 것으로 여겼다.

김안로의 개고기 식탐

진정한 개고기 마니아는 김안로金安老(1481~1537)였다. 얼마나 개고기를 좋아했던지, 그에게 개고기 요리를 접대하고 벼슬자리를 부탁한 사람도 있었다.《중종실록》에 그 이야기가 실려 있다. 1534년(중종 29) 9월 3일, 이팽수李彭壽(1520~1592)라는 사람이 승정원 주서注書에 임명되었는데, 그가 바로 김안로에게 개고기 요리를 바친 사람이다. 승정원 주서란 정7품 관리로, 사초史草 쓰는 일을 맡은 직임이다. 그때 사관은 이팽수를 두고 이렇게 논평했다.

> 이팽수는 정원政院(승정원)의 천거도 없었는데 김안로가 마음대로 천거한 것이었다. 본시 팽수는 안로와 한 마을에 살았으며 팽수의 아비는 안로의 가신이었으므로, 안로는 팽수를 자제처럼 여겼다. 안로는 개고기를 좋아했는데, 팽수가 봉상시奉常寺 참봉으로 있을 적에 크고 살진 개를 골라 사다가 먹여 늘 김안로의 구미를 맞추었으므로 안로가 침이 마르도록 칭찬했는데, 어느 날 갑자기 청반淸班에 올랐으므로 사람들은 그를 가장 주서家獐注書라고 불렀다.

여기서 '가장家獐'이란 '구적狗炙(개고기구이)'을 가리킨다. 즉 이팽수를 '개고기 주서'로 불렀다는 뜻이다. 이팽수는 무산군 이종李悰의 아들이다. 이종은 성종의 12남으로 퇴락한 종친이었다. 아무리 퇴락했다 해도 이종이 김안로의 가신이었다는 말은 믿기가 어렵다. 어쨌든 이팽수는 봉상시 참봉이었는데, 김안로에게 맛있는 개

요리를 접대하고 일약 요직에 올랐던 것이다. 그 뒤로 이팽수는 훗날 임진왜란 때 선조를 호종한 공으로 호종공신에 책훈되었고, 정의대부正義大夫(종친계 종2품) 태안군泰安君에 봉해졌다.

김안로는 그 후로도 개 요리를 접대받고 벼슬자리를 알선해 주었다. 《중종실록》에 "진복창陳復昌을 봉상시 주부主簿에 제수하였다."라는 말이 있는데, 사관의 논평에 김안로의 개고기 탐식 이야기가 나온다.

> 사신史臣은 논한다. 김안로가 권세를 휘두를 때 이팽수가 봉상시 참봉이었는데, 김안로가 개고기 구이를 좋아하는 줄 알고 날마다 개고기구이를 만들어 제공하며 마침내 김안로의 추천을 받아 청현직* 에 올랐다. 그 뒤 진복창이 봉상시 주부가 되어서도 개고기구이로 김안로의 뜻을 맞추어 온갖 요사스러운 짓을 다 하는가 하면, 매번 좌중에서 김안로가 개고기를 좋아하는 사실까지 자랑 삼아 설명하였으나 오히려 크게 쓰여지지 못하였으므로, 남의 구미를 맞추어 요행을 바라는 실력이 팽수만 못해서 그러하다고 말하는 이도 있었다.
>
> 〔중종 31년(1536) 3월 21일, 중종실록〕

진복창은 이팽수가 김안로에게 개 요리를 접대해서 청현직으로 자리를 옮기자 자신도 개고기구이로 김안로에게 접근했다. 진복창

---

* 청현직(淸顯職) 청반과 같은 뜻으로, 조선 시대에 학식과 문벌이 높은 사람에게 시키던 사간원, 홍문관, 규장각 따위의 벼슬

은 자신의 개고기구이가 가장 맛있다고 생각했지만, 김안로는 "이팽수가 구운 개고기구이 맛에 미치지 못한다."라고 평가했다. 그러면서 김안로는 진복창을 좋은 자리에 천거하지 않았다. 그 이유가 정말 진복창의 개고기구이가 이팽수의 것보다 맛이 없었기 때문일까? 그런 이유 때문만은 아니었다. 진복창이 김안로의 눈에 들지 못한 것은 그의 미천한 신분 탓이 컸다.

진복창의 모친은 여러 번 재혼을 했다. 진복창의 모친은 처음에 말 거간꾼 유수변柳水邊에게 시집갔는데 7개월 만에 자식을 낳아 쫓겨났고, 두 번째로 역관 박원지朴元祉(아명은 개말치介末致)에게 시집갔으며, 세 번째로 녹사錄事(의정부나 중추원에 속한 상급 구실아치) 진의손陳義孫에게 시집가서 복창을 낳았다. 진의손은 훗날 현감을 지냈다. 이 세 남자 외에도 그녀의 인생에는 이름 모를 남자들이 많았다고 한다. 즉 김안로가 진복창을 멀리한 것은 개고기구이 탓이 아니라, 이팽수와 달리 신분이 천하고 가정사가 복잡한 그를 가까이 두고 싶지 않았던 것이다.

그러나 결국 진복창은 청운의 꿈을 이루었다. 김안로에게 외면당하자 구수담具壽聃(1500~1550)을 찾아가 "노비처럼 날마다 그의 문에 절을 한" 끝에 결국 천거를 받아 사헌부 지평持平에 올랐다.

그런데 진복창은 '배신과 복수의 화신'이었다. 훗날 윤원형의 심복이 되어 사림의 숙청에 앞장섰다. 그 때문에 사관들에 의해 '독사'로 기록되었고, 교활하기가 그지없어 자신을 천거한 구수담마저 역적으로 몰아 사사賜死시키는 등 윤원형에게 반기를 드는 사람이면 닥치는 대로 숙청하여 '극적極賊'이라는 악명을 날렸다. 대사헌을 거쳐 공조 참판까지 올랐지만, 윤원형한테도 간교한 인물로 찍혀 함경도 삼수로 유배 가서 끝내 돌아오지 못했다. 아마 김안로가 살아 있었더라면 진복창이 그를 가만두지 않았을 것이다.

여덟 가지 개 요리를 남긴 중인 실학자 이규경

구적狗炙, 개고기구이는 어떤 요리였을까? 조선 후기 중인 실학자 이규경李圭景(1788~1856)의 《오주연문장전산고五洲衍文長箋散稿》(1850)에 구적 요리법이 기록되어 있다. 그는 이덕무의 손자로, 조부가 이룩한 실학의 성과를 계승하여 집대성하기 위해 전념한 사람이다. 《오주연문장전산고》는 조선 후기의 지적 자산을 총망라한 백과사전류의 저작이다. 조선 시대의 음식 관련 책 중에서 가장 많은 개고기 요리를 소개하고 있어, 여덟 가지의 개고기 요리가 실려 있다.

그중 개고기구이는 비교적 손쉬운 요리로, 개고기와 대파의 흰 부분을 적炙을 하기에 알맞은 크기로 썰어서 양념하여 꼬챙이에 끼워 불에 구우면 된다. 이규경은 "살진 개를 씻지 말고 소고기 산적하듯 길게 썬다. 파의 흰 부분과 함께 양념과 유장油醬을 발라 꼬챙이에 꽂아 폭 구우면 소고기와 다를 바 없다."라고 소개했다.

'구장과 해醢'는 삶은 개고기를 새우젓이나 조기젓에 찍어 먹는 것으로, "돼지고기와 다를 바 없다."라고 했으며, 구포狗脯는 "포를 떠서 갖은 양념을 고루 발라 말리며 소고기와 같다."라고 하였다.

구족초狗足炒, 구미초狗尾炒, 구비순초狗鼻脣炒는 각각 개의 발과 꼬리, 코와 입술을 볶은 것으로, "성균관 학생들이 맛있는 별미로 즐기는 요리"라고 하였다.

이렇게 개고기 요리를 속속들이 알고 있는 것을 보면, 이규경은 꽤나 고상한 입맛을 갖춘 미식가였을 것이다. 이규경은 유교 사회 조선에서 흔하지 않았던 도교에 심취한 지식인이었다. 그는 《오주연문장전산고》에 자신이 꿈꾼 도교적인 양생법을 소개했다. 이순耳順(60세)을 앞둔 무렵, 그는 경치 좋은 곳에 집을 임대해서, "산에서 살고 계곡 물을 마시면서 성性을 수양하고 몸을 수련하면서 초목과 함께 죽어 가기를 기다리겠다."라고 했다. 호기롭게도, "만약

+ 퇴계 이황이 즐긴 술, 무술주

퇴계는 몸이 허약해서 병치레를 자주 했다고 한다. 그의 저작 《활인심방活人心方》에는 개를 이용한 술 양조법이 실려 있는데, 그것이 '무술주戊戌酒'이다. 퇴계가 건강을 위해 자주 마셨던 술로, "술이 익은 후 공복에 한 잔씩 마시면 보통 술 한 병 마시는 것보다 낫다."고 하였다. 양조법은 아래와 같다.

- 찹쌀 세 말을 깨끗이 씻는다.
- 개 한 마리를 뼈를 추린 다음 고기만 깨끗이 씻는다.
- 찹쌀 세 말과 개고기를 같이 끓인다.
- 완전히 익은 다음 찧어서 반죽을 만들고 그 국물을 따로 둔다.
- 그 국물은 쌀밥에 버무려 누룩을 넣어 술이 익은 다음 먹는다.

옛 조리서에 소개된 견육 요리의 종류

	음식디미방 (1670년경)	산림경제 (1715년경)	증보산림경제 (1766년)	고사십이지 (1737년경)	경도잡지 (1700년대 말)	규합총서 (1809년경)	열양세시기 (1819년경)	임원십육지 (1827년경)	동국세시기 (1849년)	오주연문장전산고 (1850년경)	권씨한양세시기 (1800~?)	세시풍요 (1884년)	부인필지 (1908년)	조선세시기 (1916~17년)	조선요리학 (1940년)	조선무쌍신식요리제법 (1943년, 3판)	횟수
견육 찌는 법蒸	3	2	3	1		2		4		2			1			2	20
견육 순대	1																1
견육 꽂이구이 누르미	1																1
견육 누르미	1																1
견육국羹, 湯			1		1	1	1	1	1		1	1	1		1(탕)	2	12
익힌 견육 다시 찌는 법			1			1		1								1	4
구장狗醬					1			1	1								4
구적狗炙										1							1
구장狗醬과 해醢										1							1
구포狗脯										1							1
구족초狗足炒										1							1
구미초狗尾炒										1							1
구비순초狗鼻脣炒										1							1
백숙																1	1
합계	6	2	5	1	2	4	1	7	2	8	1	1	2	1	1	6	50

집을 나에게 몇 해 동안 더 임대해 주어, 마음대로 주거하도록 하고 언제나 사용하도록 한다면, 절대로 주인의 호의를 저버리지 않겠다."라고 썼다. 그는 신선처럼 살다가 자연으로 돌아가기를 바랐다. 그가 꿈꾼 신선의 삶은 이런 것이었다.

사계절의 청취淸趣

봄철에는 새벽에 일어나 말린 매화를 끓여 차를 만들며, 하인에게 마당에 물을 뿌려 쓸게 하고, 계단의 이끼를 보호하게 한다. 옹중禺中(오전 9~11시)에 장미이슬로 손을 씻고 옥유향玉蕤香을 피운 다음, 적문과 녹자*의 글을 읽는다. 정오에 죽순과 고사리를 따고 참깨를 볶으며, 샘물을 길어다가 새로 난 차茗를 달인다. 오후에 조랑말에 올라 전수편剪水鞭을 들고 나가서 친우와 함께 거나하게 취한 뒤에 꾀꼬리의 노랫소리를 들으며, 바람에 흔들리는 버드나무 앞에 앉아 오색전五色箋을 펼쳐 놓고 문원文苑의 좋은 시구들을 쓴다. 땅거미가 지면 지름길로 돌아와서 떨어진 꽃을 주워 물고기에게 먹인다.

여름철에는 새벽에 일어나 마름과 연의 잎을 오려 옷을 만들며, 꽃나무 옆에 앉아서 이슬을 받아 마셔 폐장을 윤활시킨다. 옹중에는 도화圖畫와 법첩法帖을 감상하다가 글씨 연습을 한다. 정오에 두건을 벗어 석벽에 걸고 평상 위에 앉아서 《제해기齊諧記》와 《산해경山海經》의 기사를 이야기하다가 피로해지면 좌궁침*을 베고 화서씨의 나라에 노닌다.* 오후에 야자열매를 쪼개어 만든 잔에 오이와 오얏을 띄워 놓고 연꽃을 찧어서 벽방주碧芳酒를 마신다. 해가 저물기 시작하면 온천에서 목욕한 뒤에 조각배를 타고 나가서 마른 풀 위에 앉아 낚싯대를 드리운다. 땅거미가 지면 탁관籜冠(죽순 껍질로 만든 관)에 포선蒲扇(부들로 만든 부채)을 들고 높은 산등성이에 올라 구름의 변화를 참관한다. ……

〔오주연문장전산고, '일 년 사시와 하루 열두 시간의 청취에 대한 변증설〕

이규경이 꿈꾸었던 신선의 삶은 사대부들의 로망이기도 했다. 그러나 이규경은 결국 그렇게 살지 못했다. 가난 때문이었을 것이다. 조선은 중인 출신 지식인이 평생 학문에 파묻혀 살면서 유복할 수가 없는 사회였다. 유감스럽게도 그의 나머지 생애는 알려진 것이 없다.

---

* 적문(赤文)·녹자(綠字) 적문은 옛날에 황제(黃帝)가 낙수(洛水)에서 노닐다가 발견했다는 것으로, 잉어의 몸뚱이에 형성된 붉은 무늬의 글자를 말한다. 녹자는 우 임금이 탁하(濁河)를 구경하다가 받았다는 부서(符瑞)인데, 여기서는《주역》을 뜻한다.

* 좌궁침(左宮枕) 청옥(靑玉)으로 만들어 두 사람이 벨 수 있는 장방평형(長方平形)의 베개로, 겨울에는 따뜻하고 여름에는 시원하며, 취한 자는 술이 깨고 꿈을 꾸는 자는 선경(仙境)에 노닌다 한다.

* 화서씨(華胥氏)의 나라에 노닌다 옛날에 황제가 천하가 잘 다스려지지 않는 것을 걱정하다가, 대낮에 화서씨의 나라에 가서 노니는 꿈을 꾸었는데, 그 나라에는 군장(君長)이 없고 백성들도 욕심이 없이 자연으로 다스려지고 있는 것을 보고는, 지도(至道)를 깨달았다고 한다.

05

두부

다섯 가지 미덕을 갖춘 식품

豆腐

중국인 열 중 아홉은 두부당?

두부는 기원전 2세기 무렵, 중국 한나라의 회남왕淮南王 유안劉安(BC 178~122)이 발명했다고 전해진다. 그는 한나라 고조 유방의 손자이다. 유안은 두유豆乳를 즐겨 마셨는데, 두유로 불로장생의 명약을 만들던 중 실수로 두유에 식용 석고를 떨어뜨렸다. 그 순간 두유가 석고에 반응하여 응고되자 그 현상을 이용하여 두부를 만들게 되었다고 한다. 석고의 주성분은 황산칼슘이다.

화이난淮南 시에는 위 이야기와 맥락은 같지만 약간 다른 버전의 두부 유래도 전해지고 있다. 유안은 노자와 장자의 정치철학을 정리한 책 《회남자淮南子》를 쓴 도교의 대가여서 추종자들이 많았다. 유안은 제자들과 함께 팔공산에서 신선 수련을 하면서 두유를 즐겨 마셨다. 어느 날 두유에 소금을 넣고 마시다가 산에 남겨 두고 내려왔는데 다음 날 보니 두유가 몽글몽글 엉겨 있었다. 콩 단백질이 소금에 포함된 염화마그네슘(간수 성분)에 의해 엉기는 현상을 우연히 발견한 것이다. 그것이 유안이 두부를 만들게 된 계기라고 한다.

오늘날에도 두부는 콩 단백질을 응고제로 엉기게 하여 만든다. 응고제로는 염화마그네슘과 황산칼슘 외에 해양 심층수나 글루코노-델타-락톤Glucono-δ-lactone 같은 새로운 물질이 사용되고 있다. 맛있는 두부를 만들려면 콩물을 끓이는 온도와 시간이 중요하다. 몇 도의 온도로 몇 분을 끓이느냐에 따라 두부 맛이 달라진다. 물론 응고제의 양도 중요하다. 화이난 시의 어느 두부 장인은, "콩 4

킬로그램에 석고 75그램"을 넣는 것이 부드러운 두부의 비결이라고 말한다.

'두부의 시조' 유안의 전설을 품고 있는 중국 화이난 시는 지금도 두부의 본고장이라는 명성을 이어 가고 있다. 해마다 음력 1월이면 두부 축제가 열린다. 폭죽이 터지고 북소리가 울리면 축제 현장에선 우렁찬 함성과 함께 두부 싸움이 시작된다. 하얀 두부가 벽돌처럼 날아다니고, 사람들은 누구랄 것도 없이 두부에 맞아 하얗게 범벅이 된 채 환하게 웃는다. 두부를 많이 맞으면 복도 많이 받는다고 생각해서 피하지 않고 기꺼이 맞는다. 두부 요리 현장에서는 기상천외한 두부가 관광객들의 눈과 입을 즐겁게 한다.

중국 사람들의 두부 사랑은 '백흘불염百吃不厭, 아무리 먹어도 물리지 않는다', '중국인 열 명 중 아홉 명은 두부당豆腐黨이다'라는 말이 있을 정도로 대단하다. 중국 두부는 지역에 따라 맛과 특성이 다르다. 베이징을 중심으로 중국 북부 지역의 두부는 '북두부北豆腐'로 불리는데, 단단하면서 맛이 진하고 단맛이 난다. 응고제로 간수를 사용하는 것으로 알려졌다. 화이난 시를 중심으로 중국 남부 지역의 두부는 '남두부南豆腐'로 불리는데, 석고로 제조하여 부드럽지만 고소함과 단맛은 적다.

화이난 시의 한 호텔에서는 생선살 두부, 전복 두부, 두부 국수 등 다양한 고급 두부 요리를 선보이고 있는데, 그 레시피는 국가 기밀로 중국 정부가 직접 관리한다.

인구 1700만 명이 모여 사는 베이징은 북두부의 메카이다. 대부분의 베이징 사람들은 아침을 집에서 먹지 않고, 밖에서 두부죽

또는 두붓국에 빵이나 밥을 곁들여 먹는다. 거대한 중국을 움직이는 힘은 지금도 콩에서 나오고 있는 것이다.

목은 이색에서 소설가 최서해까지, 두부 500년사

두부를 우리 민족은 언제부터 먹었을까? 옛 문헌에서 '두부'는 고려 성종 때 최승로崔承老가 국가 개혁의 요점을 정리하여 올린 〈시무 28조〉에 최초로 등장한다. 982년, 왕위에 오른 성종이 "미음과 술과 두붓국을 길 가는 사람에게 보시"〔고려사절요高麗史節要〕했다고 한다. '보시布施'라는 말에서 느낄 수 있듯이, 두부는 사찰에서 만들어 부처에게 공양하던 귀한 음식이었다. 그 두부를 성종이 길 가는 사람에게 먹인 까닭은 부처의 자비심을 본떠서 민심을 얻으려 한 것이다.

두부가 주로 사찰에서 만들어졌다는 것은 고려 왕실이 '조포사造泡寺'를 지정했던 것에서 확인된다. 조포사란 왕실이 궁중 행사나 제향에 쓰일 두부를 위탁해서 만들던 사찰이다. 당시 두부 제조 기술은 오래된 사찰들의 '전매특허'였음을 보여 준다. 《고려사절요》에 공민왕이 부인 노국대장공주가 죽자 개성 봉명산의 광암사光巖寺를 조포사로 지정했다는 기록이 있다.

두부에 관한 가장 반가운 기록은 고려 말의 성리학자 목은 이색이 쓴 시이다. 그는 지인이 가져온 두부를 먹고 다음과 같은 시를 썼다.

대사가 두부를 구해 와서 먹여 주기에

오랫동안 맛없는 채솟국만 먹다 보니 菜羹無味久
두부가 마치 금방 썰어 낸 비계 같군. 豆腐截肪新
성근 이로 먹기에는 두부가 그저 그만 便見宜疏齒
늙은 몸을 참으로 보양할 수 있겠도다. 眞堪養老身
오월의 객은 농어와 순채를 생각하고 魚蓴思越客
오랑캐 사람들의 머릿속엔 양락인데, 羊酪想胡人
이 땅에선 이것을 귀하게 여기나니 我土斯爲美
황천이 생민을 잘 기른다 하리로다. 皇天善育民

〔목은집 권33〕

목은에게 두부를 구해다 준 '대사'가 누구인지는 알 수 없다. 대사大舍란 본디 신라의 관직인데, 목은이 불교계 친구를 그렇게 부른 게 아닐까, 그리고 그 친구가 사찰에서 두부를 구해 온 게 아닐까, 추측할 뿐이다. "오월吳越의 객"이란 진나라의 장한張翰을 가리킨다. 그는 낙양洛陽에서 벼슬을 하다가 가을바람이 일자 불현듯 고향의 순챗국과 농어회 생각이 나서 벼슬을 버리고 귀향했다는 인물이다. "오랑캐"란 북방 유목민들이며, 양락羊酪은 양젖으로 만든 치즈인데, 그들에게 가장 중요한 음식임을 말한 것이다. 장한이 순챗국과 농어회를 최고 음식으로 여기고, 유목민들이 양락을 귀하게 여기듯, 목은은 두부를 '하늘이 이 땅에 내린 선물'로 여겼다. "황천이 생민을 잘 기른다"라는 말은 '두부 덕분에 많은 사람이 살

겠구나'라는 뜻이다. 그러나 정작 고려 민중들은 두부를 먹지 못했다. 손쉽게 만들어 먹을 수 있는 음식이 아니었기 때문이다.

목은에게는 "금방 썰어 낸 비계" 같은 두부였지만, 일제강점기의 소설가 최서해崔曙海(1901~1932)에게는 고통과 설움의 음식이었다. 그는 가난해서 소학교도 나오지 못했고, 간도를 떠돌며 나무장사, 두부 장사, 부두 노동자, 음식점 배달꾼으로 일하면서 독학으로 소설을 썼다. 최하층 생활 경험을 작품의 밑거름으로 삼았다. 그의 출세작 《탈출기》(1925)는 간도에서 두부 장사를 하며 겪었던 극도의 가난을 그린 자전적 작품이다. 그때 그는 대구大口魚 열 마리를 등에 지고 산골로 다니면서 콩 열 말과 바꾸어 두부 장사를 시작했다.

> 두붓물이 가마에서 몹시 끓어 번질 때에 우윳빛 같은 두붓물 위에 버터빛 같은 노란 기름이 엉기면 (그것은 두부가 잘될 징조다) 우리는 안심한다. 그러나 두붓물이 희멀끔해지고 기름기가 돌지 않으면 거기만 시선을 쏘고 있는 아내의 낯빛부터 흐려지기 시작한다. 초를 쳐 보아서 두붓발이 서지 않게 매캐지근하게 풀려질 때에는 우리의 가슴은 덜컥한다. "또 쉰 게로구나! 저를 어쩌누?" 젖을 달라고 빽빽 우는 어린 아이를 안고 서서 두붓물만 들여다보시는 어머니는 목 메인 말씀을 하시면서 우신다. 이렇게 되면 온 집안은 신산하여 말할 수 없는 울음·비통·처참·소조蕭條한 분위기에 싸인다.

'두붓발'이란 두붓물이 엉겨서 순두부가 되는 상태를 가리킨다.

두붓물에 식초를 쳐 보아서 엉기지 않으면 그 두붓물은 두부가 되지 않는다. 그 순간 두부를 무기로 가난한 삶을 돌파해 나가려던 최서해의 의지는 꺾였고, 두부의 흰빛은 희망의 색깔이 아니었다. 최서해에게 두부는 도저히 삼킬 수 없는 고통과 슬픔의 응어리였다. 그는 세상에서 두부를 가장 고통스럽게 먹은 사람일 것이다. 두부는 콩을 갈고 즙을 짜내는 과정에 고된 노동이 필요한 음식이었던 까닭이다.

목은과 최서해 사이에는 500여 년의 연차가 있다. 목은이 두부를 먹고 시를 쓴 뒤로 500여 년이나 지난 훗날에 가난한 문인 최서해는 간수 같은 눈물을 흘리며 두부를 만들어야 했다. 두부가 서민의 음식이 된 것은 1970년대 이후이다. 산업화로 도시인구가 증가하면서 그때부터 가내수공업형 두부 장수가 두부종(요령)을 울리며 인구 밀집 지역을 누비고 다녔다.

명 황제도 감탄한 조선의 두부 맛

조선 세종 때의 일이다. 황태자의 생일을 하례하러 명나라에 갔던 천추사 박신생朴信生이 황제의 칙서 세 통을 받아 왔다. 세종이 세자 이하 신하들을 거느리고 태평관(조선 후기에 모화관으로 바뀜)에 나가 칙서를 맞이했다. 두 번째 칙서에서 명 황제는 공녀貢女로 보낸 여성 조리사들의 음식 솜씨를 칭찬했다.

왕이 먼젓번에 보내 온 반찬과 음식을 만드는 부녀자들이 모두 음식을 조화調和하는 것이 정하고 아름답고, 제조하는 것이 빠르고 민첩하고, 두부를 만드는 것이 더욱 정묘하다. 이번에 보내 온 사람은 잘하기는 하나 전 사람들에게는 미치지 못하니, 칙서가 이르거든 왕이 다시 공교하고 영리한 여자 10여 인을 뽑아서, 반찬·음식·두부 등류를 만드는 것을 익히게 하여, 모두 다 정하고 숙달하기를 전번에 보낸 사람들과 같게 하였다가, 뒤에 중관을 보내어 국중에 이르거든 경사京師로 딸려 보내도록 하라.

〔세종 16년(1434) 12월 24일, 세종실록〕

특히 명 황제는 조선 여인들의 두부 만드는 솜씨를 "정묘하다"고 칭찬했다. 두부는 중국이 종주국인데 조선이 중국을 따라잡을 수 있었던 비결은 무엇이었을까? 그것은 고려 왕실에 두부를 공납했던 조포사의 기술 덕분이었다. 조선 왕실 역시 왕들의 능침 근처의 사찰을 조포사로 지정했다. 그런 사찰을 조선에서는 '능침사陵寢寺' 또는 '원당願堂'이라 불렀다.

조선 전기의 대표적인 능침사는 흥천사興天寺, 개경사開慶寺, 정인사正因寺였다. 이 능침사들은 조선 중후기를 지나며 없어졌는데, 그 까닭은 능침 옆의 재궁齋宮(제사를 지내기 위해 지은 집)이 유교식 진전眞殿으로 대체되면서 능침사가 할 일이 줄었고, 그러면서 왕실의 관심과 지원이 끊어졌기 때문이다. 조선 후기에는 능침사를 '조포사'로 불렀다. 그것은 능침사의 역할이 두부를 만들어 공상供上하는 것만으로 줄었음을 뜻한다.

조선 초기에 능침사의 역할은 매우 다양했다. 평소에는 죽은 왕의 명복을 빌어 주고, 능묘를 보호하며 수리하는 역할을 했고, 왕이 행차하여 제사를 올릴 때 쓸 제기를 보관하고, 제수를 장만했다. 능침사로 지정된 사찰은 조정으로부터 토지와 노비, 곡식을 받았고, 왕이 능침에 참배할 때에도 곡식을 하사받았다.

능침사에서 제수를 마련할 때 특별히 신경 써야 했던 음식이 두부였다. 태조 이성계의 정비 한씨가 묻힌 제릉의 능침사였던 연경사衍慶寺의 두부, 세조의 능원인 광릉의 능침사였던 봉선사奉先寺의 두부는 특히 맛이 좋기로 유명했다. 능침사는 조선 두부 산업의 메카였다. 명나라에 간 조선 공녀들은 왕실의 지시를 받고 능침사 승려들로부터 두부 제조 비법을 배웠을 것이다.

조선 두부의 질을 높인 또 한 가지 비결로, 왕실에 공상되는 두부의 응고제를 조선 정부가 감독한 것을 꼽을 수 있다. 1451년(문종 1) 2월, 무관 정효강鄭孝康이 '두부를 만들 때 산수를 쓰자'고 상언했다.

> 대호군 정효강이 상언하기를, "염전은 소로 갈아서 똥과 오줌이 섞인 물로 소금을 굽기 때문에 반드시 정결하지 못할 것인데, 제향 및 공상하는 두부에 이러한 물을 쓰는 것은 적당하지 못하니, 청컨대 산수酸水를 쓰게 하소서."
>
> 〔문종 즉위년 2월 22일, 문종실록〕

산수酸水가 정확히 어떤 물질인지는 알 수 없으나, 지금의 글루

두부 짜는 모양 《기산풍속화첩》 중, 김준근

조선 말기의 풍경이다. 베를 깐 나무틀에 살짝 엉긴 두부를 붓고 눌러서 물을 짜고 있다. 서민층에게 두부는 명절과 잔치 때나 맛볼 수 있는 귀한 음식이었다.

코노-델타-락톤과 유사한 신맛이 강한 물로 추정된다. 정효강의 말에 문종은 승지들에게 "두부를 만들 때 무슨 물을 쓰느냐?"고 물었다. 승지 이계전李季甸이 '소금의 융액'(간수)을 쓴다고 대답하자 문종은 "간수는 깨끗하지 못하니 두부를 만드는 데 쓸 수 없다."며, 정효강의 말대로 산수를 쓰도록 했다.

조선 정부가 공상 두부에 신경을 쓴 까닭은, 두부가 왕이 종묘에 천신薦新하는 음식 중 하나였기 때문이다. 천신이란 새로 난 과일이나 농산물을 먼저 신위神位에 올리는 것을 말한다. 두부는 메밀묵무침, 꼬막숙회와 더불어 왕이 12월에 천신한 음식이었다. 미꾸라지두부숙회, 복령두부선이 종묘에 천신된 기록이 있다. 미꾸라지두부숙회는 두부를 만들 때 미꾸라지를 넣은 것이며, 복령두부선은 한약재인 백봉령白茯苓을 넣은 요리이다. 백복령은 소나무 뿌리에 기생하는 진균류로 다양한 약리 성분을 지니고 있다.

두부가 가진 다섯 가지 미덕

조선 시대에도 두부는 서민들이 먹기 힘든 음식이었다. 콩을 갈고 콩물을 짜는 데 힘도 많이 들뿐더러, 서민들은 두부를 만드는 방법도 잘 몰랐다. 방법을 알아도 부드러운 두부를 만들기는 어려웠다. 콩물을 끓이는 온도와 시간, 불의 세기를 잘 조절해야 하는데, 그러려면 숙달된 기술과 경험이 필요했다. 전문가라야 제대로 된 두부를 만들 수 있었던 까닭에 두부는 양반가에서도 쉽게 만들지 못했고, 잘 만든 두부는 사대부들 사이에 선물로 주고받을 만큼 귀한 대접을 받았다. 서거정의 시에서 그런 사례를 볼 수 있다. 서거정은 지인으로부터 두부 선물을 받고 답례로 시를 써서 보냈다.

윤 상인允上人이 두부를 보내 준 데 대하여 사례하다

보내 온 두부는 서리 빛보다도 더 하얀데 餉來豆腐白於霜
잘게 썰어 국 끓이니 연하고도 향기롭네. 細截爲羹軟更香
부처 숭상한 만년엔 고기를 끊기로 했으니 耽佛殘年思斷肉
소순이나 많이 먹어 쇠한 창자를 보하려네. 飽將蔬筍補衰腸

〔사가집 권40〕

'상인上人'이란 승려를 높여서 부르는 말이다. 서거정은 전형적인 유학자였으나 만년에 불교에 귀의했다. 그러면서 고기를 멀리했는데, 그 소식을 들은 친한 승려가 고기 대신 먹으라며 두부를 보냈던 것이다. 소순蔬筍(채소와 죽순)은 본디 방외인方外人(국외인, 비주류)의 음식을 가리키는 말이다. 두부는 고려 시대부터 주로 승려들이 만들었고, 사찰을 통해 민간에 퍼진 음식이다. 그래서 서거정은 '불가의 음식'이라는 뜻으로 두부를 '소순'이라 부른 것이다.

두부가 사대부가에 널리 퍼진 것은 조상의 제사상에 두부를 올리면서부터이다. 《주자가례朱子家禮》가 사대부들의 예절교본으로 뿌리를 내리면서, '천자에게는 소를 올리고, 제후에게는 돼지, 사대부에게는 두부를 올린다'는 말을 따른 것이다. 그 뒤로 두부는 불가의 음식이라는 이미지를 벗고, 사대부들에게 사랑을 받으면서 유가의 음식으로 탈바꿈했다.

사대부들은 두부를 오미五美(다섯 가지 미덕)를 갖춘 음식이라 했다. 맛이 부드럽고 좋음이 일덕이요, 은은한 향이 이덕이요, 색과 광택이 아름다움이 삼덕이요, 모양이 반듯함이 사덕이요, 먹기에 간편함이 오덕이라는 것이다. 두부는 부드러운 식감 때문에 '무골

+ 대보름날 세시풍속, 두부 먹기

예로부터 두부는 명절과 관혼상제 때 즐겨 먹던 음식이다. 정월 대보름날 아침에는 건강과 액막이를 위해 두부를 먹는 풍습이 있었다. 이날 먹는 두부는 '복두부'라 하여 반드시 아침에 일어나 재채기하기 이전에 그리고 다른 것을 먹기 전에 두부를 먹어야 좋다고 하였다. 전라도에서는 액막이 댓불(대나무불)을 피우면서 먹기도 한다. 두부를 먹으면 살이 찐다는 속설이 있어, 특히 아이들에게는 많이 먹으라고 하였다. 가난해서 모든 사람이 몸이 말랐던 시대이므로 살이 찌는 것을 무엇보다 좋은 일로 여겼다. "두부살이 올랐다."라는 말은 뽀얗고 풍만하게 살찐 사람에게 좋은 뜻으로 하는 말이었다. 또한 "두부를 먹지 않으면 골이 빈다."라는 말이 있을 만큼 두부는 두뇌 발달에 좋은 음식으로 여겼고, 몸이 붓는 사람은 미역국에 두부를 넣어 먹었다. 두부는 건강 음식의 상징이었다.
새해 점을 보아 운수가 안 좋게 나온 사람이나 관재수가 낀 사람은 대보름날 아침에 생두부의 한 귀퉁이를 잘라서 먹었다. 그러면 액운이 사라진다고 믿었다. 지금도 남아 있는, 감옥에서 나온 사람에게 두부를 먹이는 풍속 역시 관재수를 막는 액막이이다.

육無骨肉(뼈 없는 고기)', '숙유菽乳(콩에서 나온 우유)'로도 불렸다.

앞에서 읽은 목은 이색과 서거정의 시도 두부의 미덕을 예찬한 것이다. 목은은 비계처럼 하얀 두부의 색깔과 부드러운 식감을, 서거정은 서리 빛보다 하얀 색깔과 연한 식감, 향기로움을 예찬했다.

'조선 성리학의 대부'와 '처세의 달인'이라는 상반된 평가를 받았던 양촌 권근 역시 두부를 꽤나 좋아했고, 시 한 편을 기꺼이 두부에 헌정했다.

두부

맷돌에 콩을 갈아 눈빛 물 흐르거든 碾破黃雲雪水流
끓는 솥 물 식히려고 타는 불 거둔다. 揚湯沸鼎火初收
하얀 비계 엉긴 동이 열어 놓으니 凝脂濯濯開盆面
옥 같은 두부덩이 상머리에 가득하다. 截玉紛紛滿案頭
아침저녁 두부 있음을 다행으로 여기거니 自幸饔餐猶不廢
구태여 고기 음식 번거로이 구하랴. 何須芻豢更煩求
병 끝에 하는 일, 자고 먹을 뿐 病餘日用唯眠食
한 번 배부르니 만사를 잊을 만하네. 一飽眞堪萬事休

〔양촌집, 양촌선생문집 권10〕

권근은 다양한 표현으로 두부의 빛깔과 간편함을 예찬했다. 그럼에도 곡절 많은 인생을 살아온 그의 밥상에 두부는 왠지 생뚱맞아 보인다. 그는 두부의 고결한 흰빛과 반듯함을 보면서 무슨 생각을 했을까? 양지에 들기 위해 배신과 변신을 거듭해 온 자신이 부끄럽지는 않았을까?

권근은 "아침저녁 두부 있음을 다행으로 여긴다"고 했다. 노쇠한 권세가의 풍족한 삶이 엿보인다. 두부를 늘 먹을 수 있었던 것은 태종이 그에게 '길창군吉昌君' 봉작을 내렸기 때문으로, 나라에서 내리는 공상 두부가 있었을 것이다. 두부는 왕실에 공상하는 중요한 식료품이었고, 간혹 기근이 심할 경우에만 공상이 중단되었다.

권근을 보면서 드는 생각은, 모름지기 두부는 반듯하게 썰어서 젓가락으로 먹어야 한다는 것이다. 숟가락으로 욕심껏 퍼먹을 음식이 아니다.

연포회, 양반들이 절간으로 달려간 까닭

다산은 오랜 유배생활을 마치고 고향으로 돌아와《아언각비》를 썼다. '잘못 쓰이고 있는 말을 바로잡는다'라는 취지에서 쓴 책이다. 그중에 '두부'도 있다.

두부라는 것은 '숙유菽乳'이다. 두부의 이름은 원래 '백아순白雅馴'인데, 우리나라에서는 이를 방언으로 여겨 달리 '포泡'라 불렀다. 여러 능과 원에는 이름난 승원이 있어 두부를 공급하는데 이름 하여 '조포사'라 한다. 두부를 꼬치에 꿰어 닭고기를 삶은 물에 끓여서 친한 벗들과 모여 먹는 모임이 있는데 이를 이름 하여 '연포회'라 한다.

〔여유당전서 잡찬집, 아언각비〕

다산은 고지식한 학자답게 '두부'를 '숙유'로 불러야 마땅하다고 주장했다. 그러나 소용없는 일이었다. 누구도 두부를 숙유로 고쳐 부르지 않았다. 위 글에서 눈에 띄는 것은 두부를 먹는 풍속, 연포회軟泡會이다. 연포란 본디 '연한 두부'라는 뜻이지만 여기서는 두부와 닭을 주재료로 만든 음식, '연포탕'을 가리킨다. 이순신李舜臣의 《난중일기亂中日記》에는 비슷한 이름의 음식 '연포갱'이 나온다. 이순신이 초계(경남 합천)에 있을 때 어느 벼슬아치가 와서 '연포갱'을 바쳤다고 한다. 연포탕과는 다른 음식으로 보인다. 숙종 때의 실학자 홍만선洪萬選(1643~1715)은 《산림경제》에서 연포갱을 "무·두부·소고기·북어·다시마 등을 넣어서 맑게 끓인 국으로, 제사 때 올리는 탕으로 쓰였고, 상가喪家에서도 끓였다."라고 소개했다. 연포갱과 연포탕은 재료와 조리법이 다른 음식이다.

그런데 《산림경제》를 증보한 책인 유중림柳重臨의 《증보산림경제》(1766)에서는 '연포갱'이라 해 놓고 연포탕의 조리법을 소개해 놓았다.

이 국은 겨울철에 먹어야 좋다. 소고기는 돼지고기만 못하고 돼지고기는 꿩만 못하고 꿩고기는 살찐 암탉만 못하다. 닭을 깨끗이 손질하고 소고기와 함께 푹 삶아 소고기는 건져 내고 닭고기는 가늘게 찢어 놓는다. 한편 두부를 만드는데, 단단하게 눌러야 하며 납작하게 썰어서 기름에 지진다. 끓여 놓은 국물에 지진 두부를 넣고 간을 맞춘 다음 생강, 파, 표고, 석이 채 썬 것을 넣는다. 별도로 고기국물을 조금 떠서 밀가루 즙을 만들어 넣고 달걀을 풀어 국물에 넣어 잘 저어서 고루 섞이게 한 다음 준비한 닭고기와 달걀 황백지단 채를 그릇에 담아 국물을 부어 낸다.

〔증보산림경제 권8, 치선〕

유중림은 중인 출신 의관으로 천연두 전문의였는데, 제법 부유했던 모양이다. 연포탕의 재료가 한층 다양해진 것이 눈에 띈다. 소고기와 닭고기를 같이 쓰고, 국물에 밀가루와 달걀을 풀어서 고급스러운 음식으로 탈바꿈시켰다. 유중림은 연포탕을 '겨울철에 먹어야 좋은 음식'으로 소개했다. 부유층들이 난로회를 하면서 열구자탕이나 병거짓골처럼 즐겼던 음식이었음을 알 수 있다.

조선 순조 때의 학자 홍석모도 연포탕을 10월의 풍속으로 소개했다. 그는《동국세시기》에, "두부를 가늘게 썰고 꼬챙이에 꿰어 기름에 지지다가 닭고기를 섞어 국을 끓이면 이것을 연포탕이라고 한다."고 썼다.

요즘은 연포탕이라면 으레 다시마 육수에 낙지를 넣고 끓여 먹는 '낙지연포탕'을 떠올린다. 그 탕에 두부도 넣는 집이 있을지 모르나, 낙지연포탕은 두부와 전혀 관련이 없는 음식이다. 그리고 낙지는 조선 시대 양반들이 기피하는 식재료였다. '낙지'가 과거의 '낙제落第'와 발음이 비슷했기 때문에 낙지를 먹으면 재수가 없게 된다고 여겼다. 낙지연포탕에서 '연포'는 빼는 것이 마땅하다.

조선 후기에 연포회는 양반들 사이에 새로운 풍속도를 연출했다. 양반들이 연포탕을 즐기려고 절간으로 몰려갔던 것이다. 맛 좋은 두부는 여전히 절에 있었기 때문이다.

아닌 밤중에 홍두깨라고, 승려들은 양반들의 뜬금없는 행차에 식겁할 수밖에 없었다. 조용한 산사는 졸지에 양반들의 유흥 공간으로 변했고, 닭 삶는 냄새는 승려들의 불심을 뒤흔들었다. 신성한 절간에 콩과 닭을 들고 나타난 양반들은 승려들에게 '두부 해라' '닭 목 비틀어라' 하면서 종 부리듯 하여, 승려들이 곡을 할 지경이었다. 그런 시정잡배 같은 양반들 틈에 정약용도 끼여 있었다.

다산은 정부의 천주교 박해 사건에 연루되어 유배를 가기 전에는 여느 양반들처럼 다양한 음식을 즐겼다. 그러나 삼형제가 모두 유배형을 받아 집안이 풍비박산이 된 뒤로는 음식을 맛으로 먹을

+ 《산림경제》의 연포국 만드는 법

자연포법煮軟泡法(연포탕·연포국 끓이는 방법. 두부나 무·고기 등을 넣고 끓이는 맑은 장국)은, 두부를 만들 때 꼭 누르지 않으면 연하니, 잘게 썰어 한 꼬치에 서너 개 꽂아, 흰 새우젓국白蝦醢汁과 물을 타서 그릇에 끓이되, 베를 그 위에 덮어 소금물이 스며 나오게 한다. 그 속에 두부꼬치를 거꾸로 담가 살짝 익거든 꺼내고, 따로 굴을 그 국물에 넣어서 끓인다. 다진 생강을 국물에 타서 먹으면 극히 보드랍고, 맛이 월등하게 좋다.

〔산림경제 권2 치선, '어육, 부, 자포'〕

겨를이 없었다. 생존 자체가 위태로웠기 때문이다. 자연히 그는 식욕을 억제하고, 최대한 실용적인 식습관을 추구해야 했다. 유배생활 중에 개고기를 먹었다는 사실만 보면 다산이 퍽이나 미식가처럼 보이지만, 속사정은 그렇지 않았다.

식습관만 놓고 보면 유배 이전의 다산과 유배 이후의 다산은 전혀 다른 사람처럼 보인다. 다산이 절에서 연포탕을 달게 먹었던 것도 유배 이전의 추억이다. 그 추억의 한 장면을 더듬어 보자.

절에서 밤에 두붓국을 끓이다

다섯 집에서 닭 한 마리씩을 추렴하고 五家之醵家一鷄
콩 갈아 두부 만들어 바구니에 담아라. 壓菽爲乳�籠提
주사위처럼 두부 끊으니 네모가 반듯한데 切乳如骰方中矩
띠싹을 꿰어라 긴 손가락 길이만 하게. 串用茅鍼長指齊
뽕나무 버섯 소나무 버섯을 섞어 넣고 桑鵞松蕈錯相入
호초와 석이를 넣어 향기롭게 무치어라. 胡椒石耳芬作虀
중은 살생을 경계해 손대려고 않는지라 苾蒭戒殺不肯執
젊은이들이 소매 걷고 친히 고기를 썰어 諸郎棬韝親聶刲
다리 없는 솥에 담고 장작불을 지피니 折脚鐺底榾柮火
거품이 높고 낮게 수다히 끓어오르네. 沫餑沸起紛高低
큰 주발로 하나씩 먹으니 각기 만족하여라. 大碗一飽各滿志

〔다산시문집 권7, 경의시經義詩〕

마치 김홍도의 그림을 보는 듯 연포회 풍경이 눈에 선하다. 연포탕 만드는 과정을 재미있게 묘사했다. 두부를 주사위 모양으로 깍둑 썰어 띠싹을 꼬챙이로 삼아 꿰었다. 띠는 볏과에 속하는 여러해살이 풀로, 띠싹이란 띠의 이삭줄기를 가리킨다. 연포탕의 부재료가 무척 화려하다. 상황버섯·송이버섯·석이버섯에 후추를 넣었다. 얼마나 맛과 냄새가 황홀했을까. 승려 입장에서는 양반들의 행패도 참기 힘들었겠지만, 오감을 자극하는 연포탕 냄새에 식욕을 누르기가 더 곤혹스러웠을 것이다.

그런데 양반들은 왜 절간으로 몰려갔을까? 그것은 아름다운 풍경 때문이기도 했지만, 두부가 목적이었다. 닭이야 산 채로 가져가든 잡아서 가져가든 상관없지만, 두부는 그렇지 않다. 집에서 만들어 가면 가는 도중에 쉴 가능성이 높았다. 정약용 일행은 절에 콩을 주고 두부를 얻었을 것이다. 당시 양반들에게는 절에 가면 싱싱한 두부를 먹을 수 있다는 기대감이 있었다. 두부는 부처에게 공양하는 음식이고 승려들에게 꼭 필요한 음식이라 '두부 없는 절간'은 상상하기 어려웠기 때문이다. 설사 두부가 없다 해도 승려들을 족쳐서 만들게 하면 그만이었다.

양반들 등쌀에 중 노릇도 못할 판

양반들은 사찰과 승려를 호구虎口로 여겼다. 정약용의 시에는 양반들의 행패에 아무 저항도 하지 못하는 승려들의 일그러진 초상이 담겨 있다. 그러나 그 정도 연포회는 점잖은 편에 속했다. 숙종 때 암행어사로 활약했던 목임일睦林一은 가는 곳마다 형장刑杖을 남발했고, 그 지역의 찰방察訪·적객謫客(귀양살이를 하는 사람)과 어울려 산사로 돌아다니며 놀았으며, 연포회를 베풀기까지 했다. 그 일로 목임일은 나문拿問(죄인을 잡아다가 심문함)을 당했다〔숙종 7년(1681) 6월 3일, 숙종실록〕. 이미 숙종 때부터 사찰이 사대부들의 접객소로 전락했던 것이다.

그랬음에도 목일임은 아버지 목내선睦來善과 당시 수권 집단인 남인의 후광에 힘입어 승지·대사간·도승지·대사헌 등 청현직을 두루 역임했다. 훗날 남인들이 축출당할 때 숙종은 그를 가리켜 "사람과 물건을 상해하지 않는 착한 사람"이라고 비호했다. 실록 사관이 듣기에도 생뚱맞은 소리였을 것이다.

연포회를 연 정도는 양반들의 다른 횡포에 견주면 아무것도 아니었다. 영조 3년(1725), 양산 군수 김성발金聲發이 양산 통도사에 완문完文(지방 관아에서 발급한 문서)을 내렸는데, 그 내용은 그동안 사찰에서 관아와 향교 등에 관례적으로 바쳐 온 상납과 향응을 중단하라는 것이다.

一. 관아에서 쓸 메주와 산열매, 산나물 예납 중단

一. 향교·서원·향청에 보내던 산열매와 산나물 중단

一. 군청의 서사書史 통인通引 관노사령청에 바치던 산열매와 산나물 중단

一. 매년 가을 도서원都書院에 대한 메주 상납 중단

一. 군내 각처의 사대부 유인과객遊人過客들의 요구에 따른 송이, 목공木笷(공대), 승혜繩鞋(줄과 신발)·소찬素饌, 산열매·산나물·빨랫돌·다듬이돌 등 제공 중단

一. 매년 가을 통인청과 관노청에 바치는 계방전契防錢 중단

一. 경관京官이나 지방관의 순심巡審 행차 때 그 일행 전원에 대한 공찬供饌 중단

一. 사찰을 찾는 귀인들의 가마를 메는 일 중단

그동안 사찰은 이런 상납에 시달려 왔던 것이다. 지방 수령과 양반, 심지어 아전들에게까지 승려들이 얼마나 수탈과 설움을 당했는지 느낄 수 있다. 오죽했으면 통도사 승려들이 '중 노릇도 못해 먹겠다'면서 절을 떠났을까. 비단 통도사만의 문제가 아니었다. 왕실의 조포사나 왕실 지정 사찰인 원당은 감히 지방 관아나 향촌 양반들이 건드리지 못했지만, 그렇지 못한 사찰은 수령과 양반들의 후원자 노릇을 해야 했다. 양반들의 사찰 수탈이 도를 넘자 중앙정부의 지시로 양산 군수가 사태 수습에 나섰던 것이다. 그 뒤로 통도사는 떠났던 승려들이 돌아와 일상을 되찾았다. 천년고찰 통도사가 그런 수모를 당했는데 작은 사찰들이야 오죽 고초가 심했을까.

실학자 성호 이익의 지극한 콩 사랑

유난히 콩 음식을 좋아한 양반이 있었다. '실학의 호수湖水'로 불

렸던 성호 이익李瀷(1681~1763)이다. 성호는 평생 관직에 나아가지 않고 초야에 묻혀 책만 읽고 살았던 선비로, 검소한 선비의 전형이다. 탐식이나 미식과는 거리가 먼 사람이었다. 그는 "한 올의 베나 한 알의 쌀도 내 힘으로 생산한 것이 없다"라면서 자신을 "한 마리의 좀벌레"에 불과하다고 고백했다. 그래서 평생 소식小食을 실천했고, 많이 먹는 것大食을 경멸했다.

우리나라 사람은 이 세상에서 음식을 가장 많이 먹는다. 최근 우리나라 사람 가운데 표류해 유구국琉球國(오키나와)에 도착한 자가 있었다. 그 나라 사람들이 비웃으면서 그에게 말하기를 "너희 나라 풍속에 항상 큰 사발에 밥을 퍼서 쇠숟가락으로 푹푹 퍼먹으니 어찌 가난하지 않겠는가."라고 하였다. 그 사람은 아마도 전에 우리나라에 표류해 와서 우리의 풍속을 잘 알고 있는 사람인 듯하다.

〔성호사설 권17, 식소食小〕

성호는 조선이 가난을 벗어나지 못하는 원인을 음식 사치와 주책없이 많이 먹는 것에서 찾았다. 그는 부유하거나 귀한 집에서는 하루에 일곱 번이나 식사를 한다고 질타했다. 당시 서민들은 보통 아침과 저녁 두 끼니만 먹었다. 그런데 부유층은 새벽에 일찍 일어나 흰죽으로 조반早飯(새벽 끼니)을 먹었고, 한낮에 배불리 점심點心을 먹었다. 그 외에 아침식사朝食, 저녁식사夕食, 밤참을 먹었다. 그러면 다섯 끼니인데, 손님 접대와 간식까지 합쳐 일곱 번인 것 같다. 성호는 그들이 하루에 소비하는 술과 고기, 진수성찬이면 백

사람을 먹일 수 있다면서, "집집마다 옛날 하증何曾처럼 사치하니, 민생이 어찌 곤궁하지 않겠는가. 매우 탄식할 만한 일이다."라고 하였다. 하증은 중국 진 무제 때의 재상으로, 날마다 맛있고 좋은 음식을 차려 먹는 비용으로 만전萬錢을 쓰면서도 "젓가락으로 집어 먹을 만한 게 없다."라고 투정했다고 한다.

성호는 '쉰 살'이라는 시에서 명아줏국을 예찬했다. "명아줏국을 배불리 먹으매 다른 생각 없어 / 밤에 시골 아이 모아 글 읽는 것 보노라."며 초야에서 늙어 가는 소회를 나지막이 읊었는데, '명아줏국'은 예로부터 가난한 선비의 아주 조악한 밥상을 가리키는 상징적인 음식이었다.

이와 같이 성호는 소신파 소식가였다. 그런 그가 유난히 좋아했던 식품이 있었으니, 그것은 콩이다. 그는 콩을 주식으로 삼자고 주장했고, 가까운 친족을 모아 삼두회三豆會를 만들어 몸소 실천했다. '삼두'란 콩으로 만든 세 가지 음식, 콩죽·콩장(콩자반)·콩나물이다. 그는 콩을 갈아서 그 즙에 콩나물을 넣어 죽을 쑤어 먹으면 능히 배를 채울 수 있다고 했다.

그는 "곡식이 사람을 살리는 면에서 가장 공이 큰 것은 콩이다."라고 말했고, "가난한 백성이 목숨을 보전할 수 있는 길은 오직 콩뿐이다."라고도 했다. 그렇게 콩의 가치를 높이 산 까닭은 무엇일까? 그것은 양量 때문이다. 그는 "콩 한 말은 쌀 넉 되와 값이 같은데, 콩의 양이 5분의 3이나 많으니 큰 이익"이라고 말했다. 같은 값이면 질보다 양을 택했던 것이다.

성호는 '궁핍한 날의 벗' 콩의 고마움을 다음과 같이 노래했다.

반숙가半熟歌

콩은 하늘이 준 오곡 중 하나 天生五穀菽居一
그 가운데 붉은콩이 더욱 좋다네. 就中赤色尤稱嘉
여름에 싹 터서 겨울에 죽으니 火旺方生水旺死
달고 부드러워 맛이 더욱 좋네. 甜滑輕輭味更奢
가난한 집 재물 없어도 좋은 방편이 되고 貧家乏財善方便
싼값에 쉽게 구하니 이 또한 좋은 일이네. 賤價易辦此亦多
……
요즈음에는 고기 맛을 잊은 지 오래니 爾來肉味忘已久
황하 잉어, 송강 농어를 자랑하지 말라. 河鯉松鱸莫相誇

〔성호전집, 성호선생전집 권5〕

성호는 두부 만드는 법도 소상하게 알고 있었다.

지금 식품 중에 두부란 것이 있다. 콩을 매에 갈아서 끓여 익혀서 포대에 넣어 거른 다음 염즙鹽汁(간수)을 넣으면 바로 엉기게 되고, 두장豆醬은 조금만 넣어도 삭아서 엉기지 않는다. 염즙은 소금에서 흘러나오는 붉은 즙이고, 두장은 삶은 콩을 소금에 섞어서 만든 것이다. …… 그 이치를 알 수가 없다.

〔성호사설 권4, 만물문萬物門〕

두장豆醬이란 된장 또는 간장으로 보인다. 성호는 두부를 만들

때 여러 가지 실험까지 했었음을 알 수 있다. 끝내 그는 콩물이 응고되는 원리를 알아내지 못했다. 재미있는 것은 그가 두부만큼이나 비지에 애착을 보이고 있는 점이다. 성호는 "두부를 만들고 남은 찌꺼기(비지)를 끓여서 국을 만들면 구수한 맛이 먹음직하다."라고 했고, 이어서 콩죽 만드는 레시피를 이렇게 설명해 놓았다.

> (콩을) 또 싹을 내어 콩나물을 기르면 몇 갑절이 더해진다. 배고플 때 콩을 갈고 콩나물을 썰어서 죽을 끓이면 온 가족이 배를 채울 수가 있다.
>
> 〔성호사설 권4, 만물문〕

성호는 두부의 맛에 대해서는 이러쿵저러쿵 평가를 하지 않았다. 두부가 콩의 진액만 응고시킨 것이라 사치스러운 음식으로 여긴 까닭인 듯하다. 그가 애오라지 사랑한 콩 음식은 콩죽, 콩장, 콩나물이었다.

추사 김정희가 꼽은 최고의 음식은?

추사 김정희金正喜(1786~1856)는 제주도로 유배 가서 부인에게 많은 편지를 보냈다. 그 편지 중에는 음식물을 보내 달라는 내용이 꽤 많다. 추사가 언급한 음식을 살펴보면, 곶감, 김치, 젓무, 산채, 고사리, 소로장이(소루쟁이), 두릅, 약식, 인절미, 새우젓, 조기

젓, 장볶이(볶은 고추장), 미어薇魚, 산포(육포) 등 매우 다양하다. 특히 '민어'와 '어란魚卵' 같은 고급 음식까지 요청하고 있어 눈길을 끈다.

민어를 연하고 무름한 것을 가려 사서 보내게 하시오. 내려온 것은 살이 썩어 먹을 길이 없더이다. 겨자는 맛난 것이 있을 것이니 넉넉하게 얻어 보내 주시오. 밖으로도 기별하였소만, 겨울이 지난 뒤 좋은 것으로 4~5접이 되든 못 되든 선편으로 부치고, 어란도 거기서 먹을 만한 것을 구하여 보내 주시오.

〔완당전집 권2, 서독 '종질 상일에게 주다'〕

추사는 꽤나 미식가였던 것이다. 그 사실을 그는 양양 부사로 부임하는 종질에게 보낸 축하 편지에서 실토하였다. '분수에 넘침을 경계하고, 검박하게 살라'고 훈계를 하면서도 '너를 위하여 구복口福(먹을 복)을 축하한다'며 식도락을 맘껏 누릴 수 있게 된 종질을 부러워했다.

…… 큰 바다가 앞에 가로질러 있어 푸른 고래鯨와 붉은 게蟹는 너의 소유이고, 방어魴와 연어鰱도 돈을 따지지 않을 것이니, 이것이 어찌 집에서 먹는 사람에게 있을 수 있는 것이겠느냐. 나 같은 노탐老貪(욕심 많은 노인)은 벌써 입 언저리에 침을 흘리면서 봄 방어를 한껏 먹으리라 자부하는 마음을 감당하지 못하겠다. 다시 너를 위하여 구복을 축하하노니.……

〔완당전집 권2, 서독 '종질 상일에게 주다'〕

방어는 봄철에 구로시오 해류를 따라 북상하였다가 12월 정도에 산란을 위해 제주 모슬포에 나타난다. 봄에 잡은 방어는 영양을 잘 섭취하여 기름기가 절정에 달하여 맛이 좋다. 자신을 "노탐"이라고 부르며 "봄 방어를 한껏 먹으리라"던 추사의 탐식 본능이 애처롭게 느껴진다. 오랜 유배생활이 안겨 준 외로움과 허기 때문이었을 것이다. 그는 서글픈 미식가였다.

추사가 긴 유배생활 속에서 최고로 꼽은 음식은 무엇일까? 그것은 다소 의외이다. 충청남도 예산 추사의 고택에는 기둥에 이와 같은 글귀가 붙어 있다.

> 大烹豆腐瓜薑菜(대팽두부과강채)
> 高會夫妻兒女孫(고회부처아녀손)

'위대한 음식은 두부, 오이, 생강, 나물이요, 가장 즐거운 모임은 부부, 아들딸, 손주를 만나는 것'이라는 뜻이다. 이 글귀는 추사가 죽음을 앞둔 해에 불가의 오도송悟道頌(선승이 깨달음을 읊은 말)처럼 내놓은 것이다. '팽烹'이란 솥으로 끓여 먹는 모든 음식을 가리킨다. 추사가 꼽은 최고의 팽, 대팽大烹은 두부·오이·생강·채소를 넣고 끓인 소박한 음식이었다. 유배형을 받기 전에는 자타가 공인하는 당대 최고의 명필이자 석학으로서 명사들의 술자리에서 좋은 음식을 두루 섭렵한 추사였지만, 늘그막에 그가 깨달은 위대한 음식은 두붓국이었다. 그 두붓국을 추사는 가족과 같이 먹고 싶었다. 그래서 가장 즐거운 모임, 고회高會는 가족 모임이라고 한 것

대팽두부과강채 고회부처아녀손 김정희

작은 글씨의 내용은 이러하다. "이것은 촌 늙은이의 제일가는 즐거움이 된다. 비록 허리춤에 말(斗)만큼 큰 황금인(黃金印)을 차고, 먹는 것이 사방 한 길이나 차려지고 시첩(侍妾)이 수백 명 있다 하더라도 능히 이런 맛을 누릴 수 있는 사람이 몇이나 될까. 행농(杏農)을 위해 쓴다. 칠십일과."

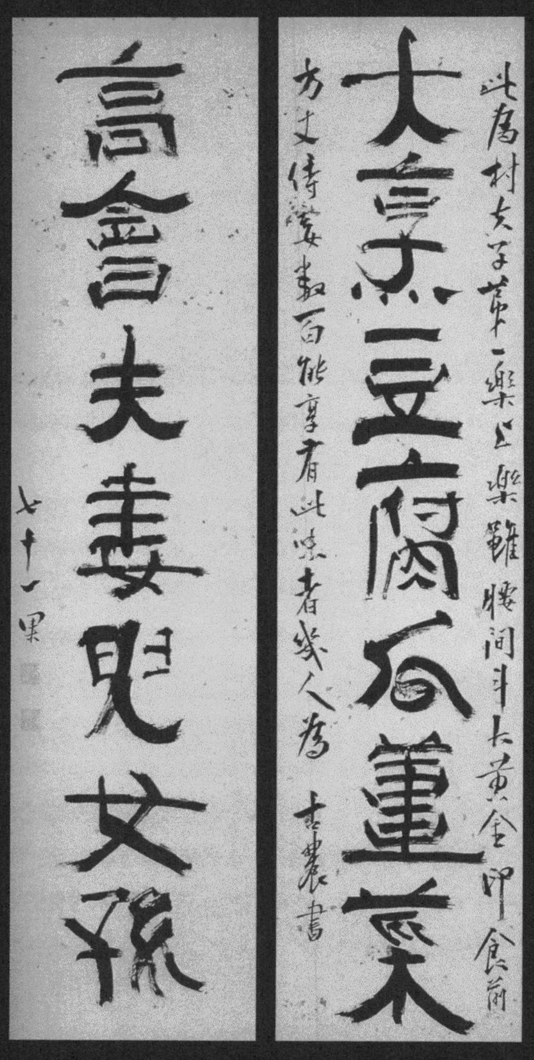

이다. 당대 최고 천재였지만 불운한 삶을 살아야 했던 추사의 인생 역정이 아프게 느껴지는 말이다.

또 다른 글에서는, 이름이 밝혀져 있지 않은 나주 목사가 세선歲船(세곡을 실어 나르던 배) 편에 김치 항아리를 보내 왔을 때의 일이 적혀 있다. 추사는 감격하여 "몇 년 동안에 처음으로 김치의 맛을 보게 되니, 매우 상쾌함을 느끼어 내 입에는 너무 과람한 듯하였네."라고 답장을 썼다. 나주 목사는 그 전에도 김치를 보낸 적이 있는데, 아마 항아리가 깨진 채 왔던 모양이다. 김치 한 동이에 감격스러워하는 추사의 모습에서 유배생활의 고단함과 궁핍함이 진하게 풍긴다.

여기, 추사가 진정으로 미식가다운 면모를 보여 준 멋진 시 한 편이 있다.

청어靑魚

바닷배에 실린 청어 온 성에 가득하니 海船靑魚滿一城
살구꽃 봄비 속에 장사꾼 외치는 소리. 杏花春雨販夫聲
구워 놓으니 해마다 먹던 맛 그대로인데 炙來不過常年味
새 철이라 눈이 끌려 특별히 정이 가네. 眼逐時新別有情

〔완당전집 권10, 시〕

청어 한 마리 먹는 정성이 이랬으니, 추사는 최고 수준의 미식가라 하겠다.

06

순챗국과 농어회

사대부들이 동경했던 귀거래의 아이콘

사대부들에게 귀감이 된 '장한의 흥취'

고려의 문장가 이규보는 시·거문고·술을 좋아하여 '삼혹호 선생三酷好先生'이라 불렸다. 술을 좋아한 사람은 대개 미식가이기도 했다. 이규보는 탐식가는 아닐지라도, 일상적인 음식을 멋스럽게 먹었음을 그의 시가 말해 준다. 아래의 시는 어느 날 지인이 보낸 미나리를 먹고 쓴 작품이다.

교서校書 이정李程이 미나리 보낸 시운에 차하다

옥처럼 귀여운 것 밥상에 가득하니 領得盈盤碧玉寒
다시금 그 은혜 갚기 어려워라. 再三珍重報恩難
흙 씻어라 막 솥에 담아 삶고 青泥洗去方烹鼎
쌀로 밥 지어라, 도시락에 가득히. 紅粟炊來正滿簞
순채의 가을 맛을 어찌 생각하랴, 豈憶吳蓴秋有味
국화로 지은 저녁밥*보다 낫다오. 堪欺楚菊夕爲飧
다시는 안읍*의 대추가 필요 없어, 從今不復煩安邑
날마다 살진 저육 먹기보다 훨씬 나은걸. 絕勝肥猪日致肝

〔동국이상국집 권14, 고율시古律詩〕

---

* 국화로 지은 저녁밥 초나라의 굴원이 쓴 〈이소(離騷)〉에 나오는 말이다. "아침에는 목란(木蘭)에 떨어진 이슬을 마시고, 저녁에는 가을 국화의 떨어진 꽃잎으로 밥 짓는다."고 하였는데, 초야로 돌아간 선비의 무욕(無慾)을 빗댄 표현이다.

* 안읍(安邑) 중국 산시성(山西省)의 옛 도시로 대추가 유명했다.

미나리 한 단 먹으면서 웬 장광설이냐 싶지만 채소 한 가지를 이런 정성으로 먹는다면 '미식가'라는 호칭이 잘 어울리지 않는가. 그는 미나리의 맛이 '순채의 가을 맛', '국화로 지은 저녁밥', '안읍의 대추', 심지어 날마다 돼지고기 먹기보다 낫다고 하였다. 미나리에 대한 최고의 찬사이다.

이 시는 우리나라의 옛시에서 '순채蓴菜'가 등장하는 최초의 시이다. 순채는 중국이 원산지인 수련과의 여러해살이풀이다. 다산 정약용의 둘째아들 정학유丁學游는 자신이 쓴 식재료 백과사전《시명다식詩名多識》에 부규鳧葵·수규水葵·순나물이라 소개했다. 연못에서 자생하는데, 어린 순은 '치순稚筍'이라 부르며 식용한다.

'순채의 가을 맛'이란 무엇일까? 이는 중국 진나라 장한의 고사를 두고 한 말이다. 동진 오군吳郡 사람 장한이 낙양에 들어가 제왕齊王 밑에서 벼슬을 하던 중, 가을바람이 불어오자 문득 고향의 순챗국蓴羹과 농어회鱸膾가 생각났다. 그 순간 장한은 "인생이란 가난하게 살아도 내 뜻대로 사는 것이 좋지, 어찌 벼슬을 하기 위해 고향을 떠나 수천 리 밖에 몸을 얽매일 필요가 있겠느냐." 하고는 벼슬을 버리고 고향으로 돌아갔다.

그런데 앞의 시에서 '순채의 가을 맛'이란 잘못된 표현이다. 순채는 봄부터 싹이 돋아나므로, 봄부터 여름까지 먹는 음식이기 때문이다. 조선 중기의 시인인 권필權韠(1569~1612)은 어느 해 4월, 호남을 유람하면서 순챗국을 먹고 이렇게 시를 썼다.

호남의 좋은 경치 강동과 같은데 湖南佳致似江東

순채

순채는 다달이 왕실에 공상하던 물품이었다. 《만기요람》에 "대전 월령 공상 : 순채 두 항아리"라 적혀 있다. 당시 순채 한 항아리 값은 4냥이었다. 허균은 《도문대작》에서 순채를, "호남에서 나는 것이 가장 좋고 해서(海西) 것이 그 다음이다."라고 하였다.

이 순채가 들판의 물에 많이 자라는구나. 此物多生野水中
장한은 본래 이 맛을 알지 못했구나. 張翰從來不知味
돌아가는 돛배 무엇하러 가을바람을 기다렸던가. 歸帆何必待秋風

〔석주집石洲集 권7〕

권필이 "장한은 본래 이 맛을 알지 못했구나."라고 한 것은 장한이 순챗국을 가을 음식인 것처럼 말한 것을 꼬집은 말이다. 가을바람이 불면 이미 순채 철을 지난 것이다. 고향에 돌아가도 순챗국을 먹기는 어려운 계절이다. 그런데 정말 장한이 순챗국을 가을 음식으로 생각했을까? 그렇지 않았을 것이다.

순채가 봄부터 돋아난다는 사실을 장한이 몰랐을 리는 없다. 장한은 가을바람이 불어오자 불현듯 고향에 내려가서 순챗국과 농어회를 먹으며 살고 싶다는 생각을 한 것이지, 그 가을에 고향에 가서 곧바로 순챗국을 먹겠다는 건 아니었을 것이다.

'가을' 하면 순채를 떠올리게 한 것은 장한이 아니라 후대의 시인들이다. 장한이 가을바람에 순챗국 타령 한 것을 시로 쓰면서, 가을과 순채는 엄연히 계절이 맞지 않는데도 가을은 귀향의 계절이며 순챗국은 고향의 가을 음식인 듯이 왜곡한 것이다.

시인들은 장한의 귀향을 선비가 마땅히 지녀야 할 청빈한 마음씨로 높이 평가했고, 시와 그림으로 그의 행적을 기렸다. 장한의 귀향을 그린 중국 문인들의 시와 그림은 조선의 시인과 화가들에게도 영감을 주었다.

이규보는 순채를 삶는 것을 두고 "얼음을 삶는다"라고 표현했다.

순채 새순은 투명한 점질로 싸여 있는데, 그것을 얼음에 비유한 것이다. 그 점질은 삶고 씻어도 잘 제거되지 않는다. 이규보는 그런 순채를 먹으며 자신의 청빈을 이렇게 자랑했다.

친구 집에서 순채를 먹다

내 평생 조금도 누라곤 없어 我生無點累
스스로 깨끗한 마음 자랑했지요. 自負心地清
그러나 항상 속된 식물을 먹었기에 口常食俗物
목구멍에 티끌이 끊이지 않았는데, 喉底煙塵生
오늘 순채를 먹으니 今日啖此菜
가늘고 가벼워 은실 같구나. 縷縷銀絲輕

〔동국이상국집 권14, 고율시〕

최충헌 무신정권의 나팔수 노릇을 했던 이규보가 "평생 …… 깨끗한 마음 자랑했"다고 말하는 것은 어이없지만, 어쩌면 순채가 그의 영혼을 잠시나마 맑게 정화시켰던 모양이다. 순채는 선비들에게 군자의 풍모가 느껴지는 고결한 음식이었다. 순채를 먹는다는 것은, 고량진미로 어지러워진 입맛을 청결하게 갈무리하는 일이요, 눈을 안으로 뜨고 자아를 살피는 일이요, 물욕과 탐욕을 버리고 본연의 자리로 돌아가는 일이었다. 순채를 통한 영혼의 정화와 초심으로의 회귀, 그것은 비단 이규보만이 아니라 순채를 노래한 모든 시인들이 공감했던 노스탤지어였다.

고려 말 성리학자 목은 이색은 선물받은 순채를 맛보며 그것의 생김새를 "학의 정수리마냥 살짝 비치는 주홍색 / 매끄럽기도 하여라 흡사 용의 침이로세."라고 비유했고, 순채를 먹노라니 자신도 불현듯 장한처럼 어디론가 떠나고 싶은 흥취가 일어난다고 말했다. 조선의 화가 안견安堅은 가을바람에 돛단배를 타고 고향으로 돌아가는 그림 〈강동괘범江東掛帆〉을 그려서 장한의 귀향을 동경했고, 조선 중기의 문신, 신흠申欽(1566~1628)은 시로 장한의 귀향을 높이 기렸다.

장한

영복은 귀한 관직 아니고 令僕官非貴
순챗국에 농어회야 참으로 별미이지. 蓴鱸味信殊
생전에 한 잔 술로 生前一盃酒
취하기 위해 동오로 내려갔다네. 取醉下東吳

〔상촌집 권17〕

영복이란 고려 시대의 중앙 관부 상서성尙書省의 재상급 관직인 상서령尙書令과 복야僕射를 아울러 이르는 말이다. 순챗국과 농어회를 위해 재상 관직을 던져 버린 장한의 기개를 칭송한 것이다. 선조 대의 문신이었던 신흠은 동인 치하에서 서인 이이와 정철鄭澈을 옹호하여 미움을 받았다. 그러나 사림으로부터는 신망을 받았고, 이정구李廷龜·장유張維·이식李植과 함께 '월상계택月象谿澤'이라 불렸다. 월상계택이란 월사月沙 이정구, 상촌象村 신흠, 계곡谿谷 장유, 택당澤堂 이식을 두고 하는 말로, 그들은 조선 중기 한문학의 정종正宗(바른 종통)이었다.

신흠의 시에서도 느낄 수 있듯이, 순챗국과 농어회는 사대부나 산림처사를 막론하고 청빈한 삶을 노래하는 이들이 공통으로 읊조렸던 시어이자 영원한 메타포였다. 순챗국과 농어회는 벼슬살이에 지친 사대부들에게 귀향을 생각하게 하는 음식이자, 그 맛을 설사 탐하더라도 허물이 되지 않을 청빈 음식이었고, 안빈낙도의 삶에 허용된 '착한 사치'였다.

순챗국과 농어회가 문인들의 시에 자주 오르내리자 호사가들은 그것을 가을바람이 불면 으레 한 번 맛보아야 할 시절 음식으로 여겼다. 그리고 순챗국과 농어회는 사대부들 사이에 귀거래의 소박한 꿈이 담긴 음식이 되었다.

가장 맛 좋은 순채는 '천리 순갱'

고대 중국의 명사들의 일화집인 《세설신어世說新語》에 이런 고사가 있다. 서진西晉의 문장가 육기陸機(260~303)는 강동 사람으로 장한과 동향이었다. 어느 날 재상 왕무자王武子(왕제王濟)가 초대하여 집을 방문했더니 양락(치즈)이 창고에 산더미처럼 쌓여 있었다. 왕무자가 육기에게 양락을 가리키며, "경이 살고 있는 강동에 저 양락을 당할 만한 것이 있는가?"라고 물었다. 육기는, "천리호의 순갱

(순챗국)이 있는데, 그 국은 소금과 된장도 칠 필요도 없습니다(千里蓴羹 未下鹽豉)."라고 대답했다. 육기의 말은, 천리호의 물 속에는 순채가 빽빽하게 자라는데, 어찌나 맛과 향이 좋은지 소금이나 된장조차 필요 없다는 뜻이다.

순채는 조리 방법이 매우 단순하다. 이규보가 '얼음을 삶는다'고 표현했듯이, 끓는 물에 데쳐서 그대로 먹거나 소금이나 된장(간장), 식초를 쳐서 먹는다. 매끄러운 식감과 은은한 향이 입맛을 돋운다. 소동파는 순챗국을 꿀에 담근 여지荔枝(중국 남부에서 나는 열대 과일로 양귀비가 즐겨 먹었다고 한다)의 맛에 비유하면서 자신의 시에 "소금과 된장을 가미한 순챗국을 항상 먹고 싶어 했다(每憐蓴菜下鹽豉)."라고 썼다.

조선 후기의 실학자 성호 이익은 소식가로 유명한데, 스스로 순채를 좋아한다고 했다. 《성호사설星湖僿說》(1740)에서 순채를 맛보는 것을 '신선의 취미仙味'로 소개하고 있어 눈길을 끈다. 그 요리는 '순채차'이다.

순나물(순채)을 좋게 여김은 그 맛이 시원한 데에 있는 것이다. 오미자를 우려낸 물에다 벌꿀을 탄 다음, 순나물을 적셔 먹으면 달콤하고 시큼하며 맑고 시원한 맛이 흡사 선미라, 이를 당할 만한 맛이 없다. 육기, 장한 제공도 지혜가 오히려 여기에 미치지 못했으니, 이는 한 꾀가 모자랐다고 해야 마땅하겠다.

〔성호사설, 만물문, '천리 순갱'〕

예로부터 순채는 민간요법의 약재로도 이용되었다. 순채는 위장 기능이 약해졌을 때 먹으면 좋다고 했다. 조선 전기 전순의全循義가 쓴 식이요법에 관한 의서《식료찬요食療纂要》(1460)에는 붕어와 석수어石首魚(조기)를 순채와 함께 요리하는 식치방食治方이 실려 있다. 비위脾胃(지라와 위)의 기가 약하여 음식을 아래로 내려보내지 못하고, 얼굴이 누렇게 뜬 채 마르고 힘이 없는 사람에게 필요한 처방이다.

"붕어 4냥을 종이에 싸서 구운 뒤 뼈를 발라내고, 귤피·소금·산초·생강·순채 4냥으로 순챗국을 끓여서 붕어 살을 넣고 공복에 먹으라."고 하였다. 그리고 "위장을 열어 주고 그 기운을 기르는 데는 조기와 순채로 국을 끓여 먹으면 좋다."라고 하였다. 순채는 이뇨 효과가 있는 것으로 알려졌다.《산림경제》에서는 붕어 대신 조기를 사용하는 식치방을 소개했다.

(석수어는) 서해에서 산다. 위장을 열어 주고 기운을 늘려 준다. 말린 것은 숙식宿食(하루가 지나도 소화가 되지 아니하고 위장에 남아 있는 음식물)을 사라지게 한다.

고기 머리에 바둑알만 한 돌이 있는데 그것을 갈아서 먹으면 임질淋疾을 치료할 수 있다. 그리고 석수어는 순채와 함께 국을 끓여 먹으면 매우 좋다. 오래 묵은 것일수록 좋다.

〔산림경제 권4, 치약治藥〕

서거정은 순채의 시인

순채는 고려 말의 성리학자 목은 이색의 시에 유난히 자주 등장한다. 무려 십여 편의 시에서 순채와 장한의 귀향을 노래했다. 목은 못지않게 순채를 사랑한 시인이 조선에도 있었다. 바로 서거정이다. 그는 우심과 두부에 대한 시도 많이 썼지만, '순채의 시인'이라고 불러도 좋을 만큼 순채를 좋아했다.

순채가

순채는 남국에서 생산되는 거라 蓴菜生南國
시골 노인이 부지런히 뜯어다가 野老勤採得
이것을 친구에게 보내 주니 持以贈故人
빛깔과 맛이 다 뛰어나누나. 色味俱絕特
미끄럽디 미끄럽고 가늘디 가늘어서 滑復滑細復細
실보다 가볍고 타락죽보다 보드랍네. 輕於絲潤於酪
나는 본래 채식만 하는 식성이라 我本藜藿腸
평생에 담박한 것을 즐겨 먹는데 平生嗜淡薄
이 나물이 내 식성에 꼭 맞는지라 物性與我合
이 때문에 내가 몹시 좋아하노라. 所以愛之酷

〔동문선, 속동문선 권4, 칠언고시〕

서거정은 조선 성리학의 대부 권근의 외손자였다. 서거정은 외가에서 자라며 권근의 영향을 많이 받았고, 훗날 권근의 학문을 계승하고자 했다. 서거정은 과거 급제도 빨랐다. 1444년(세종 26) 스물다섯 살에 문과 3등으로 합격해서 집현전으로 직행했다. 당시 동료가 정창손鄭昌孫, 박팽년, 신숙주申叔舟, 성삼문, 하위지 등이다.

훗날 수양대군(세조)이 계유정난을 일으켰을 때, 서거정은 수양대군 편에 섰다. 쿠데타의 주역인 권람權擥은 외종사촌이었고, 한명회韓明澮는 소년 시절부터 절친한 벗이었다. 그리고 그들 셋은 스승 유방선柳方善 밑에서 동문수학했다.

서거정은 수양대군과도 인연이 깊었다. 1453년 수양대군이 사은사로 중국에 갈 때 종사관으로 따라갔다. 비록 압록강에서 모친의 부음을 듣고 발길을 돌렸지만, 계유정난 이후 세조는 그를 원종공신 이등에 책훈했다.

서거정의 출세는 눈부셨다. 예문관 응교(정4품)가 된 지 7년 만에 예조 참판(종2품)이 되어 재상 반열에 올랐다. 당시 그는 마흔두 살에 불과했다. 관직생활도 탄탄대로였다. 늘 권력에 순응했기 때문에 유배를 간 적이 없었다. 다만 사헌부·이조·형조에 부임했을 때는 자발적으로 관직에서 물러났는데, 그것은 일이 적성에 맞지 않아 병을 핑계로 물러난 것이었다. 벗들과 주연을 즐기는 게 취미였던 그는, 업무가 많거나 남의 비리를 들추어 형장으로 다스리는 따위의 험악한 일은 하고 싶지 않았던 것이다.

서거정이 45년 관직생활에서 겪은 가장 큰 위기는 밀무역 혐의로 사헌부에 의해 고발을 당한 사건 정도이다. 1477년(성종 8) 4월, 그는 통사 조숭손趙崇孫에게 중국산 명품 밀수를 사주한 혐의로 조사를 받았다. 그는 조카를 시켜 조숭손에게 면포 다섯 필을 사오게 했을 뿐이라고 발뺌했다. 그런데 조사 결과 서거정의 부인이 직접 조숭손에게 밀수를 지시한 사실이 드러나 결국 해임되었다. 그러나 그것은 성종이 여론 무마용으로 그에게 휴가를 준 것에 불과했다. 서거정은 3개월 뒤에 예문관 대제학으로 복귀했다. 그런데 서거정의 벼슬은 한성부 판윤(정2품)을 정점으로 한동안 게걸음을 쳤다.

그것이 서거정에게는 가장 큰 콤플렉스였다. 그는 하루 빨리 의정·정승(정1품)이 되고 싶었다. 그러나 두 가지 점에서 그는 의정감이 아니라는 평가를 받았다. 첫째, 관료들을 통합할 리더십이 부족하다는 것, 둘째, 문장은 뛰어나지만 국정 실무 역량이 없다는 것이었다. 그의 후배로 좌의정에 오른 성준成俊은 사관으로 있을 당시 서거정을 이렇게 평가했다.

서거정은 문장과 작위가 한 시대에 우러러보는 바였지만, 나는 본래 그 사람을 취하지 않았다. 서거정은 평시에 친구들과 얘기할 때에도 매번 정승이 되지 못한 것을 한탄하곤 하였다.

〔연산군 7년(1501) 9월 28일, 연산군일기〕

후배가 정승이 되는 것을 보면서 서거정은 열등감이 더 깊어졌다. 서거정보다 일곱 살 아래인 노사신盧思愼은 1477년(성종 8) 우의정이 된 이래, 1492년 좌의정, 1495년(연산군 즉위년) 영의정에 올랐다. 반면에 서거정은 1476년 우찬성(종1품)에 오른 뒤로 1488

년 사망할 때까지 정승이 되지 못하였다.

그는 문인으로서는 커다란 영화를 누렸다. 조선 시대에 국왕이 살아 있는 신하의 시문집을 편찬하도록 명을 내리는 것은 매우 드물고 문인으로서 가장 큰 영광이었는데, 그 시혜를 바로 서거정이 누렸다. 그의 시문집《사가집》은 1만여 편의 시와 수백 편의 글이 포함된 방대한 문집이다.

서거정은 경제적으로도 엄청난 풍요를 누렸다. 서거정은 외가와 처가에서 물려받은 재산을 바탕으로 광주 일대에 5개 농장과 경기도 임진과 양주, 충청도 신창 등 전국에 농장을 소유한 대농장주였다. 한양 시내에 '정정정亭亭亭'과 연못을 갖춘 살림집이 있었고, 곳곳에 별장을 두고, 연회를 열었다.

서거정은 그런 환경에서 큰 위기 없이 살면서 조선의 현실을 태평성대로 여겼다. 그것은 자신의 오랜 벗 강희맹姜希孟(1424~1483)과는 상반되는 현실 인식이었다. 강희맹은 사계절의 농사와 농작물 관리에 필요한 지식을 기술한《금양잡록衿陽雜錄》(1492)의 저자이다. 그는 쉰두 살에 좌찬성에서 물러나 경기도 금양(시흥)에 살면서 근처에 사는 농민들의 고통스러운 현실을 책에 썼다. 지방관들은 각박하게 조세를 뜯어 갔고, 농민들은 잦은 요역 동원으로 농기를 놓치기 일쑤였고, 노동력은 늘 부족한데다 재난은 끊임없이 닥쳤다. 떠돌이가 된 농민들이 수두룩했고, 도적이 되는 사람도 많았다.

서거정이 그런 현실을 몰랐을 리 없다.《사가집》에는 서거정이 농민들의 비참한 생활을 보고 쓴 시가 있다.

도중途中에 본 바를 기록하다

……

흉년이라 마을마다 온 가족이 도망가고 荒歲村村盡室逃
노약자만 남아서 오히려 걱정이 많은데 唯餘老稚尙無聊
땔나무 나물 팔았자 고생만 될 뿐이로다, 賣薪鬻菜徒辛苦
성시의 금년 쌀값은 하도 비싸니 말이야. 城市今年米價高

아버지는 달마다 양식 싸서 수군에 나가고 翁月賫糧赴水軍
아들은 부역을 나가서 또 열흘이 넘었는데, 兒行營築又經旬
신관 사또는 민간의 일을 전혀 몰라서 新官不識民間事
이미 떠난 가호마다 조세를 부과한다네. 業去家家稅尙存

〔사가집, 사가시집 권2, 시류詩類〕

이렇게 서거정은 농민들의 고통을 알고 있었다. 그럼에도 그는 관료로서 자신의 부덕을 반성하거나, 농민들의 처지를 안타까워하지도 않는다. 잘못된 정치를 바로잡기 위해 노력한 적도 없다. 그는 다만 길에서 본 것을 기록할 뿐이었다. 그의 관심사는 오직 출세와 평탄한 삶, 시와 술, 벗뿐이었다.

서거정은 평생 두 마리 토끼를 쫓았다. 두보나 이태백, 소동파 같은 시성이 되려 했고, 권력을 탐했다. 그러나 하늘은 그에게 문인으로서의 영광을 허락했지만, 권력욕은 다 채워 주지 않았다. 그는 예문관 대제학으로 22년 동안 연임하여 최장수 대제학으로 이름을 남겼다. 그러나 집현전 선배 정인지鄭麟趾, 신숙주의 그늘에 가려 우찬성에 그쳤다.

그는 자존심이 상했고, 평생 스트레스에 시달렸다. 그래서였을까? 서거정이 말년에 쓴 시에는, 장한의 귀거래 고사와 순채 예찬이 부쩍 눈에 띈다.

순채

장한 포부는 못 이루고 병까지 침범하여 壯懷蹭蹬病侵尋
연래에 눈빛 같은 백발을 금치 못하는데, 白髮年來雪不禁
갑자기 순채 나물이 눈에 가득 쌓여서 忽有蓴絲來滿眼
문득 내 고향 생각을 끌어 일으키누나. 却能攪起故鄕心

〔사가집, 사가시집 권3, 시류〕

오직 정승 자리만 쳐다보다가 늘그막에 병이 난 모양이다. "장한 포부는 못 이루고"라는 말에서, 정승 꿈을 이루지 못한 회한이 느껴진다. 어느덧 백발이 된 그는 장한의 귀향을 동경한다.

권력욕이 채워지지 않는 순간 그는 삐딱해졌다. 술자리에서 자신보다 먼저 정승이 된 후배를 질투했고, 노골적으로 신세 한탄을 했다. 실록의 사가가 이렇게 증언하였다.

조정에서는 가장 선진先進인데, 명망이 자기보다 뒤에 있는 자가 종종 정승의 자리에 뛰어오르면, 서거정이 치우친 마음이 없지 아니하였다. (조정에서) 서거정에게 명하여 후생後生들과 더불어 같이 시문을 지어 올리게 한 것이 한두 번이 아닌데, 서거정은 (뒷담화에서) 불평해 말하기를, "내가 비록 자격이 없을지라도 사문*의 맹주盟主로 있은 지 30여 년인데, 입에 젖내 나는 소생小生과 더불어 재주 겨루기를 마음으로 달게 여기겠는가? 조정이 여기에 체통을 잃었다."라고 하였다.

〔성종 19년(1488) 12월 24일, 성종실록〕

자만심과 업신여김, 신세 한탄, 이 세 가지가 남들이 본 서거정의 초상이었다. 당대의 시성詩聖 서거정에게 실록의 사관이 바친 최후의 헌사는 아주 혹독한 질타였다.

그릇이 좁아서 사람을 용납하는 양量이 없고, 또 일찍이 후생을 장려해 기른 것이 없으니, 세상에서 이로써 그를 작게 여겼다.

〔성종 19년(1488) 12월 24일, 성종실록〕

서거정은 순채를 즐겨 먹으며 장한의 기개를 칭송하고 안빈낙도를 동경했지만, 죽을 때까지 자신의 귀거래사는 쓰지 않았다.

재미있는 것은 그의 독특한 식성과 미각이다. 식성을 보면 그 사람의 성품을 알 수 있다는 말이 있다. 서거정은 스스로, "채식만 하는 식성에, 평생에 담박한 것을 좋아했다."라고 말했다. 그것은

* 사문(斯文) 유학자를 달리 일컫는 말.

불교의 영향이었다. 세조가 노년에 불교에 귀의했듯이, 그도 불교로 마음이 기울었다. 어떤 깨달음이 있었는지 자세히 알 수는 없지만, 불교로 마음을 돌린 그는 기름진 고기를 멀리하고 소박한 음식을 고고하게 즐겼다.

그의 시 〈촌주팔영村廚八詠〉과 〈주소팔영廚蔬八詠〉은 노년 서거정의 식성을 잘 보여 준다. 두 시는 서거정 스스로 좋아했던 음식을 연작시로 쓴 것이다. 〈촌주팔영〉에서는 벼·차조 술·붕어회·게젓·삶은 닭·찐 새우·미나릿국·배추김치를 노래했다. 그중에 '붕어회' 한 토막을 읽어 보자.

붕어회

서리 내린 차가운 강에 붕어가 통통 살져 霜落寒江鯽子肥
회칼 휘두르니 흰 살점이 실낱처럼 날리네. 揮刀雪縷細紛飛
젓가락 놓을 줄 몰라라 접시가 이내 텅 비었네. 不知放箸盤空盡
두로 시의 은빛 회가 자주 생각나누나. 銀膾頻思杜老詩

〔사가집, 사가시집 권50〕

조선 선비들은 회를 실낱처럼 가늘게 썰어 먹었다. 공자가 '회는 가늘게 썰수록 맛이 좋다'고 말했기 때문에 그대로 따랐던 것이다. "두로 시의 은빛 회"란, 두보 시의 "신선한 붕어회는 은빛 실을 날리고, 향기로운 미나리로는 벽간갱을 끓였네(鯽銀絲鱠 香芹碧澗羹)."에서 나온 표현이다. 벽간갱碧澗羹이란 '푸른 골짝 물로 끓인 향기로운 미나릿국'인데, 서거정은 유난히 시에서 순채만큼이나 벽간갱 이야기를 많이 했다. 두보의 깨끗한 시심詩心이 부러웠을까, 아니면 그의 명성이 부러웠을까?

두보의 인생역정은 서거정과 반대였다. 내전과 대기근의 시대를 지나며 두보가 누렸던 평화란 쪽잠처럼 지나간 완화초당浣花草堂 생활과 쓰촨성 동단 쿠이저우夔州의 협곡에서 보낸 2년간의 전원 생활이 전부였다. 벽간갱은 바로 쿠이저우 협곡의 물로 끓인 국이었을 것이다. 두보의 삶은, 수많은 농장과 별장, 연못과 정자를 갖춘 집에서 벼슬 타령을 하며 '담박하게 살았던' 서거정의 삶과는 전혀 달랐다. 그런 서거정이 벽간갱 운운한 것은, 벽간갱을 욕되게 한 것이었다. 서거정이 장한의 귀향과 순채를 언급한 것도, 산림처사들의 소박한 삶을 욕되게 한 것이다. 끝으로, 그의 시 〈주소팔영〉에서 '순채'를 읊어 보자.

매끄러운 순채 줄기를 퍽 좋아해 絕愛蓴莖滑
가을바람에 흥이 벌써 더하누나. 秋風興已添
은빛 같은 생선회도 실컷 봤지만 飽看銀縷鱠
수정 같은 소금을 쓸 것도 없다오. 未下水精鹽
젓가락으로 들자도 어찌 떨어지랴. 擧筯何曾落
군침 흘려라 벌써 식탐을 깨닫겠네. 流涎已覺饞
굳이 다섯 가지를 한할 필요 없이 不須生五恨
가서 계응(장한)과 함께하고만 싶구나. 去欲季鷹參

〔사가집, 사가시집 권13, 주소팔영〕

"굳이 다섯 가지를 한할 필요 없이"라는 표현은, 송나라 팽연재彭淵材가 "내 다섯 가지 한스러운 것이 있으니, 첫째는 준치의 가시가 많은 것이요, 둘째는 감귤이 신맛을 띤 것이요, 셋째는 순채의 성질이 냉한 것이요, 넷째는 해당화의 향기가 없는 것이요, 다섯째는 증자고曾子固(송의 문장가)가 시를 잘하지 못한 것이다(有五恨 一鰣魚多骨 二金橘帶酸 三蓴菜性冷 四海棠無香 五曾子固不能詩)."라고 한 데서 나온 것이다. 순채가 성질이 차건 말건, 장한처럼 살고 싶다는 뜻이다.

조선의 순채 요리는 왜 사라졌을까?

순채는 왕의 수라상에 오를 정도로 귀한 대접을 받았다. 《만기요람萬機要覽》(국왕의 정사에 참고하도록 정부 재정과 군정의 내역을 모아 놓은 책)에 왕실에 올린 공상 물품이 실려 있는데, 그중 '순채 두 항아리'가 있다. '한 항아리의 값은 넉 냥'이라고도 적혀 있다. '능금 두 상자'도 보이는데, 능금 한 상자에 2냥 8전인 것에 견주면 순채는 꽤 귀한 식재료였다.

연산군이 순채를 즐겼다. 1502년(연산 8) 4월, 승정원에서 순채를 진상하는 데 따르는 폐단을 아뢰었다. 각도에서 순채를 진상할 때, 물을 채운 항아리에 순채를 넣고 운반했는데, 영호남처럼 먼 도에서 올라오는 순채는 삭아서 형체를 알아볼 수도 없었다. 그래서 승정원은 연산군에게 먼 지방의 순채 공상은 중단시키자고 건의했던 것이다. 그러나 연산군은, "그것이 어찌 역로驛路의 폐단일 수 있는가? 공상에 대한 일은 그렇게 말할 수는 없는 것이다."라고 승정원의 건의를 일축했다.

그러나 한여름이 되자 순채 운반은 불가능해졌다. 아무리 항아리의 물을 자주 갈아도 순채는 하루를 못 넘기고 문드러졌다. 결국 연산군은 승정원의 의견대로, 순채·파·마늘·상추는 도성에서 가장 가까운 경기 감사에게 공상하게 하고, 이외의 채소는 각도에서 뿌리에 흙을 덮은 채로 시들지 않게 공상하도록 하였다.

각도 감사들은 순채 공상 중단 조치에 반색했다. 그러나 채소를 시들지 않게 공상하라는 말에는 아연실색했다. 이어서 벌어진 각 지방의 채소 운반 작전은 전쟁을 방불케 했다. 나무로 만든 널찍한 함에 흙을 채워 채소를 옮겨 심고, 그것을 우마차에 실어서 부리나케 서울로 달려갔다. 그러나 도성에 이르면 말라서 바칠 수가 없었다. 결국 공상 업무를 담당한 향리는 시든 채소를 버리고 도성의 저자에서 싱싱한 채소를 사서 바쳤다. 그러자 도성의 채소 값은 날개 돋친 듯 뛰어올랐고, 공상 담당 향리들은 눈 뜨고 코 베이는 격으로 비싼 값에 채소를 살 수밖에 없었다.

문제는 그 다음이었다. 공상 과정에서 발생한 손해는 결국 지방 서민들이 고스란히 부담해야 했다. 순채 공상을 면제받는 것보다 더 무거운 경제적인 부담을 지게 된 것이다.

차라리 순채를 도성 근처에서 사서 바쳤더라면 어땠을까? 어쩌면 채소를 싱싱하게 공상하라는 연산군의 폭탄 전교를 피할 수도 있었을 것이다. 그러나 이것은 지나친 아전인수 격 해석이고, 본질적인 문제는 연산군에게 있다. 백성들의 고충은 생각하지 않고, 싱싱한 채소를 요구한 연산군의 식탐이 문제였다.

이 일화로 알 수 있는 것은, 조선 시대에는 순채가 '각도에서 진상할' 정도로 흔했다는 점이다. '순蓴' 자가 들어간 지명은 모두 순채 명산지이다. 철원 순담蓴潭계곡, 김제 순동리蓴洞里, 의성 순호리蓴湖里가 유명한 순채 산지였다. 강원도 간성군(고성군) 오음산 밑에 선유담仙遊潭이라는 호수가 있는데, 《신동국여지승람新東國輿地勝覽》에 "순채가 못에 가득하다."라고 기록되어 있다.

조선 중기 문신 미수 허목許穆(1595~1682)은 1658년 9월 북한산성을 구경하고 〈고양 산수기高陽山水記〉에, "(북한산 중흥동에 이르자) 이자응李子膺, 이자인李子仁 형제가 내가 왔다는 소식을 듣고 서울에서 왔으므로, 주인이 순채와 생선을 장만하여 술을 마시며 즐겁게 놀았다."라고 썼다. 순채는 제법 귀하면서도, 서울만 벗어나면 맛볼 수 있는 음식이었다.

그랬던 순채가 언젠가부터 한국인의 밥상에서 사라졌다. 오늘날의 한식에서는 순채를 거의 볼 수가 없다. 일제강점기를 거치면서 생긴 문제이다. 일본 사람들이 순채를 좋아해서 조선산 순채가 일본으로 대량 반출되었던 것이다. 일본에서는 순채를 '환상의 풀'이라는 뜻으로 '준사이じゅんさい' 또는 '누나와ぬなわ'라 부르며 매우 다양한 요리로 즐긴다. 샐러드처럼 생식도 하고, 간 생강과 식초, 깨를 뿌려 먹기도 하고, 메밀국수 육수에 담가 먹기도 한다. 가쓰오부시 육수에 와사비를 넣고, 스다치すだち(유자의 일종)를 뿌려 먹기도 한다. 닭고기 전골에 넣기도 하고, 튀김으로 즐기기도 한다.

한국이라고 순채 요리가 없었던 것은 아니다. 순채 초회, 순채 전골, 순채 불고기, 순채 장국수, 순채 물김치, 순채죽, 순탕 등 다양한 음식이 있다. 순채를 간장, 식초, 참기름, 들깨를 넣은 초장에 버무려 먹는 순채 초회는 상큼한 맛이 일품이다.

순탕蓴湯은 《음식디미방》에 소개된 여름철 보양식이다. 붕어나 메기, 가물치 같은 민물고기에 연한 순챗잎을 넣고 끓인 국인데, 다 끓인 뒤에 식초를 쳐서 먹는다는 것이 이채롭다. 조리법은 아래와 같다.

갓 돋은 순을 뜯어 잠깐 데쳐 물에 담가 두고 민물고기를 맹물에 오래 달여 단 간장을 타고 순을 넣어 한소끔 끓여 초를 쳐 드리면 가장 좋다. 붕어를 넣어 순갱을 만들면 비위가 약해서 음식이 내리지 않을 때 약이 된다. 또 순은 꿀로 정과를 해도 아주 좋다.

이같이 다양했던 조선의 순채 요리들은 일제강점기 35년을 거치는 동안 사라졌다. 일본에게 순채를 빼앗기면서 벌어진 결과이다. 기껏해야 순채 자생지에 사는 사람들 정도만 순채를 별미로 먹거나, 보릿고개가 시작될 때 돋아나는 순채를 삶아서 무치거나 죽에 넣어 먹었다. 일종의 구황식물이었다. 그러나 대다수 한국인의 전두엽에서는 순채의 맛과 향이 지워졌고, 한국인의 사회적 기억에서도 순채가 식재료라는 사실조차 지워지고 말았다.

해방 후에는 순채가 우리 차지가 되었다. 그러나 한국에서는 아무도 순채를 거들떠보지 않았다. 순채는 고사리처럼 나물로 팔 수도 없었다. 도시로 유통하자면 생물이나 살짝 데친 상태로 포장해야 하는데 당시에는 그런 기술이 없었다. 무엇보다도 시장에서 순채를 찾는 사람이 없었다.

순채가 다시 사람들의 관심을 받게 된 것은 1970년에 이르러 대일관계가 회복된 뒤였다. 대일 수출길이 열린 것이다. 《매일경제》 1970년 7월 11일자 한 귀퉁이에 '순채 대일 수출 각광'이라는 기사가 있다. 일 년에 7만 달러어치를 수출하기로 일본 수입상과 계약을 맺었다는 소식이다. 순채 1킬로그램의 가격은 1.06달러였다. 당시 순채는 전북 김제 지역에서 채취되어 전량 일본으로 보내졌다. 그때 순채가 자생하는 습지는 '돈못'으로 불렸다.

그러나 산업화 과정에서 순채는 된서리를 맞았다. 순채 자생지가 '쓸모없는 땅'으로 여겨져 도로나 산업단지, 항만 등으로 무분별하게 개발되었고, 농업정책이 벼농사 위주로 바뀌면서 습지가 댐이나 논으로 바뀌었다. 한국 최대의 순채 산지였던 김제 순호리 호수도 매립되어 방죽이 되고 말았다. 산업 폐기물과 농약, 유해물질로 수질이 오염된 것도 순채 서식지 파괴의 주요 원인이었다. 급기야 순채는 1990년대에 멸종위기 식물종으로 분류되는 비운을 겪었다. 최근 남부 지방 몇몇 곳에서 순채 군락이 발견되었으나, 순채가 다시 한국인의 밥상에 오를 가능성은 없다. 순채를 대량 재배할 습지가 없기 때문이다.

한국인의 밥상에 순채 요리가 사라진 가장 큰 원인은 일본의 식민지 지배 때문이다. 일제강점 35년 동안 순채는 한국인 취식 금지 품목이었다. 해방 후 우리는 순채를 밥상에 올릴 기회가 있었다.

그러나 우리는 스스로 순채를 걷어찼다. 순채 대신 산업화와 쌀을 택했던 것이다.

조선 선비의 농어회 먹는 법, 금제회

장한에 의해 유명해진 농어鱸魚는 일명 '송강 농어松江鱸魚'로 불린다. 원나라의 저명한 학자 왕운王惲은 예로부터 명사들의 시에 오르내렸던 '송강 농어'의 맛이 궁금했다. 마침 강동에 갈 일이 생기자 왕운은 오강吳江으로 달려가서 농어를 맛보고 다음과 같은 시를 남겼다.

농어를 먹다

농어를 옛사람이 좋아했기에 鱸魚昔人貴
내 또한 오강엘 왔노니. 我因次吳江
가을바람은 이미 지나갔으나 秋風時已過
순로*의 향기가 맘에 만족하구려. 滿意蓴鱸香
내가 배를 채우기 위함이 아니라 我非爲口腹
특이한 고기를 맛보지 않을 수 있으랴. 物異可闕嘗
큰 입에 아가미는 겹으로 나왔는데 口哆頰重出

* 순로(蓴鱸) 순채와 농어

섬세한 비늘은 눈빛과 겨루어라. 鱗纖雪爭光

〔추간집秋澗集 권4〕

농어를 가장 맛있게 먹는 방법으로는 '금제회金虀膾'가 있다. 《규합총서》에서는 '금제옥회金虀玉膾'라 하였다. 중국 옛 시인들이 '가미佳味'로 일컬으며 즐겼던 생선회 요리이다. 소동파의 시에도 금제회가 나온다. 그는 '옥삼갱玉糝羹'이라는 요리를 좋아해서, 〈과자홀출신의過子忽出新意〉라는 시에서 그 맛을 이와 같이 노래했다. "향내는 용연(용연향) 같은데 흰빛은 더욱 진하고, 맛은 우유 같은데 우유보다 한층 더 맑구려. 저 남쪽 바다의 금제회를 가지고, 함부로 동파의 옥삼갱에 비유하지 말지어다(香似龍涎仍釅白 味如牛乳更全淸 莫將南海金虀膾 輕比東坡玉糝羹)"〔소동파시집 권41〕. 금제회보다 옥삼갱이 더 맛이 좋다는 말인데, 옥삼갱은 토란(옥삼)에 쌀가루를 넣어 끓인 국이다. 때로는 토란 대신 산우山芋(고구마)를 넣고 끓이기도 했는데, 소동파는 그 맛을 이렇게 극찬했다. "산우로 옥삼갱을 끓이면 빛과 향기와 맛이 모두 좋다. 하늘의 수타酥酡(인도에서 우유로 만드는 음식)는 어떨지 모르지만 지상에는 결코 이보다 맛있는 음식이 없을 것이다"〔미공비급眉公祕笈〕. 그 뒤로 중국과 조선의 지미가知味家(미식가)들은 어떤 음식을 먹고 그 맛을 칭찬할 때면 그 음식을 으레 금제회나 옥삼갱에 견주곤 했다.

이곡李穀, 서거정, 이식, 정약용 등의 시에도 '금제회'가 등장하는데, 서거정은 배추로 끓인 국을 좋아하여, 그 맛을 다음과 같이 옥삼갱이며 금제회에 견주었다.

어락도(魚樂圖) 조석진

어해도(魚蟹圖)라고도 한다. 주로 붕어·잉어·쏘가리·숭어·병어·가오리·메기·게·새우·조개를 그렸다. 사랑하는 짝과 늘 같이 있고 싶은 마음과 사이좋게 지내고 싶은 마음을 표현한 것이다. 농어는 사대부들의 미식의 대상이기는 하였으나 어락도에 그려지지는 않았다.

안유문安有文이 배추를 보내 준 데 대하여 사례하다

가을이 되면 배추 또한 좋고 말고 秋來菘更好
좋은 맛이 고량진미와 맞먹는걸. 佳味敵膏粱
옥삼갱을 어찌 자랑할 것 있으랴 玉糝何須詫
금제회도 괜히 맛볼 것 없다마다. 金虀莫謾嘗
국을 끓이면 참으로 입에 딱 맞고 和羹眞可口
안주로 먹으면 배도 채울 만하네. 佐酒亦撑腸
고기를 먹는 건 내 일이 아니라서 肉食非吾事
향기로운 채소를 잊을 수가 없다네. 香蔬不可忘

〔사가집, 사가시집 권40〕

그런데 금제회란 어떤 요리일까? 《춘추좌조기春秋佐助期》(한나라 말에 나온 도교 사상을 담은 책)에서는 금제회를 중국 동남 지방인 오중吳中의 요리로 소개했는데, "생선으로 회를 치고 과채瓜菜로 국을 끓여 곁들여 먹는다. 생선이 옥같이 희고 나물은 금같이 누런 빛이 난다 하여 그렇게(금제옥회) 이른다."라고 하였다. 이 말에 따르면 금제란 '금같이 누런 빛이 나는 나물'을 가리키는 말이었으며, 금제회란 생선회와 채소국으로 구성된 요리였던 것이다.

그런데 모든 음식이 그렇듯이 금제회 역시 요리법이 일률적이지 않다. 한국고전번역원에서는 옛시를 번역하면서 금제회를 두 가지로 설명해 놓았다. 어느 시에서는 "서리 내린 뒤 석 자 미만의 농어를 잡아 회를 뜬 뒤 향기롭고 부드러운 꽃잎을 잘게 썰어서 묻혀 먹는 것"이라 하였고, 위 서거정의 시에 대한 설명에서는 "노란 감귤을 가미한 농어회"라고 하였다. 가늘게 썬 생선회에 감귤을 껍질째 짓이겨서 함께 섞어 버무린 것을 금제옥회라고 하는데, 감귤은 황금같이 노랗고, 생선회는 백옥같이 하얗다는 뜻에서 그렇게 불렀다는 것이다.

다산 역시 두 편의 시에서 '금제'를 언급하였는데, 〈송파수작 기사其四〉에서는 "흰 생선회 좋은 채소가 절로 청신하겠지(雪鱠金虀也自淸)."라고 썼고, 〈절에서 밤에 두붓국을 끓이다(寺夜鬻菽乳)〉에서는 "좋은 회와 국이 또 없느냐고 재촉을 해라(金虀玉糝復何有)." 라고 썼다. 한국고전번역원에서 금제를 앞 시에서는 "좋은 채소"로 번역하고, 뒤 시에서는 "좋은 회"로 번역한 점이 눈에 띈다. 또한 택당 이식의 시 〈영랑호永郎湖에서〉에는 "나물국 생선회에 동동주면 그만이지(玉膾金虀樽蟻綠)."라고 하여 '옥회금제玉膾金虀'를 "나물국 생선회"로 번역하였다. 따라서 금제란 좋은 채소, 나물(국)을 일컫는 말이었으며, 금제옥회란 생선회에 채소를 곁들인 요리였음을 알 수 있다. 그런데 어느 순간 감귤이 채소를 대신하면서 금제회는 화려한 요리로 재탄생하였고, 중국과 조선의 사대부들 사이에 풍류가 있는 별미 음식으로 자리 잡았던 것이다.

요즘 고급 일식집에 가면 금가루를 뿌린 생선회를 볼 수 있다. 그것이 금제회의 노란 감귤을 대신한 것인지는 단언할 수 없지만, 그랬을 수도 있다는 생각이 든다. 금가루 뿌린 생선회는 우리의 탐식성이 점점 진화하고 있다는 강력한 증거이다.

조선의 문신 계곡 장유張維(1587~1638)는 금제회를 나주에서 즐긴 일이 있는데, 그때 이와 같은 시를 남겼다. 그는 금제회를 '금제작회金虀斫膾'라고 불렀다.

차운하여 나 응서에게 수답하면서 생강을 보내 준 데 사례하다

멀리서 보낸 햇생강 어찌나 고마운지 新薑遠寄意重重
시냇가 별장 채마밭에서 금방 캐낸 것이리라. 知自溪莊露圃中
홀연히 생각나는 금강의 그 별미 忽憶錦江風味別
불그스름 여린 싹들 금제작회의 맛이라니. 金虀斫膾嫩芽紅

〔계곡집谿谷集 권33〕

계곡 장유는 조선 중기의 문신으로 대제학에 오른 인물인데, 1629년 나만갑羅萬甲이 억울한 누명을 썼다고 여겨 구제하려다가 나주 목사로 좌천되었다. 그때 나주의 시인 나해봉羅海鳳(1584~1638. 응서應瑞는 자)을 만나 '금강의 별미'에 술잔을 기울이며 좌천의 시름을 달랬다. 금강은 영산강이며, 별미는 농어회였다. 그때의 인연으로 나해봉은 훗날 계곡에게 생강을 보냈던 것인데, 함께 보낸 시에 "끝이 유연하여 아녀의 손가락 같아 사랑스럽습니다. 고른 화장 모습 그대로 얕고 짙은 분홍빛 같습니다(可愛柔尖兒女指 均粧猶帶淺深紅)."라고 썼다. 분홍빛 생강이 있었던 모양이다.

옛사람들은 생선회에 주로 생강을 곁들여 먹었다. 계곡 역시 영산강에서 농어회에 생강을 곁들여 먹었을 것이다. 채 썬 꽃잎이나 감귤을 버무려 먹지는 않은 듯하다. 비록 투박하게 썰어 놓은 농

어회였겠지만, 계곡은 그 회를 '금제작회'라고 불렀다. 반드시 비싸고 화려한 음식이라야 미식인 것은 아니었다. 조촐한 음식일지라도 옛 시성들의 아취를 흉내 내며 별스럽게 즐겼던 것이 조선 사대부들의 미식 취미였다. 계곡은 〈자줏빛 육수에 냉면을 말아 먹고紫漿冷麪〉라는 시에서 남다른 미각을 뽐내기도 했다.

노을 빛 영롱한 자줏빛 육수 紫漿霞色映
옥 가루 눈꽃이 골고루 내려 배었어라. 玉紛雪花勻
입 속에서 우러나는 향긋한 미각 入箸香生齒
몸이 갑자기 서늘해져 옷을 끼어 입었도다. 添衣冷徹身

〔계곡집, 계곡선생집 권27〕

그는 학문에 두루 능통하여 천문·지리·의술·병서를 쓰기도 했고, 서화와 문장이 특히 뛰어나 이정구, 신흠, 이식과 더불어 조선 문학의 사대가四大家라는 칭호를 받았다. 이들의 호를 따서 '월상계택'이라고 부른 것도 앞에서 밝힌 바 있다.

다산, 송강 농어의 정체를 밝혀 내다

송강 농어松江之鱸의 정체는 조선 시대부터 종종 논란이 되어 왔다. 그 까닭은 왕운이 말한 농어는 우리나라에서 농어라 불리는 물고기와 생김새나 크기, 비늘 색깔이 달랐기 때문이다. 앞에서 왕

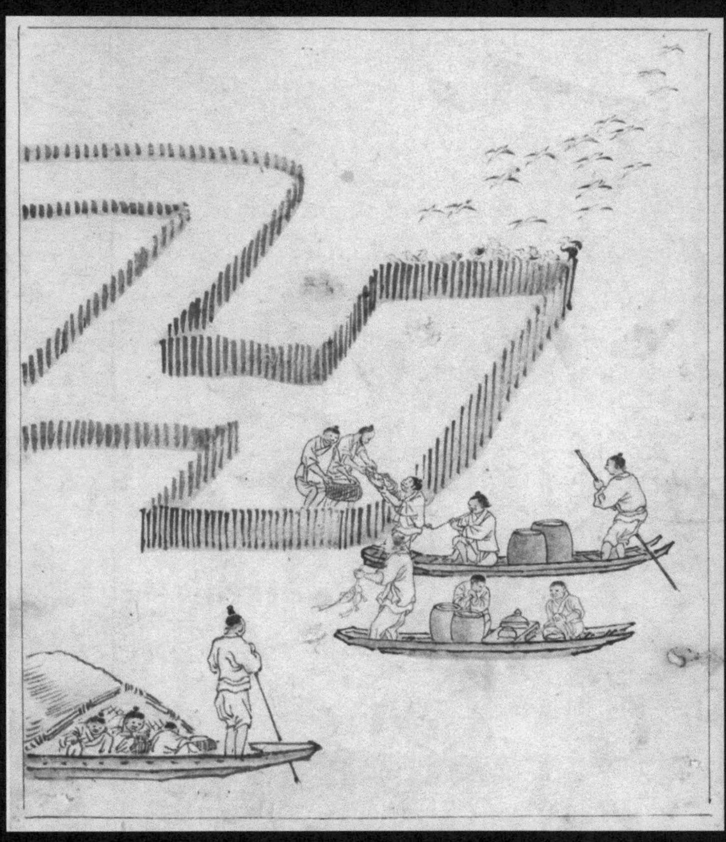

고기잡이 김홍도

죽방렴(방선)은 물길이 좁고 물살이 빠른 물목에 세운 대나무발 그물이다. 물이 빠져나갈 때 대나무발에 걸린 물고기를 거둔다. 5~8월 사이에 멸치와 갈치를 비롯해 학꽁치·장어·도다리·농어·감성돔·숭어·보리새우 등이 잡힌다.

운은 송강 농어의 생김새를 "큰 입에 아가미는 겹으로 나왔는데 섬세한 비늘은 눈빛과 겨루어라(口哆頰重出 鱗纖雪爭光)."라고 말했고, 소동파는 〈후적벽부後赤壁賦〉에서 "입은 크고 비늘은 가늘어서"라고 표현했다.

그런데 우리나라 농어는 입은 크지만 아가미가 두 겹이 아니고, 비늘도 하얗지는 않다. 등 쪽은 푸른빛이 돌고 몸통에 반점이 찍혀 있다. 게다가 송강 농어는 민물고기이지만, 우리나라 농어는 보통 바다에서 살다가 먹이를 찾아 강 하구까지 올라오기도 하는 어종이다.

무엇보다 농어는 우리나라에서 여러 가지 이름으로 불린다. 경남 통영에서는 농에, 부산에서는 깡다구, 전남에서는 깔대기·껄떡, 울릉도에서는 연어병치·독도돔으로 부른다. 전남 완도에서는 절떡이라고 부르며, 순천과 장흥에서는 깔따구·껄떡이로, 부산에서는 농어 새끼를 까지매기로 부른다. 정약전은 《자산어보玆山魚譜》(1814)에서 농어를 '걸덕어乞德魚'라고 불렀는데, 걸덕어는 전라도 방언, '절떡이'와 '껄떡이'를 음차 표기한 것이다.

조선 시대에 송강 농어의 정체를 밝힌 사람은 다산 정약용이다. 다산이 농어에 관심을 갖게 된 계기는 정조의 외동사위 홍현주洪顯周를 만난 것이었다. 다산이 유배에서 풀려나 마현馬峴(남양주 능내)으로 돌아왔을 때 홍현주가 자주 찾아왔는데, 어느 날 그가 농어가 어떤 물고기인지 보고 싶다고 말했던 것이다. 그때 다산은 한강에 농어가 많다는 말은 자주 들었으면서도 정작 어떤 물고기가 농어인지는 정확히 알지 못했다. 다산은 급히 어부에게 부탁하여

겨우 농어 한 마리를 잡았다. 그때 쓴 시가 이것이다.

송파수작

적막한 물가에 멀리서 온 수레들 모이어라, 寂寞之濱遠傾蓋
이 행차가 절반은 농어회를 생각함인데 此行半爲鱸魚膾
어부도 또한 부마의 높은 지체를 알고서 漁郎亦知駙馬尊
병혈의 물풀 언저리를 샅샅이 더듬었으나 搜窮丙穴藻荇帶
서인이 점을 치니 부엌에 고기가 없는지라 筮人占之包無魚
손님 대접 못하겠으니 아, 이 일을 어찌할꼬. 義不及賓噫將柰
그러다가 한 자쯤 된 눈먼 놈 하나 잡아 오니 捕一尺許瞎魚來
온 좌중이 돈이나 얻은 듯 안색이 변하누나. 滿堂動色如壯貝
동이 물에 넣어 보니 아직도 발랄하여라. 試與斗水猶撥剌

〔다산시문집 권6, 시 송파수작〕

병혈丙穴이란 물고기가 숨어 있는 곳을 말한다. "서인筮人이 점을 치니 부엌에 고기가 없는지라"라는 말은 《주역》의 "부엌에 고기 한 마리가 있다는 것은 그것이 손님에게까지 미치지 못한다는 뜻이다(包有魚義不及賓也)."라는 말에서 딴 것인데, 다산은 '고기가 전혀 없다'는 뜻으로 사용하였다.

다산은 어부가 들고 온 물고기가 중국 저서 《본초강목本草綱目》이나 왕운의 시에 나오는 송강 농어와 같은 종류인지를 확인했다. 그런 뒤에 다산은 "네 아가미 큰 주둥이 자세히 살펴보니 / 검은

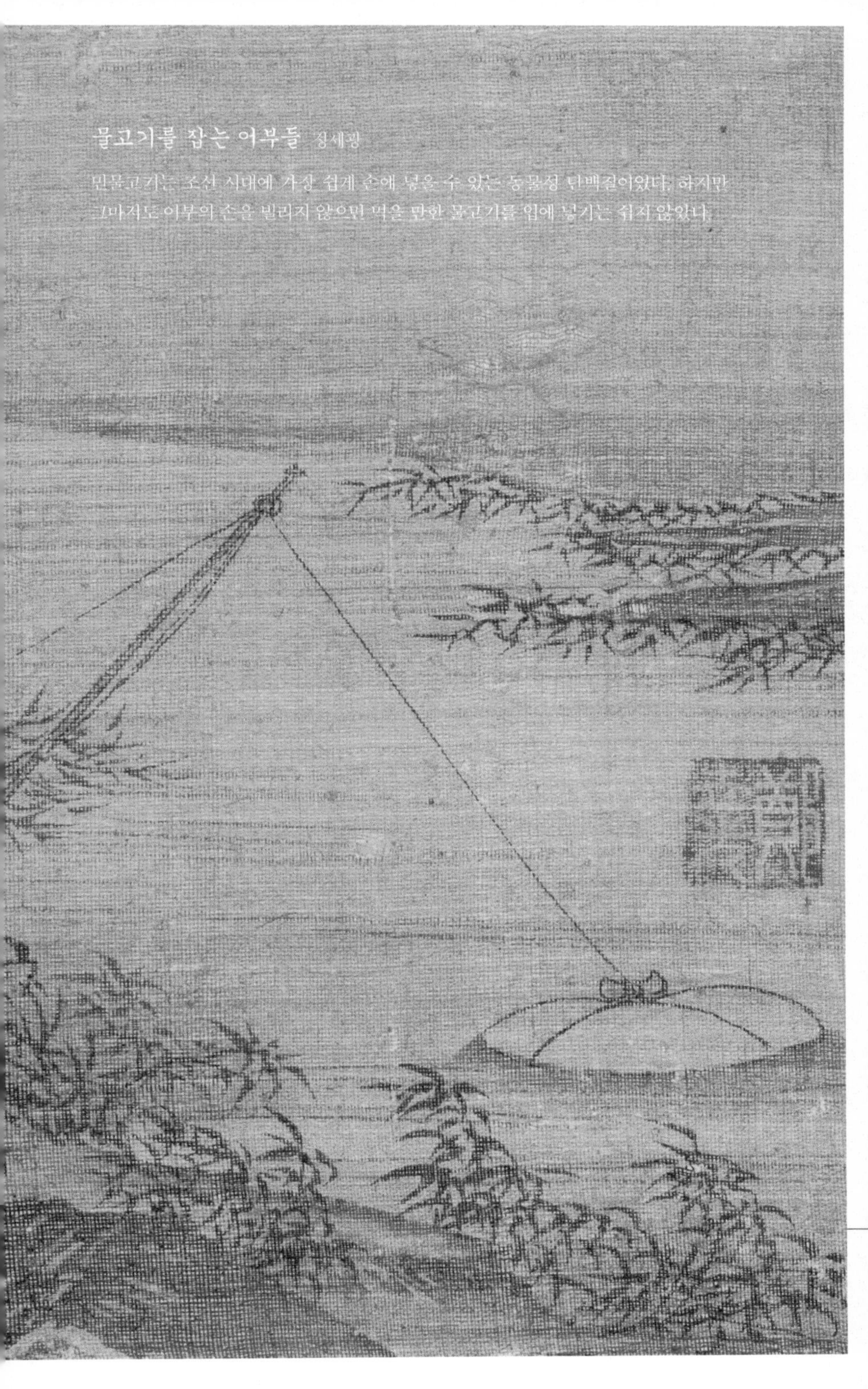

물고기를 잡는 어부들 정세광

민물고기는 조선 시대에 가장 쉽게 손에 넣을 수 있는 동물성 단백질이었다. 하지만 그마저도 어부의 손을 빌리지 않으면 먹을 만한 물고기를 입에 넣기는 쉽지 않았다.

몸에 흰 무늬가 그림과 꼭 맞네그려(四鰓巨口細考驗 黑質白章符圖繪)."라고 말했다.

그런데 그 물고기는 우리가 알고 있는 농어가 아니었다. 다산은 위 시의 뒷부분에서 그 물고기의 생태를 이렇게 설명했다.

이 고기는 본래 돌을 소굴로 삼아서 此魚以石爲巢窟
돈이나 쏘가리같이 여울을 타지 않는지라, 不與魨鱖乘湍瀨
특별히 그물을 쳐야만 잡아낼 수가 있고 別用罾罬乃可淘
꽤나 약아서 작살이나 섶은 잘 피한다네. 善逃叉頗狡獪

그 물고기는 둑중갯과의 민물고기인 꺽정이였다. 고인이 된 민물고기 박사 최기철도 저서 《민물고기를 찾아서》에서 '송강 농어는 둑중갯과의 민물고기인 꺽정이'라고 주장했다.

꺽정이는 농어보다 크기가 작고, 강 하구 기수역汽水域(강과 바다가 만나서 염분이 적은 곳)에 깔린 자갈이나 모래에 산다. 당시에는 한강 물이 맑아서 남양주까지 꺽정이가 올라갔던 모양이다. 꺽정이의 아가미가 두 겹인 것처럼 보이는 까닭은 연조부軟條部(물고기의 지느러미를 이룬 연한 뼈)에 주름이 깊게 파여 있기 때문이다. 황해로 흘러들어가는 압록강·대동강·한강·금강 등에 주로 서식하는 것으로 알려져 있다.

조선 순조 때의 학자 유희柳僖(1773~1837)는 《물명고物名攷》에 꺽정이를 '노鱸'라 쓰고 한글로 '걱졍어'라고 써 놓았고, 실학자 서유구徐有榘(1764~1845)는 《임원십육지林園十六志》에 '거억졍'이라고 썼다. 이어서 그는 "그 맛이 아주 좋으며, 하늘이 마련해 준 횟감"이라고 하였다. 민물고기 꺽정이가 조선 시대에 고급 횟감으로 사랑받았음을 보여 준다.

그런데 다산은 송강 농어가 꺽정이라는 사실을 알기 전에는 바다생선인 농어가 송강 농어라고 알고 있었다. 다산만 그랬던 것이 아니다. 다산은 "삼한 시대 이후로 2천 년 동안에 걸쳐 참농어眞鱸가 흙덩이처럼 낮고 천해졌다."라고 말했다. 그런데 명나라의 이시진李時珍이 《본초강목》에서 참농어(바다 농어)를 훌륭한 물고기로 소개한 뒤로 귀한 대접을 받게 되었다고 한다. 이시진은 순채와 참농어를 함께 끓여 먹으면 기氣를 내려서 구토가 멈춘다고 했다. 그 뒤로 참농어가 송강 농어 대우를 받게 된 것인데, 다산은 "어촌에 요즘 농어의 명성이 대단해졌네(漁村近日聲名大)."라고 썼다. 다산은 껄떡이, 걸덕어乞德魚로 불렸던 참농어가 신분이 높아진 것을 가리켜 "조잡한 바닷고기가 헛된 이름을 훔쳤다(海中笨魚竊虛名)."라고 말했고, "이제는 비로소 그 이름을 바로잡는다."라고 했다. 송강 농어의 정체는 본디 꺽정이였던 것이다.

장한처럼 지금 곧장 오나라로 저어 갈거나

《세종실록지리지》와 《신증동국여지승람》의 〈토산土産조〉에 보이는 농어는 꺽정이가 아니라 참농어였다. 다산은 농어가 '흙덩이'처럼 천하고 낮아졌다고 했지만 사실은 좋은 생선이다. 아마 너무 흔해서 하찮게 여겼던 것 같다.

봄은 참농어가 돌아오는 계절이다. 깊은 바다에 서식하던 참농어는 봄이 되면 멸치 떼를 따라 연안으로 다가와 마음껏 포식하고, 여름까지 연안에서 지낸다. 산란철은 겨울이며, 가을이 되면 알을 낳기 위해 깊은 바다로 이동한다. 어린 참농어는 담수를 좋아해서 한여름에는 강 하구까지 거슬러 올라온다.

'7월 농어는 바라보기만 해도 약이 된다'라는 말이 있다. 그만큼 참농어는 여름을 지나며 단백질 함량이 여느 생선보다 높아져서 예로부터 여름철 보양식으로도 인기가 높았다. 참농어는 국鱸羹과 찜蒸을 해도 맛이 좋다.

순챗국을 먹고 시를 남긴 권필은, 농어회를 먹고서도 이런 시를 남겼다.

객지에서 농어회를 먹다

긴 그물을 푸른 물결에서 건져 올리니 長綱擁出碧波間
백설 같은 회가 쟁반에 쌓여 흐뭇한 웃음 白雪堆盤解破顔
큰 입과 작은 비늘이라 풍미가 좋으니 巨口細鱗風味好
이번 길은 명산 구경만 위한 것은 아닐세 此行非但爲名山

〔석주집 권7, 칠언절구〕

'큰 입과 작은 비늘'이라는 말에서 혹시 권필이 꺽정이를 농어로 착각한 게 아닐까 싶지만, 다산이 밝힌 대로 조선에서는 농어가 송강 농어로 둔갑한 상황이었으니, 농어를 먹은 것이라고 봐야 할 것이다.

권필은 허균의 친구이자, 동악 이안눌李安訥과 더불어 '동악시단東岳詩壇'을 이끈 인물이다. 이안눌은 스스로 "두보의 시를 1만 번이나 읽었다."라고 할 만큼 열정적인 시인이었고, 1만여 수의 시를 쓴 서거정보다는 못하지만, 4,000여 수를 쓴 거장이다. 권필은 과거에는 뜻이 없어 시와 술로 낙을 삼았고, 가난하게 사는 게 안쓰러워 친구들이 동몽교관童蒙教官에 천거했으나 그는 끝내 사양했다. 임진왜란 이후에는 강화부로 가서 세상과 더 거리를 두었는데, 많은 유생들이 몰려오자 석주초당을 열고 후학을 양성하였다.

권필은 관직에 매인 몸이 아니었으므로, 허균·이안눌과 더불어 시회를 빙자하여 자주 풍류를 즐겼을 터인데, 늘 가난해서 음식을 탐할 형편이 아니었으므로 탐식가는 아니었다. 위 시는 명산을 가던 길에 어느 강 하구에서 푸짐한 농어회로 객고를 달래며 썼던 모양이다. 그는 개구리를 구워 먹고 그 맛을 시로 노래할 만큼 뻔뻔함도 갖춘 인물이었다. 허균의 친구답다.

개구리를 먹으며

이른 아침에 하인을 시켜서 淸晨課隷人
수초 속에다 그물질을 해서 罩釣水草裏
큰 놈을 잡아서 돌아오니 居然得儁歸
낭자한 모습에 사람들 놀라고 狼藉駭人視

맵고 짠 양념을 알맞게 써서 膳夫備辛鹹
손가락 가는 대로 구워 내니 炰炙隨所指
처음엔 젓가락 대기 꺼림칙하다가 下箸初可猜
목구멍에 삼키면 맛이 좋아라. 下咽終可喜
보는 이들 나의 식탐 괴이쩍어 觀者怪吾饞
입 가리고 다투어 침을 뱉지. 掩口爭唾鄙
그 누군들 음식을 먹지 않으랴만 人誰不飮食
맛을 참으로 아는 이는 드물지. 知味蓋鮮矣
정녕코 시인에게 말하노니 丁寧謝詩人
황하의 잉어를 읊지 마시라. 莫賦河之鯉

〔석주집 권1, 오언고시〕

'황하의 잉어'는 맛있는 물고기의 대명사였다. 《시경》〈진풍陳風〉편에 "어찌 물고기를 먹음에 반드시 황하의 잉어여야 하리오(豈其食魚 必河之鯉)."라는 구절이 있는데, 위 시에서 권필은 잉어 못지않게 개구리도 맛이 좋다는 뜻으로 썼다.

농어를 특히 즐긴 사람은 장유를 꼽을 수밖에 없다. 앞서 금제작회라는 음식을 소개하기도 했거니와, 한강에서 낚시로 농어를 잡아 회를 뜨는 중에 이와 같은 시를 남겼기 때문이다.

또 무 자 운을 얻다

막힘없이 툭 트인 한강 물 위에 江漢浮天闊

둥실 떠가는 일엽편주 외로워라. 輕舟泛泛孤
질펀한 강 수면 멀리서 불어오는 바람 질러가고 長風凌汗漫
맑은 기운 천공天空에 잇닿았도다. 灝氣接虛無
한 마리 학 울음소리 나그네 꿈 깨고 보니 客夢驚孤鶴
주방에선 농어 낚아 회를 한창 뜨는도다. 行廚斫巨鱸
평생토록 사모해 온 장한의 흥취 平生張翰興
지금 곧장 오나라로 저어 갈거나. 直欲向東吳

〔계곡집, 계곡선생집 권27〕

계곡은 장한의 흥취를 평생 사모했노라고 했다. 옛사람이나 현대인이나 안식처를 필요로 하는 마음은 같다. 장한의 강동(오나라)과 도연명의 고향 심양은 계곡을 비롯하여 조선의 사대부 누구나가 그리워한 안식처였다. 우리의 안식처는 어디일까? 요즘 귀농(귀촌) 인구가 늘고 있다. 지나친 경쟁에서 벗어나 마음을 편히 내려놓을 곳을 찾는 것이다. 장한의 흥취를 부러워했던 옛사람들의 마음이 우리 마음속에도 오롯이 이어지고 있다. 문득 순챗국과 농어회 맛이 그리워진다. 오나라로 가야만 그 맛을 볼 수 있으려나.

07

허균

조선 최초의 음식 칼럼니스트

許筠

나는 평생 먹을 것만 탐한 사람

《홍길동전洪吉童傳》을 쓴 허균許筠(1569~1618)은 천재로 불린 뛰어난 시인이었고, 사대부들이 식탐을 경계했던 것과 달리 탐식가였다. 자신을 "먹을 것만 탐한 사람"이라고 스스럼없이 말했다. 교분이 두터웠던 중인 명필 석봉石峯 한호韓濩에게 보낸 편지에서는 "나는 평생 구복口腹만 위한 사람"이라고 쓰기도 했다.

1607년, 마흔 살을 목전에 둔 허균은 이조 판서 최천건崔天健(1538~1617)을 상대로 관직 로비를 벌였다. 로비의 목적은 물산이 풍부한 지방의 수령으로 부임하는 것이었다. 그런 로비는 허균뿐만 아니라 모든 벼슬아치들의 관행이었고, 물산이 풍부한 지방의 수령 자리는 공공연한 뇌물 거래의 대상이었다.

허균은 분음汾陰(최천건의 호)에게 보낸 첫 편지에서 남원 수령 자리를 부탁했다.

> 저는 수령의 인끈을 매고서 6년쯤 대방주帶方州(남원)를 다스리다가 방장산方丈山(지리산)의 신선이 되었으면 합니다. 그렇다면 공의 이조 판서 자리를 준다고 하더라도 나는 바꾸고 싶지 않을 것입니다. 그렇게 되도록 도모해 주시기 바랍니다.
>
> 〔정미년(1607) 8월〕

'인끈'이란 도장 손잡이에 묶은 끈으로, 수령 신분을 상징한다. 허균이 남원 수령을 원한 까닭은 그곳이 고추장의 명산지 순창 못지않은 맛의 고장이었기 때문이다. 그러나 허균의 남원행은 성사되지 않았다. 한 달 후 보낸 두 번째 편지에서 허균은 불만을 노골적으로 드러냈다.

나의 벼슬살이 하는 심정은 마치 엷은 가을 구름 같아서, 가을바람이 한 차례 일자 계응季鷹(장한)의 생각을 금치 못합니다.

한 고을을 얻어서 입에 풀칠이라도 한다면 만호후萬戶侯(1만 가구의 식읍을 다스리는 제후)에 봉해진 것과 같겠습니다. 그런데 공께서는 왜 아끼십니까? 공이 인재를 아끼는 일념이야 하늘에 질정할 만하겠으나 때를 알지 못하니, 사랑이 지혜를 어둡게 한 것이 아닙니까?

공명功名은 손에 들어오지 않은 채 젊은 시절의 뜻은 이미 시들었습니다. 마치 힘이 약한 망아지가 우리 안에서 망설이고 있는 격이니 얼마나 비참한 일입니까. 곧 궁함과 현달함은 분수에 정해져 있어서 하늘도 헤아릴 수 없습니다.

대장부의 일이란 관 뚜껑을 덮고 나서야 끝나는 것인데 내 혀는 아직도 건재하지 않습니까? 용을 고삐와 쇠사슬로 얽어매려 하지 마시오. 용의 성질이란 본디 길들이기가 어려운 것입니다.

〔정미년(1607) 9월〕

허균은 최천건에게 자신을 길들이려 하지 말라고 으름장을 놓았다. 그제야 최천건은 허균에게 수령 자리를 알선해 주었다. 그런데 허균은 최천건이 천거한 고을 이름을 듣고 깜짝 놀랐다. 황해도 배천이었다. 허균은 "그곳만은 갈 수 없다."며 가림加林(충청남도 부여군 임천면의 옛 이름)으로 보내 달라고 떼를 썼는데, '생선과 게' 때문이었다.

은주銀州(황해도 배천)는 우리 선인先人께서 고을살이 하셨던 곳인데, 제가 어찌 기꺼이 부임하지 않겠습니까. 다만 저는 선대부의 일(공적)을 따를 수 없으니 혹 조금이라도 미진한 점이 있으면 매우 선훈先訓을 욕되게 하는 것입니다. 그래서 저는 그곳에 가고 싶지 않습니다.

가림은 바닷가에 있어 궁벽한 지역이기는 하나 생선과 게蟹가 풍부하니 그곳으로 가고 싶은 마음 간절합니다.

〔정미년(1607) 10월〕

이처럼 허균은 '생선과 게'가 많다는 것 때문에 가림 수령 자리를 탐냈다. 당시 가림과 가까운 공주 수령 자리도 공석이었는데, 허균은 그 자리에는 아예 자신의 이름을 거론하지 말아 달라고 최천건에게 당부했다. 그 까닭은, "그곳은 번잡한 곳인데다 게도 없고, 또 고을을 감독하는 관청까지" 있기 때문이었다.

가림은 허균의 예상대로 경쟁이 뜨거웠고, 그는 경쟁에서 밀려 가림으로 가지 못하고 공주 목사로 발령받았다. 허균은 마음이 허탈했지만 자신을 천거해 준 최천건에게 감사의 편지를 보냈다.

가림은 얻어지지 않고, 반대로 공주를 맡았으니, 이것 역시 운명인데 어찌 공을 탓하겠습니까. 내가 벼슬을 하는 것은 가난 때문이니 처자를 보호하여 굶주림과 추위를 면하게 했으면 족하지 달리 무엇을 더 말하겠습니까.

그러나 또한 방자히 노닐기만 하고 일을 하지 않아서 공이 천거하여 주신 뜻을 저버리지는 않을 것입니다. 대관臺官(사헌부의 대사헌 아래로 지평까지의 벼슬)의 서경이 끝나면 의당 찾아가 사례를 하겠습니다.

〔정미년(1607) 2월, 성소부부고, 문부 17 척독 상尺牘上〕

서경署經이란 왕이 새 관원을 임명한 뒤에 그 성명, 문벌, 이력 따위를 써서 사헌부와 사간원의 대간臺諫에게 가부를 묻던 일을 말한다. 관리 인선의 마지막 절차이다. 그런데 허균은 가림을 놓친 것이 못내 아쉽고, 그렇게 된 게 최천건이 충분히 힘을 써 주지 않은 탓이라고 여겼던 모양이다. 편지 말미에서 인사를 비꼬는 투로 끝냈던 것이다.

허균은 겉으로는 초연한 척, "적막한 겨울밤에 눈 녹은 물을 부어 새로 만든 차를 끓이는데 불이 활활 타고 물맛이 좋으니, 이 차 맛은 제호醍醐(우유에 칡가루를 타서 미음 같이 쑨 죽)와 다름이 없습니다. 공께서 어떻게 이러한 맛을 알겠습니까."라고 썼다. 허균과 최천건이 어떤 사이였는지는 알 수 없으나, 허균은 궁핍한 처지에 놓여 있는 자신을 힘껏 도와주지 않은 최천건에게 불편한 심기를 굳이 감추지 않았다.

허균이 탐식형 인간이 된 내력

허균은 어린 시절부터 먹을 복이 많았다. 집안이 아주 부유했던 것은 아니지만, 부친 허엽許曄(1517~1580)이 관직에 있었기 때문에 선물이 많이 들어왔다. 그 시절을 허균은 "사방에서 별미를 예물로 바치는 자가 많아서 나는 온갖 진귀한 음식을 고루 먹을 수 있었다."라고 기억했다.

부친 허엽은 한때 삼척 부사를 지냈다. 지금의 강릉시 초당동에 살았는데, 그때 그가 살던 집이 지금도 보존되어 있다. 그 집에서 아들 봉과 균, 딸 난설헌이 태어났다. 초당草堂은 허엽의 호이기도 하다. 초당동은 두부가 유명하다. 일명 '초당 두부'로 불리는데, 동해의 맑은 물을 응고제로 사용한다고 알려졌다. 부드러운 맛이 일품이라 지금도 초당 두부는 많은 사람의 사랑을 받고 있다. 그런데 그 초당 두부의 창시자가 허엽이라는 이야기가 있다. 신빙성 없는 이야기라는 반론도 있지만, 어쨌든 허엽이 두부를 좋아하지 않았다면 나오지 않았을 이야기이다.

허엽은 청렴함을 인정받아 청백리로 녹선되었다. 그런데 사방에서 별미가 예물로 들어왔다고 하니, 청백리의 기준이 무엇이었는지 묻지 않을 수 없다. 어쨌든 허균은 부친 덕택에 먹을 복을 타고 났던 것이다.

허균은 외갓집 덕도 많이 봤고, 결혼한 뒤에는 처갓집 덕도 많이 봤다. 어머니의 본가 강릉 김씨는 강릉에서 내로라하는 토성土姓 가문인데다, 외할아버지 김광철金光轍은 예조 참판을 지낸 명사였다. 덕분에 허균은 외가에서 동해의 해산물을 고루 맛볼 수 있었다. 임진왜란 때 함경도로 피난을 갔다가 강릉으로 돌아갔는데, 허균은 "그곳에서 지내는 동안 기이한 해산물을 골고루 맛보았고, 벼슬길에 나선 뒤로는 남북으로 전전하면서 우리나라에서 나는 별미를 모두 먹어 볼 수 있었다."라고 했다.

허균은 또 "잘사는 집에 장가들어서 산해진미를 다 맛볼 수 있었다."라고 했는데, 그의 부인은 안동의 유력 가문 출신으로 의금부도사 김대섭金大涉의 딸이었다. 이와 같은 유복한 환경 덕분에 허균은 좋은 음식으로 식탐을 즐길 수 있었던 것이다.

그런데 미식과 식탐은 심리적으로 다른 문제이다. 심리학에서는 식탐의 원인을 결핍감에서 찾는다. 허균의 식탐도 그런 문제가 있지 않았을까? 허균은 자신이 엮은 책《한정록閑情錄》서문에서 자기를 '반미치광이'라고 비웃었다.

> 성성 옹惺惺翁(허균 자신)은 어릴 때부터 응석받이로 자라 찬찬하지 못하였고, 부형父兄이나 스승 또는 훈장이 없어서 예법 있는 행동이 없었다. 또 조그마한 기예技藝(글재주)는 세상에 보탬이 될 만하지 못하면서도 21살에 상투를 싸매고 과거를 보아 조정에 나갔다. 그러나 경박하고 거침이 없는 행동에 당세 권세가에게 미움을 받는 바 되어 나는 마침내 노장老莊이나 불교 같은 데로 도피하여 …… 그리하여 세상일 되어 가는 대로 내맡기어 반미치광이가 되었다.

조선의 성리학자들은 불교와 도교를 사학邪學과 이단異端으로 규정했다. 그런 마당에 불교와 도교를 받아들인 허균은 사대부 사회의 공공의 적이었다. 행동마저 거칠어 '트러블 메이커'였던 그는 주류 사회에서 밀려날 수밖에 없었다.

허균은 일찌감치 높은 관직은 바라지 않았다. 오히려 그는 중앙 관직에 염증을 느껴서 지방관으로 내려갈 궁리만 했다. 그는 지인들에게 "몇 천 호 정도의 고을을 얻고자 해도 얻지 못하는데"라는 푸념을 자주 늘어놓았고, 본인의 뜻대로 목민관 자리를 얻자 물 만난 고기처럼 신바람을 냈다. 하지만 너무 방탕하게 생활한 나머지 그 자리를 오래 유지하지 못했다. 실의에 빠져 지내던 그는 벗이 부르면 어디든 멀다 하지 않고 달려가서 공허한 마음과 권력욕을 탐식으로 달랬다. 허균의 식탐은 결핍감 때문이었던 것이다.

《심리학자, 정조의 마음을 분석하다》를 쓴 심리학자 김태형은 허균의 심리적 불안정의 원인을 어린 시절의 불우함에서 찾았다. 경제적으로는 유복했으되, 부모의 사랑을 받지 못했다는 것이다.

허균 집안은 명문가였다. 부친 허엽은 경상도 관찰사를 역임하고, 한때 동인의 영수를 지낸 인물이다. 실록에 '가장 치성한 가문이었다'고 언급되었을 정도로 쟁쟁한 집안이었다.

허엽은 동인을 이끌면서 사적인 비리로 반대파의 공격을 받은 적이 없을 정도로 자기관리에 철저했다. 그런 냉철함은 공직자로서는 장점이었을지 몰라도 가장으로서는 적합하지 않았다. 허엽은 자식들에게 다정다감하지 못했고, 자식들은 그런 아버지를 어려워했다. 더구나 허엽은 부인 김씨와도 금슬이 좋지 않았다. 그 여파가 허균의 성장에 악영향을 끼쳤다. 막내였지만, 허균은 아버지의 사랑도, 어머니의 사랑도 받지 못한 채 방치 상태로 자랐다. 유복한 환경과 애정 결핍이라는 부조화가 그를 탐식형 인간으로 만든 것이다.

성인이 되어서도 허균은 달라지지 않았다. 그는 성리학의 편협한 도덕주의에 싫증을 느꼈고, 관료 사회의 위계질서에 적응하지 못했다. 그런 그가 택한 동류항은 서얼들이었다. 성리학의 굴레를 빠져나가 불교와 도교에서 위안을 얻으려 했고, 서자와 천민 출신 예술가들과 무람없이 어울려 비주류로 살았다. 그의 행동은 권위에 대한 도전으로 여겨져 주류 양반들의 미움을 샀고, 그는 점점 중심부에서 밀려났다.

허균은 천지간의 한 괴물입니다

1618년(광해군 10)에 삼사三司가 상소를 올려 "허균은 천지 사이의 한 괴물입니다."라고 비난을 했다. 관료들은 '요망하다' '인륜을 더럽힌다' '불교에 아첨한다' '금수 같다' '요사스럽다'라는 수식어로 허균을 공격했다. 당대의 성리학자 조익趙翼(1579~1655)은 허균을 가리켜 "절세의 재능을 소유한 이"이지만 "악행을 빠짐없이 저지른 자"라고 비난했다. 이때 허균의 나이 마흔아홉 살이었다.

물론 이 모든 힐난은 허균을 역모 죄인으로 몰기 위한 사대부 관료들의 모함이었다. 그런데 문제는 허균이 그 모함으로부터 자유롭지 못했다는 사실이다. 허균은 이미 유교·불교·도교를 넘나

들며 파격 행보를 보였고, 관료들과의 충돌이 잦았다. 허균 스스로 "(나는) 세 군자(도연명·이백·소동파)의 사람됨을 감히 바라볼 수도 없도다. …… 괴로움을 (그들과) 같이 겪었건만, (그들이) 하늘에게서 받은 천성은 어찌 나에게 옮겨질 수 없었던가."라고 한탄하기도 했다.

허균은 완고한 유교질서와 도덕규범을 억압으로 느꼈고, 현실로부터 도피하려 했다. 도가의 신선사상과 불교가 바로 그의 피난처였다. 그는 신선처럼 살고 싶어 했고, 실제로 은둔생활을 꿈꿨으며, 방에 불상을 들여놓고 불경을 읽으며 마음을 다스리기도 했다. 주류 학문 성리학에 대한 실망감으로 헛헛해진 가슴을 다른 학문으로 채우려 했던 것이다.

허균은 식욕과 성욕을 인격 수양을 통해 억제해야 한다는 성리학의 주장을 부정하는 논리를 펴 파란을 일으켰다. 그는 먹는 것과 성욕은 사람의 본성이라고 주장했다. 특히 먹는 것은 생명과 관계된 것이라 억제하기 힘들다면서, 옛 선현들이 먹을 것을 바치는 자를 천하게 여겼던 것은 "먹는 것만을 탐하고 자기의 이익을 추구하는 자를 지적한 것이지, 먹지도 말고 말하지도 말라는 것이 아니다."라고 주장했다. 그 근거로 옛 선현들이 팔진미八珍味(《예경》에 나오는 여덟 가지 진기한 맛, 또는 요리)를 꼽은 것과, 맹자가 웅장熊掌을 좋아했던 것을 내세웠다. 맹자는 "생선도 내가 먹고자 하는 것이며, 웅장도 내가 먹고자 하는 것이지만 두 가지를 다 먹을 수 없다면 생선을 포기하고 웅장을 취할 것이다."라고 말했다. 허균은 "맹자조차도 웅장만큼은 탐했다."면서, 식욕은 성인군자도 버리지 못하는 본성이라고 주장한 것이다.

그래서 허균은 성리학계의 이단아이자 '괴물'로 불렸던 것이다. 훗날 《청성잡기青城雜記》를 쓴 성대중成大中(1732~1812)은 허균을 평하면서, 허균이 역모에 빠진 것은 '식색의 욕망'을 다스리지 못했기 때문이라고 비판했다.

천리天理를 빙자한 식색食色의 욕망

허균은 "식욕과 성욕은 하늘에서 부여한 천성이고 윤리·도덕을 만든 것은 성인이다. 하늘이 성인보다 한 등급 높다. 나는 하늘의 뜻을 따르기 때문에 성인을 따르지 않는다."라고 말했다. 허균이 역모에 빠진 것은 이 말에 연유한 것이다. 욕망을 하늘이 부여한 것이라 한다면 바로 새나 송아지와 같은 부류인데도 오히려 인人과 천天의 구분을 둔단 말인가. 요즘 여색에 빠져 정신 못 차리는 자는 오로지 천리天理를 빙자하여 인욕人慾을 맘껏 누린다. …… 세상에 경전을 억지로 해석하여 의리를 왜곡하는 자들은 모두 이러한 부류들이다.

〔청성잡기 권4, 성언醒言〕

도문대작, 조선 최초의 음식 품평서

주류 사회와의 불화, 그것이 허균이 조선 최초의 음식 칼럼니스트가 된 배경이다. 허균이 만약 원만하게 현실에 안주하여 관직

생활에 충실했다면 《도문대작屠門大嚼》(1611)을 쓸 일은 없었을 것이다.

《도문대작》은 허균이 조선 팔도의 명물 토산품과 별미 음식을 소개한 책이다. 책 제목은 '푸줏간 앞에서 입을 크게 벌려 고기 씹는 시늉을 해 본다'는 뜻이다. 위나라 조조曹操의 셋째아들 조식曹植이 오질吳質(위나라 정치가)에게 "푸줏간을 지나면서 크게 씹으면 비록 고기를 먹지 못한다 할지라도 귀하고 유쾌한 일이다(過屠門而大嚼 雖不得肉 貴且快意)."라고 말한 데서 따온 것이다.

이 책은 허균이 전라도 함열咸悅(전북 익산의 옛 이름)로 귀양 갔을 때 쓴 책이다. 그의 나이 마흔네 살 때의 일이다. 그는 한 해 전(1610) 과거 전시殿試의 시험관을 맡았는데, 조카와 조카사위를 부정 합격시킨 혐의로 탄핵과 유배형을 받았다. 난생처음 귀양살이를 하게 된 허균은 유배지에서 소사疏食(거친 음식으로 '먹을 사'로 읽는다)만 먹게 되자 예전에 먹었던 미식美食(좋은 음식) 생각이 간절했다. 그때 그 산해진미의 맛을 하나하나 반추하면서 이 책을 썼던 것인데, 서문인 〈도문대작인屠門大嚼引〉에 당시의 곤궁한 처지를 이렇게 썼다.

내가 죄를 짓고 바닷가로 유배되었을 적에 쌀겨마저도 부족하여 밥상에 오르는 것은 상한 생선이나 감자·들미나리 등이었고 그것도 끼니마다 먹지 못하여 굶주린 배로 밤을 지새울 때면 언제나 지난날 산해진미도 물리도록 먹어 싫어하던 때를 생각하고 침을 삼키곤 하였다. 다시 한 번 먹어 보고 싶었지만, 하늘나라 서왕모西王母(불사

不死의 약을 가진 선녀)의 복숭아처럼 까마득하니, 천도복숭아를 훔쳐 먹은 동방삭이 아닌 바에야 어떻게 훔쳐 먹을 수 있겠는가. 그래서 마침내 종류별로 음식 이름을 나열하여 기록해 놓고 가끔 보면서 한 점의 고기로 여기기로 하였다.

〔성소부부고, 도문대작인〕

허균은 이 서문의 말미에 "먹는 것에 너무 사치하고 절약할 줄 모르는 세속의 현달한 자들에게 부귀영화는 이처럼 무상할 뿐이라는 것을 경계하고자 한다."라고 써 놓았다. 지난날 자신의 방종을 후회하는 것처럼 보인다.

《도문대작》에서 소개한 음식과 식재료는 병과餠科 음식(떡 종류) 11종목, 채소와 해조류 21종목, 어패류 39종목, 조수鳥獸 육류 6종목, 차·술·꿀·기름·약밥 그리고 서울의 계절 음식 17종이다.

가장 먼저 소개한 별미 음식은 강릉의 방풍죽防風粥이다. 방풍은 미나릿과의 세해살이풀로 모래밭에서 잘 자란다. 예로부터 뇌졸중中風 예방에 특효가 있는 것으로 알려져 이름도 방풍防風으로 지어졌다. 방풍은 충청남도 태안에서 대량 재배되고 있다.

허균의 말에 따르면, 강릉 사람들은 음력 2월이면 해가 뜨기 전에 이슬 맞은 방풍 싹을 따서 고운 쌀가루와 함께 죽을 끓여 먹었다. 죽이 한참 끓을 때 방풍 싹을 넣는 것이 조리의 포인트이다. 다 된 죽은 사기그릇에 담아 따뜻할 때 먹는데, 허균은 "달콤한 향기가 입에 가득하여 3일 동안 가시지 않는다."면서 "세속에서는 참으로 상품의 진미이다."라고 했다. 《산림경제》에서도 《허성문집》을 인용하며 방풍죽의 맛을 이렇게 소개하였다.

방풍죽은, 이슬이 마르기 전 새벽에 갓 돋은 방풍(병풍나물)의 싹을 햇빛 보지 않게 딴다. 먼저 멥쌀을 찧어 죽을 끓이다가 죽이 반쯤 익었을 때 방풍을 넣어 소쿠라지게 끓인 뒤 싸늘한 사기그릇에 옮겨 담아, 반쯤 식혀 먹으면 입안이 온통 달고 향기로우며 사흘이 되어도 기운이 줄지 않는다.

〔산림경제 권2, 치선治膳〕

허균이 어떤 음식과 식재료를 소개했는지 살펴보자. 허균은 경기도 여주驪州의 명물로 차수叉手(칼국수)를 소개했다. "여주 사람들이 매우 잘 만드는데, 희고 부드러워서 맛이 매우 달고 연하다."라고 하였다. 아쉽게도 조리법은 소개하지 않았다.

최고의 두부는 "서울 장의문藏義門 밖 사람들"이 만든 것을 꼽았다. 두부 맛이 "말할 수 없이 연하다."라고 썼다. 장의문은 종로구 부암동 자하문紫霞門의 다른 이름이다. 지금 부암동에는 옛 장의문 밖 사람들의 부드러운 두부 솜씨를 이어받은 두부집이 없다. 두부 명맥이 언제 끊어졌는지조차 알 수 없다. 안타까운 일이다.

허균은 게를 특히 좋아했던 듯하다. 《도문대작》에도 '게'가 실려 있는데, 그가 최고로 꼽은 게는 삼척의 것이다. 허균의 말에 따르면, 삼척에서 나는 게는 "크기가 강아지만 하여 그 다리가 큰 대竹만 하다. 맛이 달고 포脯를 만들어 먹어도 좋다."라고 했다. 영덕대게를 두고 한 말이다. 요즘 영덕·울진·포항이 서로 '대게의 본고장은 우리!'라며 한창 줄다리기를 하고 있는데, 허균을 등에 업고 삼척이 대게 싸움에 뛰어들 수도 있겠다 싶다. 얼마나 많은 대게가 잡혔으면 대게로 포를 만들어 먹었을까. 생각만 해도 입이 크게 벌어진다.

허균은 웅장熊掌, 표태豹胎, 녹설鹿舌, 녹미鹿尾도 별미 음식으로 소개했는데, 각각 곰 발바닥, 표범 태아, 사슴 혀, 사슴 꼬리 요리이다. 아무나 쉽게 먹을 수 없는, 조선에서 가장 진귀한 요리들이다. 허균은 스스로 "우리나라에서 나는 별미를 모두 먹어 볼 수 있었다."라고 했으니, 그 말이 사실이라면 '조선 제일의 탐식가'로 인정할 만하다.

허균, 그는 조선의 '맛지도'를 그린 식객이었다. 그가 맛의 세계를 탐닉할 수 있었던 것은 사대부 양반이라는 신분적 특권 때문이었지만, 한편으로는 양반 세계에서 밀려난 아웃사이더였기 때문이기도 하다. 《도문대작》은 조선 최초의 음식과 식재료 품평서였다.

한 고을을 얻어서 입에 풀칠이라도 한다면

허균의 인생에는 그늘이 많았다. 스무 살에는 그의 멘토였던 둘째형 허봉이 세상을 떴고, 이듬해에는 누이 난설헌마저 세상을 떴다. 불과 3년 뒤에는 임진왜란이 터져서, 그는 홀어머니와 만삭의 아내를 이끌고 함경도로 피난을 갔다. 그때 허균은 아내와 갓 태어난 아들을 동시에 잃었다. 그는 더 깊은 나락에 떨어졌다. 부인 김씨는 허균을 따뜻하게 감싸 준 유일한 사람이었다. 훗날 허균은 재혼을 했다. 그러나 두 번째 부인에게서는 도타운 애정을 느끼지 못했다.

허균은 늘 생활고에 허덕였다. 그럼에도 그는 벼슬로 재산을 늘릴 궁리는 하지 않았다. 부전자전이라는 말도 있듯이, 청백리에 녹선된 부친 허엽의 청렴강직한 성품이 허균에게도 이어졌던 것이다. 당시의 생활고를 허균은 〈출교出郊〉라는 시에서 "우습기만 해라, 밭도 없는 이 나그네는 쌀이나 꾸려고 부질없는 편지만 쓰고 있으니."라고 썼다.

어느 날 그의 형편을 잘 아는 친구 윤오정尹梧亭이 떡을 만들어서 허균에게 선물했다. 고마운 마음에 허균은 시로 화답했는데, 그 시에 허균의 핍진함이 적나라하게 드러난다.

오정이 큰 떡을 보내 오므로 노래하다

……

집에 와서 자랑 삼아 아내에게 말했는데 歸來詑向細君說
이윽고 계집종이 바깥문을 두들겨라. 俄有叩門之女僕
사각 소반 큰 석짝 대청에 벌여 놓으니 方盤大筍陳中堂
하얀 떡이 빛나빛나 눈에 가득 놀래이네. 雪糕燦然驚滿目
온 집안 기뻐하고 아들 딸 환장하여 渾舍歡喜兒女顚
둘러앉아 먹어대라 골짝을 메우듯이. 環坐大嚼女塡谷
금년 가을 흉년 들어 봉급도 모자라니 今秋不登俸未給

〈조선 맛지도〉

황해	민어, 조기, 밴댕이, 낙지, 준치, 병어, 죽합, 소라, 해양, 청어, 석화, 왕새우, 곤쟁이새우
남해	청어, 홍합, 해삼, 은어, 대구
동해	청어, 연어, 황어, 방어, 가자미, 광어, 대구, 문어, 고등어, 도루묵, 미어, 제곡, 자합

함경북도	
청진	송어
함경남도	
혜산	달복분
갑산	들죽
북청	살조개
평안북도	
희천	웅장
삭주	술
의주	황화체, 거위, 대만두, 수박, 웅장
평안남도	
맹산·양덕	꿩
황해도	
해주	참가사리, 황각, 청각, 겨자
황주	초시
곡산	꿀, 대숙배
산천	순채, 포도
강원도	
고산	붉은배
회양	웅지정과, 웅장, 녹설
금강산	석용병
양양	표태
철원	삼포, 부추, 파
강릉	방풍죽, 하늘배, 열목어, 붕어, 송어
정선	금색배
원주	수박, 거여목
삼척	자두, 대게, 올미역
경상북도	
울진	자두
예천	모과
안동	다식, 꽃전복
상주	밤, 밤다식
경주	약밥

경상남도	
밀양	밤다식
지리산	오시, 죽실
제주도	
제주	금귤, 감귤, 청귤, 유감, 감자, 유자, 녹미, 전복, 표고
전라남도	
순천	차
담양	죽순
영암	감류
무안	김
나주	숭어, 무, 김
함평	김, 감류
전라북도	
순창	고추장
부안	도하, 녹미, 오징어
전주	백산자, 승도, 생강
김제	순채
충청북도	
충주	동아, 수박
보은	대추
충청남도	
서산	노란조기, 조홍시
경기·서울	
개성	술, 엿
서울	두부, 살구, 오얏, 쏘가리, 숭어, 웅어, 뱅어, 복어
인천	해양
시흥	반도
화성	각시, 해양
양평	황쏘가리
여주	차수

〈조선 맛지도〉의 음식·식재료 해설

석이병(石茸餠) 귀리 가루에 석이를 넣고 꿀로 반죽한 떡

웅지정과(熊脂正果) 곰 기름에 튀긴 과자의 일종

돌죽(乭粥) 들쭉 열매로 끓인 죽

대숙배(大熟梨) 문배

금귤(金橘) 속칭 '낑깡'

감귤(甘橘)·청귤(靑橘)·유감(柚柑)·감자(柑子) 귤의 일종

감류(甘榴) 단맛이 많은 석류

조홍시(早紅柿)·각시(角柿)·오시(烏柿)(먹감) 감의 일종

죽실(竹實) 대나무 열매에 감과 밤의 가루를 섞어서 만든 것

첨채(甛菜) 참외

달복분(達覆盆) 산딸기

웅장(熊掌) 곰 발바닥 요리

표태(豹胎) 표범의 태

녹설(鹿舌) 사슴의 혀

녹미(鹿尾) 사슴의 꼬리

고치(膏雉) 꿩

해양(海膿) 개불

죽합(竹蛤) 맛조개

꽃전복(花鰒) 말린 전복을 꽃 모양으로 오린 것

여항어(餘項魚) 열목어

금린어(錦鱗魚) 황쏘가리

궐어(鱖魚) 쏘가리. 속칭 염만어(廉鰻魚)라고 한다.

하돈(河豚) 복어

정어(丁魚) 정어리

은어(銀魚) 도루묵

제곡(齊穀) 작은 조개로 껍질이 자색(紫色)이다.

살조개(江瑤柱) 가리비. 일부 지방에서는 꼬막을 '강요주(江瑤柱)'라 부르기도 한다.

석전(石蓴) 양하

초시(椒豉) 천초(川椒)를 넣은 된장. 매운 맛이 난다. 황주(黃州)에서 만든 것이 매우 좋다.

산개자(山芥菹) 산갓

해의(海衣) 김

밥상에는 너울너울 다만 김치가닥. 盤中闌干惟苜蓿
이 떡 얻어 비로소 두 몫 밥을 먹게 되니 得此今始口兼食
썩은 고기 한 길 넘게 고여 봤자 필요 없네. 何須方丈羅腐肉
소중한 은혜 느껴 갚아 주고 싶고 말고. 感君恩重欲報君

〔성소부부고 권2, 시부2 '추관록秋官錄'〕

당시는 허균이 관직에 몸담고 있었음에도 가난했다. 흉년이 들어 봉급을 적게 받았던 모양인데, 오랜만에 떡을 보고 아들딸은 물론이고 계집종까지 다가오더라는 얘기다. 허균은 윤오정에게 "이 떡을 가지고 정승 집에 찾아가면 정승님이 맛을 보고 역시 은혜 느낄걸세."라며 우스갯소리로 고마움을 대신했다.

허균은 스물여섯 살 때 문과에 급제하여 관직에 올랐다. 그러나 미관말직에 불과해서 생활은 그다지 나아지지 않았다. 그러다가 서른 살(1599)에 황해 도사(종5품)로 부임하면서 비로소 허리띠를 풀고 안도할 수 있었다. 그 시절의 허균을 실록의 사관은 "행실도 수치도 없는 사람"이며, 오직 문장의 재주가 있어 관직에 올랐는데 "동료들은 그와 더불어 한 조정에 서는 것을 부끄러워하였다."라고 평했다.

허균은 수령 생활 6개월 만에 사헌부의 탄핵을 받았다. 사헌부는 허균의 실정失政을 이렇게 보고했다.

황해 도사 허균은 경창京娼(서울 창기)을 데리고 가서 살면서 따로 관아를 자기 집에 설치하였고, 또 중방中房(수령의 종자)이라는 무뢰

배를 거느리고 지냈는데, 허균이 첩과 함께 서로 안팎이 되어 거침없이 행동하고 함부로 청탁을 하므로 많은 폐단을 끼치고 있습니다.

〔선조32년(1599) 12월 19일, 선조실록〕

허균은 졸지에 파직되고 말았다. 그러나 그가 다시 정계로 복귀하는 데는 오랜 시간이 걸리지 않았다. 이듬해인 1600년 춘추관 관원으로 복귀했고, 1601년에는 전운판관轉運判官이 되어 충청·전라도로 세금을 걷으러 다녔다. 그 직임은 허균이 가장 바라던 것이었다. 그 순행 여정을 글로 남긴 것이《조관기행漕官紀行》이다.

허균은 도착하는 곳마다 큰 환대를 받았다. 수령과 아전들이 나와 그를 위해 주연을 베풀었다. 비록 장마철이라 고생은 했지만, 그는 불평 한마디 없이 임무를 수행했다. 허균은 7월 20일 비를 맞으며 서천舒川으로 갔다. 진흙탕이 미끄럽고 옷에 흙물이 튀어 종들은 온몸이 진흙투성이가 되어 원망을 쏟아 냈다. 정오쯤 서천군에 이르렀는데, "태수太守 김희태金希泰가 연회장을 사치스럽게 치장하고 음식을 푸짐하게 장만하여 마치 대국의 제후를 섬기듯이 하였다."라고 한다.

7월 28일에는 광주에 도착하였다. 광주의 수령은 이웃 고을의 명창들을 모두 불러 놓고, 술과 고기를 내놓았다. 그런데 허균은 마음이 편치 않았던지 "술은 동이에 넘치고 고기는 산과 같이 많아 품위가 없었다."라고 썼다.

그 순행의 종착지인 부안에서 허균은 명기 계생(매창)을 만났다. 허균은 매창의 미모보다 재주를 칭찬했다. "노래와 거문고 연주 솜씨가 뛰어났고, 한시를 읽고 지을 줄 알았다."라고 썼다. 시를 읽고 쓸 줄 아는 기생은 그리 많지 않았던 것이다. 그 매력에 끌려 허균은 매창을 좋아했다. 그러나 허균은 "남녀의 경계를 깨지 않았다."라고 했다. 매창은 아무나 넘볼 수 있는 기생이 아니었다. 천민 출신 시인으로 양반들을 깜짝 놀라게 한 유희경劉希慶이 한때 그의 정인이었고, 인조반정의 일등공신이 될 이귀李貴와도 깊은 관계였다. 그 내막을 잘 알고 있었던 허균은 매창을 오랜 지기처럼 존중하면서 시로 마음을 주고받았다.

부안은 명기 매창의 고장이자, 맛의 고장이기도 했다. 《도문대작》에서 그는 부안의 명물로 도하桃鰕와 오징어, 녹미鹿尾(사슴 꼬리)를 꼽았다. 도하는 복숭아꽃 색깔이 감도는 새우라는데 정확한 이름은 알 수 없으며, '꽃새우'가 아닐까 싶다. 오징어는 갑오징어일 가능성이 높다. 녹미는 허균이 《도문대작》에 "부안에서 그늘에 말린 것이 가장 좋고, 제주도의 것이 그 다음이다."라고 쓸 만큼 부안의 명물이었다.

녹미는 연산군과 영조가 특히 좋아했다는 음식이다. 《산림경제》에 사슴 꼬리 말리는 법이 이렇게 소개되어 있다.

> 사슴 꼬리 절임醃鹿尾은, 칼로 꼬리뿌리 위의 털을 깎아 버리고 뼈를 발라내어 소금 1전錢에 유전鍮錢(놋쇠로 만든 돈) 5푼을 꼬리 속에 채워 넣고, 막대기에 끼워 바람에 말린다.

순행의 마지막 기간을 부안에서 보낸 허균은 그해 겨울 조정에

연광정연회도(練光亭宴會圖) 김홍도

연광정은 대동강변에 있는 정자로, 관서팔경의 하나이다. 이 그림에서 평안 감사(종2품)는 중앙의 연광정에 앉아 기녀들의 춤과 노래를 즐기고 있다. 허균의 황해 도사 취임식이 이만큼 화려하지는 못했을 것이다.

복귀해서 형조 정랑을 거쳐 병조 정랑에 제수되었다. 중앙 관직 생활은 허균에게 생리적으로 맞지 않았다. 그는 새장 속에 갇힌 새처럼 갑갑해했고, 치수가 작은 옷을 입고 있는 듯 불편해했다.

여러 편의 시에 썼듯이, 그는 하루빨리 지방 수령 자리라도 얻어서 내려가고자 했다. 날마다 죄인을 심문하고, 형장을 때리고, 그 비명소리를 들어야 하는 생활이 그에게는 고문이었던 것이다.

그나마 가끔씩 날아오는 매창의 편지가 가뭄에 단비처럼 반가웠다. 그러나 그 즐거움도 오래가지 못했다. 1610년 매창의 부음이 날아왔기 때문이다. 그때 허균은 "복숭아를 딴 죄로 인간에 귀양왔고 / 선약을 훔쳤던가, 이승을 떠나다니(偸桃來下界 竊藥去人群)"라고 애도시를 쓰며 그의 죽음을 애달파했다. 그해는 허균이 과거 부정 혐의로 탄핵을 받아 유배에 처해진 해이기도 했다.

유배지를 선택할 때도 방어와 준치 타령

탄핵은 허균에게 어느 날 갑자기 불쑥불쑥 찾아오는 불청객이었다. 1599년 황해 도사(30세) 시절 6개월 만에 탄핵받은 것을 비롯하여 병조 정랑(32세) 때 다시 탄핵을 받았고, 수안 군수(37세) 때는 불교 신봉 혐의로 파직되었고, 삼척 부사(39세) 때 역시 부처를 받들었다고 두 달 만에 파직되었고, 공주 목사(40세) 때는 서류庶類와 평민들을 불러 모아 놀면서 '집에 관아를 따로 차렸다'라는 탄핵을 듣고 파직당했다. 앞에서 언급한 대로, 공주 목사 자리는 허균이 최천건에게 누차 로비를 한 끝에 얻어 낸 자리였는데, 그는 공주에 부임하자마자 또다시 지인들을 불러 모았던 것이다.

앞서 언급했듯이, 허균은 한 차례 유배형도 받았다. 마흔세 살(1610) 때였다. 과거 전시의 감독관이었는데, 조카와 조카사위를 부정 합격시켰다는 혐의로 전라도 함열로 귀양 갔다. 유배지가 변방이나 섬이 아니었던 것은 그나마 중죄가 아니었기 때문이다.

더구나 전라도 함열은 허균 스스로 선택한 유배지였다. 본디 유배지 결정은 의금부 소관이었는데, 조선 중기부터 의금부 관원들의 기강이 해이해졌다. 유배 죄인에게 금품을 받고, 그 대가로 가고 싶은 곳을 고르게 했던 것이다. 대표적인 사례는 임진왜란 때 순천에 유배된 홍여순洪汝諄의 경우이다. 그는 호조 판서로 재직 중 대간으로부터 성품이 간악하다는 이유로 탄핵을 받았다. 그때 의금부 관원들이 돌연 홍여순에게 유배지를 선택할 기회를 주었다. 뇌물 공여가 없었다면 있을 수 없는 일이다. 홍여순은 호남에서 살기 좋고 풍요로운 곳으로 알려진 순천을 선택했다.

허균 역시 유배지를 스스로 선택했다. 그는 새우와 게가 많다는 이유로 전라도 함열을 선택했다. 그런데 그 선택은 '쪽박'이었다. 1611년 1월, 기윤헌奇允獻에게 보낸 편지에 "새우도 부안만 못하고, 게도 벽제碧隄(전북 김제 부근으로 추정된다) 것만 못했습니다. 먹을 것만 탐하는 사람으로서는 굶어서 죽겠습니다."〔성소부부고 권21〕라고 썼다.

허균은 함산咸山(함열의 다른 이름인 듯한데, 허균의 다른 저작에 첫 유배지가 '함산'으로 나온다) 수령 한회일韓會一에게 편지를 보내 유배생활의 어려움을 이렇게 호소했다.

함산 원님에게 보냄

사람들이 이곳(함열)은 작은 방어와 준치가 많이 난다고 하여 이곳으로 유배지를 원했던 것입니다. 그런데 금년 봄에는 전혀 없으니, 역시 운수가 기박합니다. 늙은 저는 입맛을 위해 왔는데, 거친 거여목으로도 주린 배를 채우지 못하니, 우스운 일입니다.

〔신해년(1611) 3월〕

거여목은 목숙苜蓿 또는 개자리로 불리는 콩과의 여러해살이 풀이다. 통일신라 때 말 사육을 위해 중국에서 들여온 풀이라고 전해 온다. 어린 순을 나물로 먹는다.

허균은 갖은 엄살로 유배생활의 어려움을 한회일에게 털어놓았는데, 사실 그 정도로 힘들지는 않았을 것이다. 담당 수령이 시시때때로 음식을 선물로 보내면서 예우를 해 주었기 때문이다.

실제로 한회일은 허균에게 연어알젓을 보내 주었다. 허균은 고마운 마음에 "연어알젓 한 그릇을 받아 먹어 보니, 맛이 사슴의 태胎보다도 뛰어나고, 구장(개장국)보다도 더 좋았습니다. 매우 고맙습니다."〔신해년(1611) 1월〕라고 답장을 보냈다.

사슴의 태로 어떤 요리를 만드는지는 알 수 없다. 중국에 사슴의 태를 삶아서 만든 요리로 '이서우루타이益壽鹿胎'가 있는데, 조선에도 그것과 비슷한 요리가 있었던 모양이다. 구장은 곤약菎蒻(구약나물의 뿌리를 가루로 만들어 끓여서 만든 식료품)이라는 주장도 있고, 필발蓽茇(후춧과의 풀)이라는 주장도 있다.

천하의 식객 허균에게 가장 기쁜 일은 음식 선물이 온 것이었다. 1611년 3월에는 용산龍山의 수령 이할李劼이 어물魚物을 보내 왔는데, 허균은 이렇게 답장을 보냈다.

아침에 일어나자 식지食指(검지)가 움직이더니 문득 좋은 어물의 선사를 받았습니다. 하필이면 바다의 용왕만 아름다운 맛을 낸다고 하던가요. 양강襄江의 축항縮項이라는 고기나 서주徐州의 독미禿尾라는 고기가 모르긴 하지만 그 맛이 이에 대적이 될는지요.

실처럼 잘게 썰어 회를 쳤더니, 군침이 흐르더이다. 젓가락으로 집어 입에 넣으니 국수나 먹던 창자가 깜짝 놀라 천둥소리를 냈습니다. 감사의 마음으로 감히 아홉 번이나 머리를 조아리지 않겠습니까.

〔성소부부고 권21, 문부 18 척독 하尺牘下〕

중국의 고사에 '아침에 식지가 저절로 움직이면 맛있는 음식을 먹게 될 조짐'이라는 말이 있다. 선물을 보내 준 사람에게 반갑게 잘 받았다는 뜻으로 하는 말이다. 이할이 보낸 어물이 어떤 생선인지는 알 수 없다. 위 글에서 축항이란 '축항사두縮項楂頭'의 준말이다. 살지고 맛 좋은 물고기의 대표 격으로, 등이 활처럼 휘고 목이 짧으며 청색을 띤 생선으로 회 맛이 특히 좋다고 한다. 사두축경편楂頭縮頸鯿, 축항어, 축경편, 편어라고도 하는데, 우리나라에서는 병어라고 부른다. 당나라 시인 맹호연孟浩然과 두보가 맛이 좋다고 한 뒤로 유명해졌다. 독미는 연어鰱魚의 속칭이다.

이 편지로 알 수 있듯이, 허균은 유배생활 중에도 미식을 즐겼고, 자신의 식탐을 한 번도 나무란 적이 없다.

허균은 과연 혁명을 꿈꾸었을까?

허균은 작은형 허봉을 통해서 중인 시인 이달李達과 승려 유정惟政(사명당)을 만났다. 이달은 허균을 시의 세계로 이끌어 주었다. 사명당은 허균을 불교의 세계로 안내했고, 인생의 선배로서 따뜻한 조언을 하기도 했다. 다음은 사명당이 허균에게 준 시이다.

허균에게

남의 잘잘못을 말하지 말게나, 休說人之短與長
이로움 없을 뿐만 아니라 재앙까지 불러온다네. 非徒無益又招殃
만약 입 지키기를 병마개 막듯 한다면, 若能守口如瓶去
그것이 바로 몸 편안케 하는 으뜸의 방법이라네. 此是安身第一方

〔사명당집〕

허균이 서출 중인들과 교유하게 된 것은 서자 출신 스승 이달의 영향이다. 사대부 양반들은 허균을 따돌렸지만, 서출들은 그를 기꺼이 반겨 주었다. 허균은 물 만난 고기처럼 안도했고, 그들과 함께 자유를 만끽했다. 그러는 사이에 허균은 서출들의 아픔에 공감했고, 신분제의 부조리를 뼈저리게 느꼈다.

그 시절에 만난 친구 중에 중인 이재영李再榮이 있다. 허균이 여인汝仁(이재영의 자)이라 부르며 망형지교忘形之交(신분을 뛰어넘어 사귄 우정)를 나눈 친구로, 《홍길동전》은 그를 위해 쓰여진 게 아닐까 하는 생각이 든다. 허균은 〈전오자시前五子詩〉라는 시에서 이재영을 가리켜 "나는 작은 이 사내를 사랑하노니 / 더벅머리 시절부터 글월 빛났네(我愛藐丈夫 詞華自童丱)."라고 우정을 노래했다.

허균은 지방 수령을 부임할 때 늘 그를 데리고 다녔다. 공주 목사가 되었을 때 가장 먼저 부른 친구도 이재영이었다. 허균은 "나는 큰 고을의 원님이 되었고, 마침 자네가 사는 곳과 가까우니 어머니를 모시고 이곳으로 오게. 내가 의당 절반의 봉급으로 대접하리니 결코 양식이 떨어지는 지경에는 이르지 않을 것이네."라고 편지를 보냈다.

이재영은 뛰어난 학식을 갖추었음에도 중인 신분이라 평생 움막에 살면서 굶주려야 했다. 허균은 자신의 친구들에게 불평등과 불행을 강요하는 양반 사회에 화가 치밀었다. 그 불만을 작품으로 승화한 것이 《홍길동전》이다. 그는 서출 홍길동을 의적으로 그려 서출들에게 희망을 안겨 주었고, '율도국'이라는 이상 사회를 보여 주었다.

이 작품 때문에 허균은 오늘날 시대를 앞서간 선각자이자 혁명가라는 말을 듣는다. 그러나 그를 혁명가로 보기는 어렵다. 그는 조선의 부패한 관료 사회에 염증을 느꼈고 부조리한 신분제도에 불만을 가졌지만, 사회 모순을 해결하려는 실천 의지는 보여 주지 못했다. 《홍길동전》에서 보여 준 개혁 사상도 급진적인 것은 아니었다. 그가 그린 율도국은 신분이 철폐된 사회가 아니라 서얼 차별 정도만 사라진 사회였고, 여전히 왕과 양반 중심 사회였다.

임진·정유 양란 때 보여 준 허균의 처신도 혁명가와는 거리가 멀다. 당시 그는 어머니와 아내를 데리고 함경도로 피난을 떠났다. 각지에서 의병들이 들고 일어나던 때였다. 나라는 차치하고라도 백성을 지키려는 의지는 보여 주었어야 했다. 그러나 그는 일개 피난민으로 전쟁을 수수방관했다.

허균이 평생 비주류로 살지도 않았다. 1612년 그의 죽마고우 권필이 광해군의 패악을 비판했다가 장형을 받고 목숨을 잃고, 이듬해 자신과 교분이 두터웠던 서출 박응서朴應犀, 심우영沈友英, 서양갑徐洋甲 등이 권세가 이이첨李爾瞻에 의해 역모죄로 몰려 죽었다. 그 사건이 계축옥사癸丑獄事이다. 그때 허균은 권필의 죽음에 항거하지도 않았고, 서출 친구들이 화를 당하자 신변의 위협을 느낀 나머지 이이첨에게 몸을 의탁하기까지 했다. 그 뒤로 허균은 이이첨의 지원을 받으며 형조 참의와 호조 판서로 출세가도를 달렸다. 그러나 결국은 이이첨에게 배신당하고 역적으로 몰려 참형을 당하고 말았다.

허균은 사회를 개혁하거나 불의에 맞서 싸우려 하지 않았다. 그의 꿈은 작고 소박했다. 지방 수령 자리 꿰차고 앉아 지인들과 더불어 즐겁게 살면 그만이라고 생각했던 사람이다.

실제로 허균은 나중에 벼슬에서 물러나면 소박하게 전원생활을 하겠노라고 누차 말했다. 그 계획을 실행에 옮기려고 노력하기도 했다. 전원으로 돌아갈 날을 위해, 중국 고서에서 '은둔자가 알아야 할 생활지식'을 간추려 책을 엮었는데, 《한정록》이 그것이다. 이 책을 완성한 허균은 "아, 이제야 《한정록》이 거의 완결되었고, 나의 산림山林으로 돌아가고픈 마음이 이로써 더욱 드러났구나."라고 소회를 밝혔다. 《한정록》에서 허균은 원나라 시인 오초려吳草廬(오징吳澄의 호)의 글을 빌려 자신의 꿈을 이렇게 말했다.

다만 바라는 바는, 동이에 술이 비지 않고 부엌에 연기가 끊이지 않으며, 띳집이 새지 않고 포의布衣(베옷)를 늘 입을 수 있으며, 숲에서 나무 하고 물에서 고기 낚을 수만 있으면 영화도 욕됨도 없이 그 낙이 도도陶陶할 것이다. 이만하면 일생이 만족하니 무엇을 더 바라겠는가.

〔한정록 권3, 한적閒適〕

08

정약용

쌈으로 입을 속이며 채소밭을 가꾸다

丁若鏞

내 좋아하는 건 오직 채소밭 가꾸는 것

다산 정약용丁若鏞(1762~1836)은 20대에 부친 정재원丁載遠(1730~1792)의 일로 적잖은 정신적 충격을 겪었다. 예천 군수로 재직 중이던 부친이 암행어사의 감찰에 걸려 '직무를 제대로 수행하지 못했다'는 혐의로 문초를 받고 고신까지 환수당했던 것이다. 부친 입장에서는 억울한 일이었다. 목민관으로서 좀 더 백성들에게 혜택을 주려고 재량껏 환곡을 운영했는데, 국법 위반으로 파직당한 것이다. 그때 부친을 모시고 고향 마현으로 돌아가면서 목민관 노릇이 쉽지 않음을 이렇게 노래했다.

부친을 모시고 소내로 돌아오다

신축년이다. 이때 부친과 홍공(예천 군수 홍병은)께서 다 문초를 받아 부친은 고신을 환수당하고 고향으로 돌아갔으며 홍공은 숙천肅川으로 귀양 갔는데, 2월이었다

봄바람 온누리에 가득 일어나 春風滿天地
산들산들 옷깃을 불어 주누나. 拍拍吹人衣
이로부터 고향땅 돌아가며는 自玆返鄕里
그 어찌 시시비비 다시 있으리. 寧復有是非
우리집의 남새밭 한두 뙈기는 園田一二頃
토질 고와 채소 과일 탐스럽거니. 土軟蔬果肥

찌고 구운 고기야 있지 않지만 胚鐐雖不備
그 또한 주린 창자 채울 만하네. 亦足充吾饑
정성 들여 닭 돼지 기르며 살면 勞心養鷄豚
왕도 정치 백성에 흠이 없으리. 王政可無違
흐뭇하게 천륜을 즐기는 생활 陶然樂天倫
그런 일은 그야말로 희귀하다오. 此事良所稀

〔다산시문집 권1〕

다산은 일찍이 부친을 따라 자주 이사를 다니면서 목민관의 고충을 잘 알게 되었다. 부친은 말년에 진주 목사로 재직하다 은졸隱卒(순직)했고, 다산의 가슴속에 목민관의 표본으로 남았다. 평생 청렴으로 일관했고, 죽음이 임박한 순간까지 업무를 보았는지 머리맡에 관아 부서의 수입·지출 내역이 빼곡히 적힌 문서가 놓여 있었다고 한다. 마지막 순간까지 지역 살림을 챙겼던 부친에게서 다산은 진정한 목민관의 모습을 보았던 것이다.

또 한 명의 스승은 실학자 성호 이익이다. 다산은 한 번도 성호를 만난 적이 없다. 성호 사후에 그의 저작을 읽으며 사숙私淑하였을 뿐이다. 다산은 성호의 학문에 감동했고, 근검한 생활 태도까지 본받았다. '천주교도'로 반대파의 모함을 받아 길고 긴 귀양살이를 하면서도 그는 근검을 몸소 실천했다.

다산은 벼슬살이를 꽤나 했으면서도 재산을 모으지 못했다. 다산은 두 아들에게 보낸 편지에서 물려줄 재산이 밭뙈기조차 없음을 미안해하면서도, 재산 대신 '정신적인 부적'을 물려주겠노라고 했다. 그가 보낸 것은 '근勤'과 '검儉' 두 글자였다. 그러면서 다산은 "이 두 글자는 좋은 밭이나 기름진 땅보다도 나은 것이니, 평생 동안 써도 다 닳지 않을 것"이라고 너스레를 떨었다. 하지만 일말의 미안함까지 감추지는 못했다. 그는 두 아들에게 "너무 야박하다고 하지 말고, 두 글자를 마음에 지녀 잘 살고 가난을 벗어날 수 있도록 노력하라."고 당부했다.

다산은 채소밭 가꾸기가 취미라고 말했다. 젊었을 때 쓴 글에, "이웃에 작은 채소밭을 가꾸는 사람이 있어서 가끔 일하는 것을 보았는데, 보면 볼수록 마음이 편해짐을 느꼈다."면서 "그것만으로도 내 천성이 그걸 좋아하고 있음을 알 만하다."라고 하였다.

다산이 실제로 텃밭을 가꾼 것은 귀양살이를 할 때였다. 첫 유배지 장기長鬐(포항)에 도착한 그는 작은 채마밭이라도 가꾸어서 반찬거리와 국거리 정도는 이웃에게 폐를 끼치지 않으려 했다. 물론 관의 감시가 엄중한 판국에 대역 죄인에게 그런 친절을 베풀 민초도 없었다. 그가 채소밭을 가꾼 또 한 가지 이유는, 다산이 마현 산골에서 산나물을 먹고 자란 까닭에 바닷가의 먹을거리가 입에 잘 맞지 않았기 때문이다. 그는 "바닷가라서 좋은 채소는 적고, 좋다는 것이 쑥갓 정도"라면서 타향살이의 어려움을 토로했다.

소장공 동파 시에 화답하다

미역 종류는 비록 가지가지라도 海菜雖種種
비릿해서 치잘 것이 못 되고, 腥鹵不足數

향기롭고 맛있기는 산나물이라 **山蔬信香美**

용고기*도 결국은 헛소리이지. **龍肉竟虛語**

내 좋아하는 건 오직 밭을 가꾸는 것 **吾唯愛畦種**

산림처사 호탕한 일 그것 아닌가. **山林此豪擧**

〔다산시문집 권5〕

다산은 장기에서 채소밭을 얻지 못했다. 그가 채소밭을 가꾸게 된 것은 강진 귤동橘洞 마을로 이배된 후였다. 그는 외가 해남 윤씨 문중의 배려로 자그마한 초당에 살게 되었는데, 그때 초당 주변의 남의 땅에 연못을 파고 축대를 쌓고 채소밭 가꾸는 일에 힘썼다. 그렇게 일군 채마밭을 보면서 다산은 "가꾸는 방법은 비록 틀렸어도 / 곡식이 꽤나 무성하게 자라 / 때로 지팡이 끌고 가 보면 / 내 좋아하는 것 거기 있다네(畦畛縱違法 頗能向蕃薈 時復曳杖臨 性好嗟有在)."라고 흐뭇해했다.

어느 날 다산은 두 아들에게 편지로, "내가 남의 땅에 마음을 다하고 온 힘을 쏟는 까닭이 무엇 때문이라고 생각하느냐?"라고 물었다. 이어서 말하기를, "그 땅을 내 소유로 만들어서 자손에게 전해 주려는 생각은 추호도 없다."면서 그저 본성대로 텃밭 가꾸는 일을 좋아할 따름이라고 했다. 그리고 두 아들에게 "내 땅, 남의 땅 가리지 말고 열심히 가꾸라."고 훈계했다.

---

* 용고기(龍肉) 말 그대로 용의 고기를 가리킨다. 여기서는 세상에 용고기가 있다고 해도 내 입에 들어가는 산나물만 못하다는 뜻이다.

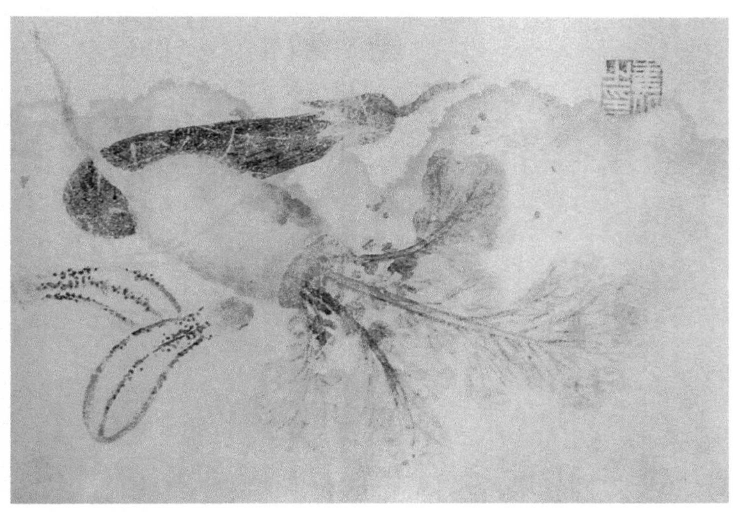

소채도 최북

순무와 가지, 오이를 그린 그림이다. 신사임당이 그린 화사한 색감의 〈초충도〉와 달리 최북의 〈소채도〉는 수수하다. 일상적인 것을 그림의 소재로 삼은 최북의 서민 취향이 잘 드러나며 아울러 그의 음식 취향까지 미루어 짐작할 수 있게 하는 그림이다.

실학자로서 중농주의자였던 다산은 땅을 부의 원천으로 여겼다. 한 뙈기의 땅도 놀려서는 안 된다고 생각했고, 농가에서 소득을 높일 수 있는 효율적인 땅 이용 방법과 부가가치가 높은 작물과 나무를 가려서 심으려고 면밀하게 궁리했다. 다산은 두 아들에게 자신이 귀양살이를 하지 않았을 경우 고향집을 이렇게 꾸몄을 거라고 밝혔다.

향리에 살면서 과원果園이나 채소밭을 가꾸지 않는다면 천하에 쓸모없는 사람이다. 나는 지난번 국상이 나서 경황이 없는 중에도 만송蔓松 열 그루와 향나무 두 그루를 심었다. 내가 지금까지 집에 있었다면 뽕나무가 수백 그루, 접목한 배나무가 몇 그루, 옮겨 심은 능금나무 몇 그루가 있었을 것이며, 닥나무가 밭을 이루고 옻나무가 다른 언덕에까지 뻗쳐 있을 것이며, 석류 몇 그루와 포도 몇 덩굴과 파초도 네댓 뿌리는 되었을 것이다. 불모지에 버드나무 대여섯 그루가 있을 것이요, 유산酉山(마을 뒷산)의 소나무가 이미 여러 자쯤 자랐을 것이다. 너희는 이러한 일을 하나라도 하였느냐? 네가 국화를 심었다는 말을 들었는데, 국화 한 이랑은 가난한 선비의 몇 달 양식을 충분히 지탱할 수 있으니, 한갓 꽃 구경에만 그치는 것이 아니다. 생지황生地黃·반하半夏·길경桔梗·천궁川芎 따위와 쪽나무와 꼭두서니 등에도 모두 유의하도록 하여라.

〔다산시문집 권21〕

만송은 가지가 늘어지는 소나무이다. 나무며 작물들이 모두 부가가치가 높거나 실용성이 높은 것들이다. 다산은 당시 외국에서 들여온 기이한 식물이나 사군자를 심어 두고 완상하던 양반들의 고매한 취미가 없었다. 그나마 감상을 위해 심은 식물은 파초 정도이고, 아무것도 심을 수 없는 땅에는 버드나무를 심으려 했다. 버드나무도 아마 고리버들을 심어서 바구니를 엮는 데 쓰려 했을 것이다.

오늘날 귀농이나 전원생활을 꿈꾸는 사람들이 다산의 구상을 활용해 살림집을 꾸민다면 참 근사한 풍경이 나올 것 같다.

다산은 자신이 터득한 채소 가꾸는 요령을 두 아들에게도 일러주었다.

채소밭을 가꾸는 요령은 모름지기 지극히 평평하고 반듯하게 해야 하며 흙을 다룰 때에는 잘게 부수고 깊게 파서 분가루처럼 부드럽게 해야 한다. 씨를 뿌림에는 지극히 고르게 하여야 하며, 모는 아주 드물게 세워야 하는 법이니, 이와 같이 하면 된다. 아욱 한 이랑, 배추 한 이랑, 무우 한 이랑씩을 심고, 가지나 고추 따위도 각각 구별해서 심어야 한다. 그러나 마늘이나 파를 심는 데에 가장 주력하여야 하며, 미나리도 심을 만하다. 한여름 농사로는 오이만 한 것이 없다. 비용을 절약하고 농사에 힘쓰면서 겸하여 아름다운 이름까지 얻는 것이 바로 이 일이다.

〔다산시문집 권21〕

다산은 선비도 농사를 지어야 한다고 주장했다. 그는 태사공(사마천)의 말을 빌려, "늘 가난하고 천하면서 인의仁義를 말하기 좋아한다면 역시 부끄러운 일이다."라고 하였고, 제자들에게는, "하늘은 게으름과 사치를 싫어해서 그런 사람에게는 복을 주지 않는다."라고 훈계하며 "유익한 일은 한시도 멈추지 말고 무익한 일은 털끝만큼도 도모하지 말라."고 당부했다.

생활태도가 이와 같았으니, 다산에게서 미식 취미를 발견하기란 쉽지 않다. 아니, 다산은 사회지도층 인사 중에서 가장 소박하고 모범적인 식습관을 보여 주었다 해도 과언이 아니다. 물론 다산도 벼슬살이 하는 동안에는 번다하게 음식 호사를 누리기도 했다. 그 중에 가장 호화로운 상차림은 정조가 내려 준 선온이었다. 다산이 규장각에 근무할 때였다.

눈 내리는 밤 내각에 음식을 내리시어 삼가 은혜를 기술하다

내각의 아전이 와서 기쁜 소식 전하는데 閣中小吏來報喜
임금 하사 진수성찬 열 사람이 떠멨다나. 珍羞天降十人擎
행여나 늦을세라 바쁘게 뛰어가니 蹌踉赴筵不敢後
날 기다리던 제공들 그제서야 잔 돌리네. 群公待我纔傳觥
빨간 대추 송편은 꿀로 떡소 넣었다면 紅棗糕團蜜作餡
푸른 우엉 잘게 썰어 감자와 함께 삶았네. 綠藕切細蔗俱烹

은풍에서 올린 준시* 뽀얗게 서리 앉았고 般豐蹲梯潑霜厚
울산에서 나온 감복* 환하게 글자 비추네. 蔚山甘鰒照字明
멧돼지 배를 가르고 곰고기를 구웠다면 山猪割肪熊蒸燎
넙치 말린 포에다가 고등어도 겸하였는데, 比目之腊重脣鯖
여러 가지 선미를 다 말하기 어렵구나 種種仙妙難具述
청빈한 선비 입이 황홀하여 놀랄 따름. 頓令措大口吻驚

〔다산시문집 권1〕

다산이 만약 식탐을 했다면 허균 못지않은 미식가가 되었을 것이다. 《아언각비》에서 그런 예감을 느낄 수 있는데, 다산은 잘못 쓰이고 있는 음식 이름 스무 가지를 바로잡았다. '두부'를 '숙유菽乳'로 불러야 마땅하다고 주장했으며, 이름을 바로잡는 데 그치지 않고 조리법도 설명하였다. 음식에도 관심과 조예가 깊었음을 보여 준다.

그런 다산이 탐식의 세계에 발을 들여놓지 않은 까닭은 그의 음식철학이 여느 사대부들과는 달랐기 때문이다. 다산은 성호 이익처럼 철저한 검약론자였고, 사치를 혐오했다. 의복은 '몸을 가리기만 하면 되는 것'이라고 생각했으며, 비싼 옷을 멀리했다. 그 까닭

---

*은풍 준시 경상도 풍기의 속현이었던 은풍 고을에서 나는 곶감 이름이다. 감을 말릴 때 꼬챙이에 꿰지 않고 말리는 것이 특징이다. 서리가 앉았다는 것은 곶감에 피어난 흰가루를 묘사한 것이다.

*울산 감복 마른 전복을 물에 불려 설탕과 기름, 간장 등에 잰 음식이다. 환하게 글자를 비춘다는 것은 전복 껍질의 광택이 밤에 글자를 식별할 정도로 빛난다는 뜻이다.

은 "비단옷은 조금만 해져도 볼품없는 것이 되고 말지만, 값싼 옷은 해진다 해도 볼품이 없어지지는 않기 때문"이라고 밝혔다. 음식에 관해서도 마찬가지였다. 다산은 산해진미를 바라지 않았고, 한 끼 식사에 재화를 낭비하거나 너무 많이 먹는 것도 경계했다. 지배층의 지나친 소비 풍조가 조선 사회의 가장 큰 병폐라고 생각했기 때문이다.

앞의 운으로 다시 짓다

냉정한 눈으로 권문세가를 흘기어라 冷眼睨侯門
진수성찬으로 누만금을 허비하네. 珍鯖浩糜費
나는 울타리 뜯어 불 지피면서 樊籬豁爲薪
청빈으로 부호 귀족과 맞선다오. 淸貧敵豪貴

〔다산시문집 권6〕

심지어 다산은 '음식이란 목숨만 이어 가면 되는 것'이라며 음식이 지닌 맛을 이성적으로 아예 무시했다. "아무리 맛있는 고기나 생선이라도 입 안으로 들어가면 이미 더러운 물건이 되어 버린다."라는 게 다산의 음식철학이었다. 다산은 어떤 음식을 먹든 포만감을 느낄 수 있으면 그것으로 족했다. 심지어 그는 가난을 이기려면 자신의 입과 입술을 속여야 한다고 주장했다.

사람이 천지간에 살면서 귀히 여기는 것은 성실함이니 조금도 속임이 없어야 한다. 하늘을 속이면 제일 나쁜 일이고, 임금이나 어버이를 속이거나 농부가 같은 농부를 속이고, 상인이 동업자를 속이면 모두 죄를 짓게 되는 것이다. 단 한 가지 속일 수 있는 일이 있다면 그건 자기의 입과 입술이다. 아무리 맛없는 음식도 맛있게 생각하여 입과 입술을 속여서 잠깐 동안만 지내고 보면 배고픔은 가셔서 주림을 면할 수 있을 것이니 이러해야만 가난을 이기는 방법이 된다.

〔다산시문집 권18〕

실제로 다산은 입에 넣는 음식의 크기를 부풀려서 자신의 입과 눈을 속이는 방법으로 정신적인 포만감을 느끼려 했다. 적은 밥을 상추로 겹겹이 싸서 큰 덩이로 만들어 먹는 것이 그 비법이었다.

어느 날 다산이 상추로 밥을 싸서 큰 덩이로 삼키자 옆 사람이 물었다. "밥을 상추로 싸 먹는 것과 김치를 올려 먹는 것이 어떤 차이가 있나요?" 다산이 대답했다. "상추에 싸서 먹는 건 사람이 자기 입을 속이면서 먹는 방법입니다." 그러면서 다산은 밥을 상추로 싸서 크게 만들어 먹으면 훨씬 배부름을 느낄 수 있다고 말해주었다.

다산은 그 이야기를 두 아들에게 들려주면서 어떤 음식을 먹든지 그런 생각을 지니라고 당부했고, 편지의 말미에 이렇게 썼다.

경오년(1810) 9월 다산 동암에서 쓰다

맛있고 기름진 음식을 먹으려고 애써서는 결국 변소에 가서 대변

보는 일에 정력을 소비할 뿐이다. 근검은 당장의 어려운 생활 처지를 극복하는 방편만이 아니라, 귀하고 부유한 사람 및 복이 많은 사람이나 선비들의 집안을 다스리고 몸을 유지해 가는 방법도 된다. 근과 검. 이 두 글자 아니고는 손을 댈 곳이 없는 것이니 너희들은 절대로 명심하도록 해라.

〔다산시문집 권18〕

다산은 편지에서 거듭 '폐족의 위기'를 강조하였다. 그의 철저한 근검 정신과 절약 습관은 실학정신에 바탕을 두고 있기는 하지만, 가문이 멸절될 상황에 몰린 양반 지식인의 생존을 위한 몸부림이기도 했다. 그는 두 아들을 다그쳐서 집안 경제를 되살리고 폐족의 위기를 벗어나, 무너진 가풍을 다시 세우고자 했다. 다산의 근검 정신은 멸족의 위기에서 양반 신분을 지키려는 필사적인 몸부림이었던 것이다.

모든 것이 절박하고, 몸도 마음도 병들어 고통스러운 상황에서 마흔두 살(1803년, 순조 3) 새해를 맞이한 다산은 '내가 만약 유배에서 풀려난다면'이라는 편지를 자식들에게 보냈다. 멸족의 위기에 놓인 다산의 조바심이 절절하게 담겨 있다.

가령 내가 몇 년 안에 유배에서 풀려나 너희들로 하여금 몸을 닦고 행동을 가다듬어 효도와 공경을 숭상하고 화목을 일으키며, 경사經史를 연구하고 시·예詩禮를 담론하며, 서가에 삼사천 권의 책을 꽂아 놓고 일 년을 지탱할 만한 양식이 있으며, 원포園圃에 뽕나무·

삼麻·채소·과일·꽃·약초들이 질서정연하게 심겨 있어 그 그늘을 즐길 만하며, 마루에 오르고 방에 들어가면 거문고 하나와 투호投壺 한 구와 붓·벼루 및 책상에 볼 만한 도서가 있어서 그 청아하고 깨끗함이 기뻐할 만하며, 때때로 손님이 찾아오면 닭을 잡고 회를 만들어서 탁주와 좋은 나물 안주에 흔연히 한 번 배불리 먹고 서로 더불어 고금의 대략을 평론할 수 있다면, 비록 폐족이라 할지라도 장차 안목이 있는 사람들이 흠모할 것이니, 이렇게 세월이 점점 흘러간다면 중흥하지 못할 리가 있겠느냐. 너희는 생각하고 생각하라. 차마 이것을 하지 않으려느냐.

〔다산시문집 권21〕

술의 정취는 살짝 취하는 데 있다

귀양살이 이전의 다산은 낭만적이고 흥이 많은 사람이었다. 그런 그의 이면을 보여 주는 일화가 있다. 서른여섯 살(1797년, 정조 21) 때 다산은 승정원 좌부승지로 명례방明禮坊(명동 일대)에 살았는데, 어느 날 근무 중에 무단이탈하여 3일 동안 종무소식이었던 적이 있다.

한여름 날, 보슬비가 막 개고 화단에 빨갛게 핀 석류꽃을 보는 순간, 그는 문득 고향 소내苕川(남양주 마현)에서 형제들끼리 물고기 잡던 추억이 떠올랐다. 관직에 매인 몸이라 휴가를 내지 않고는 도성문을 나설 수 없었는데, 그는 상부의 허락도 받지 않고 소내로 달려갔다.

다음 날 다산의 사형제는 강으로 가서 그물을 던져 작은 배가 감당하지 못할 정도로 많은 물고기를 잡았다. 그러고는 그 길로 남자주濫子洲(두물머리의 작은 섬)로 가서 즐겁게 한바탕 배불리 먹었다. 제대로 흥이 난 다산은 형제들에게 자리를 옮겨서 더 놀아 보자고 제안했다.

"형님. 옛날에 장한은 강동을 생각하면서 농어와 순채를 말했습니다. 물고기는 나도 이미 맛을 보았거니와, 지금 산나물山菜이 한창 향기로울 때인데 어찌 천진암天眞菴에 가서 노닐지 않겠습니까?" 그 말에 형제들은 얼씨구나 맞장구를 쳤다.

그 길로 천진암에 달려간 다산 형제들은 "술 한 잔에 시 한 수를 읊으며" 사흘 동안이나 놀았다. 그 짧은 시간에 쓴 시가 무려 20여 수나 되었고, 안주로 먹은 산나물은 냉이·고사리·두릅 등 모두 쉰여섯 가지였다고 한다. 성실한 목민관으로 알려진 다산이지만, 비가 갠 후 화창한 여름 날씨는 참을 수 없는 유혹이었던 모양이다. 승정원은 국왕 비서실인데, 그런 자리를 무단이탈했다는 것에서 그의 배짱과 낭만적 기질을 읽을 수 있다.

다산은 술도 꽤나 잘 마셨다. 그의 시에서 도포의 술자리, 하삭음, 벽통배, 계상주 등 술 관련 용어를 많이 볼 수 있다. 도포陶匏란 뚝배기陶에 따른 술과 바가지匏에 담은 안주로, 조촐하고 검소한 술자리를 뜻한다. 하삭음河朔飮은 여름에 피서하면서 취하도록 마시는 술, 또는 여럿이 즐겁게 마시는 술이다. 벽통배碧筩杯는 연잎으로 만든 술그릇이다. 중국 위나라의 정각鄭慤이 한창 더운 여름에 역성歷城 북쪽에 있는 사군림使君林에서 손님들을 위해 술자리를 마련했다. 그때 줄기가 달린 커다란 연잎에 술 두 되를 담고, 연잎 한가운데를 비녀로 뚫어 술이 줄기로 흘러나오게 했다. 그 줄기로 나오는 술을 손님들과 돌려가며 마셨다 한다. 그 뒤로 정각의 연잎술은 '벽통배'로 불리면서 사대부들의 한여름 흥취로 널리 유행했다. 계상주桂餳酒는 계당주桂當酒라고도 하는데, '계수나무의 꽃과 누룩으로 빚은 맛 좋은 술'이라는 설도 있고, '소주에 계피와 꿀을 넣어 삭힌 술'이라고도 한다.

유배에 처해지기 전이라지만, 다산이 그런 술들을 다 즐긴 것은 아니었다. 그는 선인들의 주흥酒興을 시어로 빌렸을 따름이다. 다산은 "술이란 고觚로 입술만 적시는 정도에 그쳐야 한다."라고 말했다. 고는 술을 절제하라는 뜻이 담긴 작은 술잔이다. 다산은 음주의 미학을 이렇게 정의했다.

> 참으로 술맛이란 입술을 적시는 데 있는 것이다. 소가 물을 마시듯 마시는 저 사람들은 입술이나 혀는 적시지도 않고 곧바로 목구멍으로 넘기니 무슨 맛이 있겠느냐. 술의 정취는 미훈微醺(살짝 취함)에 있는 것이다.
>
> 〔다산시문집 권21, 서 '유아游兒에게 부침'〕

그렇다고 다산이 주량이 적었던 것은 아니다. 그는 자신의 주량에 대한 자부심이 대단했다. 작은아들에게 술을 삼갈 것을 훈계하면서 "나는 한 번도 크게 술을 마셔 본 적이 없어 주량을 알지 못

백동고

중국 고대 청동기인 고라는 술잔을 모방한 것이다. 술을 적게 마시도록 하기 위해 고안한 것이지만, 공자는 동시대인들에게 "고를 사용하면서도 술을 절제할 줄 모른다." 라고 비판했다.

한다."라고 큰소리를 친 다산이지만, 그가 술을 크게 마신 적이 두 차례 있었다.

규장각에서 정조가 옥필통에 가득 부어 준 술을 단숨에 마신 적이 있고, 춘당대에서 과거를 주관하면서 정조가 사발에 따라 준 술을 다 마셨다고 했다. 그때 여러 학사들이 크게 취하여 인사불성이 되는 불상사가 벌어졌다. 다산의 말에, "어떤 이는 남쪽으로 향하여 절을 올리기도 하고 어떤 이는 연석筵席에 엎어지거나 누워 있기도" 했다. 그러면서 자신의 주량을 한껏 자랑했는데, "나는 시권試券(과거 답안지)을 다 읽고, 착오 없이 과차科次도 정하고 물러날 때에야 약간 취했을 뿐이었다."라고 말했다.

자신의 말대로 다산은 주량은 컸지만 애주가는 아니었던 듯하다. 두 아들에게 "너희들은 내가 술을 반 잔 이상 마시는 것을 본 적이 있느냐?"라고 자신 있게 물을 정도로 술을 자제했고, 작은아들에게는 이와 같이 따끔하게 훈계했다.

너처럼 배우지 못하고 식견이 좁은 폐족의 한 사람이 못된 술주정뱅이라는 이름까지 붙게 된다면 앞으로 어떤 등급의 사람이 되겠느냐. 술을 경계하여 절대로 입에 가까이하지 말아서, 제발 천애일각天涯一角에 있는 이 애처로운 애비의 말을 따르도록 하여라.

〔다산시문집 권21, 서 '유아游兒에게 부침'〕

다산의 소박한 밥상

;두부·부추·토란·상추·쑥갓·겨자·명아주·비름나물

다산이 평소에 즐겼던 음식은 어떤 것이었을까? 그의 시문집을 뒤졌더니 두부·부추·상추·겨자를 비롯해 농어회·게 집게발·옥삼갱玉糝羹(토란에 쌀가루를 섞어 끓인 죽) 등, 서거정과 허균이 진미로 꼽았던 음식들이 눈에 뜨인다. 그러나 음식의 가짓수가 그다지 많지는 않다. 음식에 관한 시는 서거정이 가장 많다.

다산의 연작시 〈송파수작松坡酬酢〉에는 '두부'에 관한 시 두 편이 있어 눈길을 끈다. 그중 〈한암자숙도寒菴煮菽圖〉는 어느 해 겨울에 절에서 열었던 연포회 풍경이다.

산중의 눈 속에서 상아와 숙유를 먹으니 桑鵝菽乳雪中山
포새의 풍치가 바로 이 사이에 있구려. 蒲塞風情在此間
향기로운 부추 있어 위장을 깨끗하게 할 뿐 準備香虀醒胃府
뼈 있는 고기 먹다 치아 흔들릴 일 전혀 없네. 絕無硬骨撼牙關
감주 일백 꿰미는 책상에 가득 쌓여 있고 紺珠百串堆盈案
술 세 사발은 얼굴을 펴기에 도움이 되도다. 紅露三甌助解顏
임금이 내린 고깃국은 꿈속의 일만 같아라 御賜臇羹如夢境
노승의 검붉은 바리때나 같이할 뿐이로세. 老僧髹鉢可同班

〔다산시문집 권6〕

상아桑鵝는 뽕나무 버섯이고, 숙유菽乳는 두부의 별칭이다. 포

새蒲塞는 불교 용어로, 오계五戒를 받은 신도를 가리킨다. 감주紺珠는 전설 속의 감색 구슬이다. 손으로 어루만지면 기억이 되살아난다는 신비로운 구슬로, 당나라의 장열張說이 지니고 있었다고 한다. 이 시에서의 감주는 서책을 가리킨다.

다른 시에서는 기껏 두부를 참기름에 지져서 먹고는 오후五侯의 진수성찬도 부럽지 않다 허풍을 떨었다. 오후는 한나라 시대의 다섯 제후인데, 음식 사치가 대단히 심했다고 한다.

밤에 누워서 절구 열 수를 지어 답답한 마음을 토로하다

두부는 참기름에 잘 지져 먹었거니와 菽乳濃煎苣藤油
육지의 향기 아름답고 석의도 보드라워라. 肉芝香嫩石衣柔
열 궤미 구슬 가진 재미가 오늘 밤의 맛이라 方珠十串今宵味
오후의 진수성찬을 누가 다시 부러워하리. 誰更珍鯖羨五侯

〔다산시문집 권6〕

육지肉芝는 유석굴乳石窟(석회굴)에 사는 흰 박쥐로 알려졌는데, 옛사람들은 그 박쥐를 먹으면 살이 찌고 건장해지며 오래 살 수 있다고 믿었다. 여기서는 두부를 흰 박쥐에 비유했다. 석의石衣는 이끼인데, 석이버섯을 가리킨다.

이처럼 두부 같은 소박한 음식으로도 만족해했던 다산이지만, 유배형을 받은 뒤에는 그런 음식조차 자주 먹지 못했다. 친구 신종수가 유배지로 찾아왔을 때는 "알겠노라, 소 염통 구워 먹는 게

부추밭 가꿈보다 낫다는 것을"이라며 자신의 처지를 한탄하기도 했다. 구차하더라도 벼슬살이를 해서 귀한 손님에게 고기를 대접하는 것이 근근이 농사를 짓고 살면서 손님 접대도 못하는 것보다 낫다는 뜻이다.

예로부터 부추는 청빈하고 소박한 밥상을 상징하는 채소이다. 중국의 고사에 제나라齊의 관리 유고지庾杲之는 채소를 직접 가꾸면서 청빈하게 살았는데, 그의 식탁에는 언제나 부추로 만든 세 가지 반찬만 올랐다고 한다. 그 반찬을 가리켜 '삼구三九'(九는 부추 구韭와 음이 같다)라고 하는데, 청렴한 선비의 소박한 밥상의 대명사가 되었다.

다산의 채소밭에도 부추는 빠지지 않았다. 그의 시 〈어느 날 매화나무 아래를 산책하다가〉에는 다산이 집 곁에 밭을 일구어 씨를 뿌리고, 연못을 파서 정원을 만드는 전 과정이 실려 있다. 그 밭에 다산은 무엇을 가꾸었을까?

자질구레한 각종 씨앗을 뿌리고 播種具瑣細
밭두둑을 따로따로 나눠 놨는데, 畦畛各牉剖
씨앗이 불그레한 무와 紫粒武候菁
잎이 녹색인 부추에다가 綠髮周顒韭
늦파는 용뿔같이 싹이 트고 晩蔥龍角茁
올숭채는 소 위처럼 두툼하여 早菘牛肚厚
쑥갓은 꽃이 국화 모양이고 茼蒿花似菊
가지는 열매가 쥐참외 같아. 落蘇蓏如萯

해바라기는 폐를 활기차게 하고 魯葵工潤肺
겨자는 구토를 멈추게 하지. 蜀芥能止嘔
상추는 먹으면 잠을 부르지만 萵苣雖多眠
먹는 채소로 빼놓을 수는 없어. 食譜斯有取
특히 토란을 많이 심은 것은 蹲鴟特連畦
옥삼이 입맛에 맞아서라네. 玉糝頗可口

〔다산시문집 권5권〕

올숭채는 이른 배추이며, 옥삼玉糝은 토란이다. 다산은 채소밭과 정원을 다 꾸미고 책상에 앉아 유배생활의 우울함을 던져 버리고, 신선의 도를 깨우친 양 "이괘의 구이효를 늘 보더라도 / 영육을 초월해야 탈이 없느니(常觀履九二 幽貞諒无咎)."라고 허풍을 떨었다. '이괘履卦의 구이효九二爻'란 《주역》에 나오는 괘로, "훤히 트인 큰길을 가는, 영육을 초월한 그 사람 앞길에 막힘이 없으리(履道坦坦 幽人貞吉)."라는 뜻이다.

다산이 18년 귀양살이를 견딘 비결은 차

정약용의 호 '다산茶山'은 그가 유배생활을 한 강진의 산 이름이었다. 한낱 산 이름을 호로 삼은 까닭이 무엇이었을까? 그것은 그 산에 야생 차나무가 자라고 있었고, 차는 그의 유배생활에서 빼놓을 수 없는 식품이었기 때문이다. 그런데 다산이 차를 좋아한 까닭은 차 맛을 탐닉해서가 아니다. 험난한 유배생활 중에 건강을 잃은 그는 차를 약으로 사용했다. 위장병과 빈혈, 중풍에 시달리고 있었던 것이다.

다산은 귀양 가기 전(1810년 이전)부터 이미 차에 관한 식견을 지니고 있었다. 누구에게 차를 배웠는지는 밝혀지지 않았다. 다산은 강진에서 병 때문에 차를 더 가까이 했는데, 만덕산萬德山의 백련사白蓮寺에 놀러갔다가 야생 차나무를 발견한 것이 계기였다. 그때 다산은 그 절의 승려 혜장惠藏(1772~1811)에게 차 제조법을 가르쳐 주었다. 그 뒤로 혜장은 차를 만들면 다산에게 자주 보냈고, 때로는 다산이 차를 보내 달라고 부탁하기도 했다.

혜장 상인에게 차를 청하며 부치다

……

더부룩한 체증이 너무 괴로워 秪因痃癖苦
이따금씩 술에 맞으면 깨지 못한다네. 時中酒未醒
산에 사는 기공*의 힘을 빌려 庶藉己公林
육우*의 솥에다 그를 좀 앉혀 보았으면. 少充陸羽鼎

---

*기공(己公) 당나라의 승려 제기(齊己)로, 시 읊기를 좋아했고 차에도 일가견이 있었다. 여기서 기공은 차를 가리킨다.

*육우(陸羽) 당나라 경릉(竟陵) 사람으로 차를 좋아해서 세 편의 다경(茶經)을 저술했다. 후대 사람들은 그를 다신(茶神)으로 모시고 제사를 지냈다. 여기서 육우의 솥이란 찻주전자를 가리킨다.

그를 보내 주어 병이 낫는다면 檀施苟去疾
물에 빠진 사람 건져 줌과 뭐가 다르리. 奚殊津筏拯
모름지기 찌고 말리기를 법대로 해야 焙晒須如法
물에 우렸을 때 빛깔이 해맑다네. 浸漬色方瀅

〔다산시문집 권5〕

다산은 현벽증痃癖症을 앓고 있었다. 하복부가 뻣뻣하게 굳는 듯 고통스러운 병이다. 그 증상을 차로 달래려고, 혜장에게 '산(석름봉)에 사는 기공(차)을 보내 달라'고 부탁한 것이다.

다산은 다산초당에 살게 된 뒤(1808)로는 차를 자급자족하였다. 샘을 파 약천을 만들고, 차 맷돌·차 바구니·차 화로·다조茶竈를 갖추어 놓고, 제자들과 함께 찻잎을 땄다. 그리고 자신이 만든 차를 지인들에게 선물하기도 했다. 다조는 다산초당 마당에 있는 넓적한 바위인데, '차를 끓이는 부뚜막'이라는 뜻이다. 다산은 이 바위에서 솔방울로 불을 때어 찻물을 끓였다고 한다.

다산은 차 끓일 때 온 정성을 기울였다. 물 끓일 때 세심하게 불의 세기를 조절했는데, 처음에는 숯불로 찻물을 끓이다가 불기가 세면 숯을 꺼내고 솔방울을 넣었다. 차가 끓으며 생기는 거품(해안다)을 말끔히 걷어 냈다. 차를 끓이는 정성이 약 달이는 정성 이상이었던 것이다. 사실 다산에게 차는 기호품이 아니라 약이었다. 친척에게 차를 보내며 너무 과용하지 말라고 당부하기도 했다.

…… 차를 조금 보냅니다. 다만 이 물건은 원기를 크게 손상시키

므로, 저도 고기를 먹어 체했을 때가 아니면 함부로 먹지 않습니다. 조심하고 조심하시기 바랍니다. 잠시 다 갖추어 적지 못합니다. 병든 친척이 삼가 드림.

〔《새로 쓰는 조선의 차 문화》 재인용〕

다산은 조선 사람이 차를 일상적으로 마시는 것은 좋지 않다고 생각했다. 기름진 음식을 많이 먹는 중국인과 달리 조선 사람은 채소 위주로 식사를 하기 때문에 차의 약성이 해로울 수 있다고 본 것이다. 그래서 다산은 "맛을 알맞게 하려고 차는 구증구포(洩過茶經九蒸曝)"하였는데, 그 차가 바로 '떡차餠茶'이다. 떡차란 찻잎을 여러 번 찌고 말려 고운 가루로 만들고, 그것을 떡 모양으로 빚어 말린 차이다. 그렇게 하면 입차보다 맛은 덜하지만, 차의 냉한 성질과 떫은맛을 줄일 뿐 아니라 무엇보다 장기 보관이 가능하다는 장점이 있다.

다산의 떡차 만드는 법은 이와 같다. 찻잎을 따서 보통 세 번 찌고 세 번 말리는 과정을 거쳤다. 다산은 더 부드러운 차 맛을 즐기기 위해 이 과정을 몇 차례 더 반복하였다. 바짝 마른 찻잎은 아주 곱게 빻았다. 그 찻가루에 돌샘물을 넣고 반죽하여 '진흙처럼 완전히 뭉크러지게' 찧은 다음 작은 떡으로 만들었다. 그 떡의 가운데에 구멍을 뚫어서 싸리나무 가지나 칡넝쿨로 꿰어서 그늘지고 바람이 잘 통하는 곳에 걸어 건조시켰다.

다산은 제자 이시헌李時憲에게 떡차 만드는 법을 전수하였고, 해배되어 고향으로 돌아간 뒤에는 이시헌이 보내 주는 떡차로 차 생

떡차

엽전처럼 생겼다고 해서 전차(錢茶) 또는 돈차라고도 하며, 말리는 과정에서 차에 푸른 이끼가 낀 것 같다 하여 청태전이라고도 한다. 녹차와 달리 차를 주전자에 넣어 끓여 마시며, 열 달 정도 숙성된 것이라야 제 맛을 낸다고 한다.

활을 이어 갈 수 있었다. 다산이 예순아홉 살(1830) 때 떡차를 선물받고 이시헌에게 보낸 편지가 지금도 남아 있는데, 제자의 떡차 솜씨가 썩 맘에 들지 않았던 듯 다시 한 번 주의할 점을 상기시켜 주었다.

지난번 보내 준 차와 편지는 가까스로 도착하였네. 이제야 감사를 드리네. 올 들어 병으로 체증이 더욱 심해져서 잔약한 몸뚱이를 지탱하는 것은 오로지 떡차茶餠에 힘입음일세. 이제 곡우 때가 되었으니, 다시금 이어서 보내 주기 바라네. 다만 지난번 부친 떡차는 가루가 거칠어 썩 좋지가 않더군. 모름지기 세 번 찌고 세 번 말려 아주 곱게 빻아야 할걸세. 또 반드시 돌샘물로 고루 반죽해서 진흙처럼 짓이겨 작은 떡으로 만든 뒤라야 찰져서 먹을 수가 있다네. 알겠는가?

〔《새로 쓰는 조선의 차 문화》 재인용〕

다산의 제다법은 전남 장흥의 보림사寶林寺와 해남 대둔사大芚寺로 퍼져 나갔다. 이 사실은 이유원의 장시 〈죽로차〉로 알 수 있다. 이유원은 "보리사는 강진 고을 자리 잡고 있으니 …… 대숲 사이 차가 자라 이슬에 젖는다오. / 세상 사람 안목 없어 심드렁이 보는지라 …… 어쩌다 온 해박한 정열수丁洌水 선생께서 / 절 중에게 가르쳐서 바늘 싹을 골랐네."라고 하였는데, 정열수 선생이 바로 정약용이다.

지금까지 조선 차문화의 선구자는 초의선사草衣禪師(1786~1866)로 알려져 왔다. 초의선사는 조선의 차문화를 집대성한 승려로,

'다성茶聖'으로 불릴 정도로 조선의 차 발전에 지대한 공을 세웠다. 그런데 최근 정민 교수는《새로 쓰는 조선의 차 문화》에서 다산이 초의선사에게 떡차 제조법을 가르쳐 주었다고 밝혔다.

초의는 1809년 다산초당을 처음 방문했다. 당시 다산은 마흔여덟 살, 초의는 스물네 살이었다. 그때 다산은 차를 손수 만들어 마시고 있었으므로, 다산의 제다법을 초의가 배운 것이다. 초의선사는 다산의 제다법을 더 발전시켜 '초의차' 또는 '보림백모차寶林白茅茶'로 불리는 독창적인 차를 만들어 다산에게 선물하였다. 초의차의 원류는 다산의 떡차였고, 초의선사는 다산의 떡차를 계승하여 조선의 차문화를 새로운 차원으로 끌어올렸던 것이다.

09

승기악탕

조선 사람들을 사로잡은 일본의 맛

勝妓樂

조선 승기악탕의 정체 : 닭찜인가, 도미면인가?

성종 재위 말기 여진족은 수시로 조선 국경을 넘어와 약탈을 일삼았다. 1491년(성종 22) 정월에도 여진족의 한 갈래인 올적합兀狄哈 1,000여 명이 함경도 조산보造山堡를 공격해 병사 29명을 살상하고 물자를 약탈해 갔다. 당시 경흥 부사 나사종羅嗣宗이 그들을 추격하다 전사하자 성종은 의주영문義州營門을 설립하고 허종許琮(1434~1494)을 북정 도원수로 삼아 여진족을 토벌하게 하였다.

허종이 군사를 거느리고 의주에 도착하자, 변방 백성들은 정성껏 음식을 마련하여 허종에게 바쳤다. 출전을 앞둔 장수의 무운과 승리를 기원하는 뜻이었다. 그때 의주 촌장이 가져온 음식은 노릇하게 구운 도미에 고기 완자와 갖은 채소를 고명으로 얹어 끓인 것으로, 도미찜과 비슷한 음식이었다. 요리를 맛있게 먹은 허종은 음식 이름이 무엇이냐고 물었다. 그러자 촌장은 "처음 만든 것이라 이름이 없다."라고 대답했다. 허종은 그 자리에서 음식 이름을 지어 주었는데, '기생과 음악보다 더한 즐거움을 준다'라는 뜻으로 '승기악탕勝妓樂湯'이라 하였다고 한다.

이 일화는 조선식찬연구소의 홍선표洪善杓가 쓴 《조선요리학朝鮮料理學》(1940)에서 승기악탕을 소개한 내용이다. 본문을 그대로 인용하면 아래와 같다.

성종 때 오랑캐가 함경도 일원을 침입하여 허종을 의주에 보내 오랑캐를 무찌르게 하였다. 허종이 군사를 거느리고 의주에 도착하자 그곳 백성들이 환영하며 그를 위해 특별한 음식을 만들었는데, 도미에 갖은 고명을 다하여 정성껏 만들었다. 이 도미 음식의 맛이 훌륭하여 기녀나 음악보다 더한 즐거움을 준다 하여 허종이 승기악탕勝妓樂湯이라 이름 하였다.

그런데 승기악탕은 이름도 유래도 매우 혼란스러운 음식이다. 조선 시대 조리서들은 승가기勝佳妓, 승가기탕勝佳妓湯, 승기악勝妓樂 등으로 이름을 다르게 표기하고 있다. 이 음식의 조리법과 유래는 더욱 혼란스럽다.

구한말의 문신 최영년은 《해동죽지》에서 '승가기'로 소개했다. "승가기는 해주부 내의 명물로서 마치 서울의 도미면(도미 국수)과 같고, 맛이 뛰어나므로 승가기라는 이름을 얻었다."라고 썼다. 서울의 도미면은 싱싱한 도미를 포 떠서 전을 부치고, 남은 뼈로 진한 육수를 낸 다음 도미전과 갖은 채소, 버섯, 당면, 고기완자를 넣고 끓여서 고명으로 장식한 전골류이다. 민간에서는 도미를 잉어나 숭어, 조기로 대신하기도 했다. 전골에 당면을 넣기 때문에 도미면이라 불렀다. 그 음식을 최영년은 해주의 명물 '승가기'로 소개한 것이다.

그런데 승기악탕이란 이름을 가장 먼저 사용한 사람은 조선 후기 양반 부인 빙허각 이씨憑虛閣 李氏(1759~1824)이다. 빙허각은 자신의 책 《규합총서》에서 닭찜을 승기악탕으로 소개했다.

살진 묵은 닭의 두 발을 잘라 없애고 내장도 꺼내 버린 뒤, 그 속에 술 한 잔, 기름 한 잔, 좋은 초 한 잔을 쳐서 대꼬챙이로 찔러 박오가리, 표고버섯, 파, 돼지고기 기름기를 썰어 많이 넣고 수란水卵을 까 넣어 국을 금중감(탕) 만들 듯하니, 이것이 왜관倭館음식으로 기생이나 음악보다 낫다는 뜻이다.

이 요리는 도미면과는 전혀 다른 음식이다. 더구나 도미면은 조선음식인데 반해 빙허각 이씨는 이 요리를 '왜관음식'이라고 소개했다. 홍선표와 최영년이 소개한 승가기(승기악탕)는 빙허각 이씨의 닭찜과 이름은 같아도 전혀 다른 요리였던 것이다. 그런데 어떻게 전혀 다른 요리가 같은 이름을 갖게 되었을까?

민간에서 상류층 음식이었던 도미면은 조선 말에 이르러 궁중연회에 진상되었다. 고종 때 궁중 잔칫상에 올리어졌는데, 도미 대신 숭어를 사용했고 전복, 해삼, 소고기, 오리 등과 미나리, 목이, 황화채(원추리), 표고 등 무려 스물여덟 가지 재료를 사용한 요리였다. 민간음식일 때와 다르게 값비싼 재료가 더해져 궁중음식으로 재탄생했다. 갖가지 재료를 담은 모양새가 아름다워 구절판과 함께 '주안상의 꽃'으로 불렸고, 음식 맛이 좋다 하여 '승기아탕勝只雅湯'으로 불리다가 '승기악탕'으로 이름이 고정되었다.

이와 같은 일화로 볼 때 '승기악탕'이라는 말은 맛이 뛰어난 음식을 가리키는 별칭으로, 조선 초부터 사용된 것으로 보인다. 빙허각 이씨가 닭찜을 승기악탕으로 부른 내력은 알 수 없지만, 어쨌든 조선 말에 이르러 도미면은 '승기악탕'으로 불리며 최고의 음식 대우를 받게 된다. 지금은 '승기악탕' 하면 으레 '도미, 숭어, 잉어, 조기 등을 구워 냄비에 넣고, 그 위에 여러 가지 채소와 고명을 넣어 함께 끓인 음식'으로 굳어졌다.

또 한 가지 의문은 '승가기(도미면)가 어느 고장의 명물이냐' 하는 것이다. 최영년은 해주의 명물로 소개했지만, 서울음식인 도미면과 같다고 했다. 표준국어대사전에는 '승가기'가 충청남도 공주의 명물이라고 씌어 있다. 확실한 근거가 없는 한 쉽게 결론을 내

+《조선무쌍신식요리제법》의 승기악탕

《조선무쌍신식요리제법》은 1924년에 이용기李用基가 서유구의《임원십육지》를 바탕으로 쓴 조선음식 책이다. 숭어로 승기악탕 만드는 법을 이렇게 설명했다.

먼저 날무를 채치고 숙주나물을 씻어서 꼬리를 제거하고 황화채(청인이 파는 것) 불린 것과 미나리와 파를 한 치씩 잘라서 파는 채치고 표고버섯은 더운물에 불려서 기름에 볶은 것과 알고명 흰자위와 노른자위를 각각 부친 것을 다 골패모양으로 썰어 이 여러 가지를 색 맞추어 모양 있게 담는다. 접시 언저리와 같이 시작하여 맨 위에는 달걀 한 개를 깨끗이 씻어 얹어 놓은 후 또 고기 한 접시를 맛있게 쟁여 놓고 좋은 숭어 한 마리를 잘 씻고 비늘 긁어 내장을 빼버린 후 칼로 드문드문 칼집을 넣어 진한장(간장)을 발라 잠깐 구워서 기름을 발라 냄비에 담아 놓았다가 먹을 때에 냄비에 물을 붓고 고기 잰 것을 넣어 한참 끓인 후 접시에 담아 두었던 나물을 넣어 익혀 먹다가 국수나 흰떡을 넣어 먹는다.
이 탕이 여러 가지 법이 있어 이루 다 기록할 수 없으나, 대체 이 맛 어찌 좋은지 기생과 풍악보다 더 낫다고 하여 승기악탕이라 한다.

릴 수 없는 문제다. 비슷한 시기에 지방마다 유사한 요리가 있었다고 봐야 할 것이다.

그런데 더 중요한 의문은 빙허각 이씨가 자신의 닭찜을 왜관음식이라고 소개한 점이다. 이것은 내막을 분명히 파헤쳐 봐야 한다. 왜냐하면, 조선 후기에 왜관의 일본인들 음식 중에 승가기, 승기야기, 승기악(이), 승기악탕 등으로 불린 음식이 따로 있었기 때문이다. 그 음식을 가장 먼저 입에 올린 사람은 영조 대의 문신이자 실학자 이가환李家煥(1742~1801)이다. 그는 어느 회식 자리에서 일본식 '승기악탕'을 맛보고 《정헌쇄록貞軒瑣錄》에 이렇게 썼다.

> 또 한 번은 공적인 자리에서 어떤 귀인이 음식을 내놓는데, 육류·해산물·조류羽毛·조개류·소채류·버섯류 등 무릇 음식 재료라고 하는 것들을 골고루 넣지 않은 것이 없었으며, 장醬 종류 또한 특별한 것이었다. 그것이 무엇인가 물어보았더니 왜국에서 들어왔으며 이름은 '승기악탕勝伎樂湯'이라 한다는 것이었다. 그때 나는 요행히 핑곗거리가 있어서 먹지 않았다. 뒤에 어느 친구의 집에서 이 음식을 만나게 되었는데, 둘러앉아서 먹는 사람들이 모두 친하게 지내는 이들이어서 나 혼자 남다르게 하는 것이 싫어 마지못해 그것을 입에 대었다. 오늘에 이르도록 꺼림칙한 마음이 남아서 마치 고기 뱃속에 낚싯바늘이 든 것 같았다.

일본식 승기악탕은 18세기 후반에 조선의 식자층에 점점 퍼지고 있었다. 이가환은 두 번째 접했을 때에야 마지못해 맛을 보았다.

그 까닭은 '족보'에 없는 음식을 경계했던 성리학자(실학자도 근본은 같다)들의 고답적인 습성 탓이다. 그런데 이가환이 먹은 왜관의 '승기악탕'은 조선의 승기악탕과는 달랐다. 육류와 해산물, 조류를 함께 넣은 잡탕에 가깝다. 그 요리가 어떻게 승기악탕이라는 이름을 갖게 되었을까?

조선 속의 작은 일본, 왜관이 생긴 내력

먼저 왜관倭館이 생긴 내력을 보자.

조선은 건국 초부터 왜구 때문에 큰 곤욕을 치렀다. 왜구는 쓰시마(대마도)에 근거를 둔 해적 무리로, 여말선초 약 70년간 조선 해안에 출몰하여 재물을 약탈하고 민간인을 끌고 갔다. 심지어 조선 수군을 상대로 배를 탈취해 가기도 했다.

태조는 왜구 소탕에 총력을 기울였다. 왜구와의 싸움에서 지거나 힘껏 싸우지 않은 장수를 참형과 장형으로 다스리면서 왜구 소탕에 힘을 쏟았다. 그러나 왜구의 기세는 누그러들지 않았고 조선 민간인의 피해는 점점 불어났다. 태조 3년(1394) 일본 규슈 절도사가 왜구가 잡아갔던 조선인을 돌려보냈는데 무려 659명이나 되었다.

조선 정부의 강력한 소탕으로 궁지에 몰린 왜구는 집단적으로 항복하고 향화向化(귀화)를 자원했다. 태조 5년(1396)에 왜구 무리가 배 60척을 타고 와 항복했고, 이듬해에는 24척이 항복해 왔다. 그 뒤로도 왜구의 조선 침탈은 태종·세종 연간까지 이어졌다. 이에 태종은 방어 체제를 강화하는 한편 온건책으로 일부 항구를 개방하여 왜인들이 거주할 수 있게 했다. 경상도 병마절도사 강사덕姜思德의 건의를 받아들여 부산포와 내이포乃而浦(지금의 경상남도 창원시 진해구 웅천동에 있던 항구)에 왜인들의 거처를 마련하고, 출입과 교역을 통제하였던 것이다. 세종은 1419년에 이종무李從茂로 하여금 쓰시마를 정벌하게 하여 비로소 왜구 소탕에 종지부를 찍었다.

그 뒤로 항로가 안정되자 왜인들의 조선 입항이 부쩍 늘었다. 조선 정부는 쓰시마 도주의 간청으로 1423년 다시 부산포와 내이포 두 곳을 개항했고, 1426년에는 염포를 추가하여 삼포제도三浦制度를 확립했다. 그 세 곳에 왜관을 설치하고 항거恒居 왜인을 거주하게 했는데, 내이포(제포) 30호, 부산포 20호, 염포鹽浦(지금의 울산광역시 방어진과 장생포 사이에 있었던 항구) 10호였다. 그들은 도항 왜인들을 접대하면서 교역 활동에 종사했다.

삼포의 왜관에 거주하는 왜인의 수는 한때 2,000명을 넘어서기도 했다. 중종 5년(1510)에는 왜관 거주 왜인들이 쓰시마 도주의 지원을 받아 난(삼포왜란)을 일으켜 민간인 270여 명을 살상하고 민가 790여 채를 태웠다. 조선 정부는 즉각 난을 진압하고 왜관을 폐쇄했다.

교역이 막히자 경제적으로 어려움에 처한 일본 국왕은 쓰시마 도주에게 삼포왜란의 주모자를 처형하고, 조선인 포로를 송환 조치하라 하였다. 그리고 조선 정부에 사절을 보내 통교를 간청했다. 이에 조선 정부는 내이포만 개방하고, 입항하는 배와 왜인의 수를

왜관도(倭館圖) 변박

1783년(정조 7)에 그린 초량 왜관의 전경이다. 이곳에는 조선인 관리뿐 아니라 일본에서 파견된 500~600명의 일본인이 교대로 근무하였고, 연간 50척의 무역선이 출입하였다. 그림 상단의 설문은 밀무역을 방지하기 위해 설치한 것이며, 설문 아래에 객사가 있고, 길을 따라 내려오다가 그림 중간의 왼쪽 부분에 일본에서 온 사절을 접대하는 연향대청이 보인다. 그림 오른쪽의 건물들은 무역소와 외교관 숙소이다.

엄격히 제한했다. 훗날 임진왜란과 병자호란으로 왜관은 다시 폐쇄되었고, 본격적으로 조일 외교가 회복된 시기는 1678년으로 초량 왜관을 열면서부터였다.

왜관에는 쓰시마번에서 보낸 관리와 왜인 500여 명이 거주했다. 조선인 왜학 역관을 비롯하여 조정에서 보낸 왜학 훈도들도 상주했고, 그들은 외교와 공무역 업무를 담당했다. 왜인들과 조선 민간인 사이의 사적인 교류는 법으로 금지되었으나, 식료품과 생필품을 사고파는 일상적인 교류까지 막을 수는 없었다. 왜관 설문設門(조선으로 통하는 문) 밖에는 아침마다 장이 섰고, 날이 갈수록 활기가 넘쳤다. 그러면서 부작용도 나타났다. 팔 수 없는 물건이 버젓이 거래되고, 잠상潛商마저 활개를 쳤으며, 여성들이 왜인들의 바느질감을 얻으려고 시장판으로 나오면서 풍기 문란 문제도 발생했다. 이에 조선 정부는 아침장에 젊은 여성을 못 나오게 하는 조치를 취하기도 했다.

초량 왜관은 왜인 500여 명이 거주하는 무역센터에 불과했지만 주변에 끼친 문화적 파급력은 매우 컸다. 왜관은 조선 사회에 일본문화를 알리는 전초기지였다. 가장 빠르게 퍼진 것은 일본음식이었다. 초량촌 주민들은 아침장에서 왜인들이 사 가는 채소에 호기심을 느꼈다. 과연 그것으로 왜인들이 무엇을 해 먹을지 궁금했던 것이다.

그 뒤로 왜관에 드나드는 조선 관리들에 의해 일본음식이 알려졌는데, 가장 유명한 것은 승기악탕이었다. 과연 왜관의 승기악탕은 어떤 요리였을까?

왜관의 승기악탕, 그것의 정체는?

숙종 때의 문신 신유한申維翰(1681~?)과 영조 때의 문신 조엄趙曮(1719~1777)은 조선통신사로 일본을 제각기 방문했다. 신유한은 그 여정을《해유록海游錄》이라는 기행문으로 썼는데, 그 책에서 '승기야기勝技冶岐'를 대접받았다고 썼다.

찬품饌品은 삼자杉煮로써 아름답다(맛이 좋다) 하는데 어육과 채소 등 온갖 것을 섞어 쓰고 술과 장을 쳐서 푹 익힌 것이다. 우리나라의 잡탕雜湯 종류와 비슷하다. 예전에 한 떼의 왜인들이 삼나무 아래서 비를 긋고 있었는데 심히 배가 고파 음식 먹을 생각이 나서 각자 가지고 있던 것을 한 그릇에 합하여 넣고 삼나무를 때어 끓였는데 그 맛이 제법 좋아 이로써 이름을 삼게 되었다. 그곳 방언으로 삼나무를 '승기勝技'라 하므로 '승기야기勝技冶岐'라 부르게 된 것이다. '야기冶岐'는 '煮(자)'의 와음*이다.

조엄 역시 일본을 다녀와서《해사일기海槎日記》라는 기행문을 썼는데, 그 책에 "쓰시마 도주가 승기악勝妓樂을 바쳤다."라고 썼다. 승기악은 "일명 삼자杉煮인데 생선과 나물을 뒤섞어서 끓인 것"이라고 밝혔다.

---

* 와음(訛音) 잘못 전해진 글자의 음

실학자 이덕무는 《청장관전서靑莊館全書》에서 '승기악이勝其岳伊'로 부르며, "가장 진미珍味로 여기는 것인데, 도미·숙복熟鰒(손질하여 다듬거나 부드럽게 한 복어)·달걀·미나리·파를 익혀서 잡탕을 만드는 것이다."라고 썼다. 덧붙여서 "한 마을 사람들이 삼나무杉木 밑에 모여 앉을 때에는 각각 제집에서 한 가지를 가져와서 이것을 만들기 때문에 삼자杉煮라고 부른다 한다."라고 하였다.

신유한, 조엄, 이덕무는 각각 승기야기, 승기악, 승기악이로 표기했지만, 일본에서는 그 음식을 '삼자杉煮'라고 부른다고 이구동성으로 말했다. 신유한은 삼자杉煮를 '승기야기'로 쓴 이유를 설명하면서, 일본에서는 삼나무杉를 '승기'라 부르고, 야기는 '자煮(끓이다)'의 와음이라고 했다. 이로 미루어 보아 삼자杉煮는 일본음식 '스기야키すぎやき'이다. 다른 말로 '삼소杉燒'라고 한다.

그런데 일본음식에는 스기야키杉燒와 비슷하지만 약간 다른 요리인 스키야키(서소鋤燒)가 있다. 스키야키는 일본의 소고기 음식을 대표하는 요리이다. 무쇠 냄비에 소기름을 녹이고, 얇게 썬 소고기를 볶다가 설탕을 뿌린 다음 간장·미림(술)·다시마 등으로 맛을 낸 육수를 붓는다. 그런 뒤에 표고버섯·대파·쑥갓·두부·곤약을 넣어 익히고, 개인 접시에 달걀을 풀어서 익힌 재료를 찍어 먹는다. 조선의 전골과 매우 비슷한 음식이다.

혹시 조선통신사가 먹은 요리가 스키야키鋤燒가 아닐까 하고 의심할 수도 있지만, 스키야키는 농기구 가래鋤에 고기를 구워燒 먹은 데서 생긴 요리로, 삼나무杉와는 전혀 관련이 없다. 따라서 조선통신사가 먹은 음식은 스기야키杉燒였다.

스기야키는 왜관이 설치된 뒤에 일본인들에 의해 조선에 들어왔다. 그 사실은 일본인 왜관 연구가 다시로 가즈이田代和生가 자신의 저서 《왜관—조선은 왜 일본 사람들을 가두었을까》에서 밝혔다. 다시로 가즈이에 따르면, 조선 후기에 왜관에서는 '가케아이'로 불린 조선 관리 환영회가 자주 열렸다. 그 연회에서 조선과 일본 간에 중요한 교섭(가케아이かけあい)이 이루어졌다. 당시 왜관의 일본 대표부에서는 왜관 내에서 일본인들끼리 하는 잔치 요리에는 1즙 3채一汁三菜(국 하나에 반찬 세 가지), 술 3색色(종류) 이상은 절대 금지하였다. 그러나 "조선인이 참석하는 모임에는 각별히 할 것"을 당부했다. 그래서 왜관의 가케아이 요리의 식단은 일본의 정식 요리(혼젠요리本膳料理)의 기본 형식인 3즙 7채 이상이 제공되었다. 그 식단이 아사이 요자에몽浅井與左衛門(조선과의 공목미貢木米 조정을 위해 왔던 일본 관리)의 '재판 기록'에 18회가 실려 있는데, 그 식단 중에 스기야키杉燒가 8회나 등장한다.

당시 왜관의 일본 측 기록에는 조선 관리에게 접대한 음식으로 스기바코야키杉箱燒(삼나무 상자에 된장과 생선·가금류·채소를 넣고 끓여 먹는 요리)가 실려 있다. 주재료는 도미·전복·달걀·유부·무·유채나물·유자·파·톳·토란·우엉·미나리 등이었다. 본디 본토의 이 요리는 서너 가지 재료만으로 끓였는데, 왜관에서는 조선인 접대용 음식으로 쓰이면서 재료가 푸짐해졌던 것이다. 재료로는 도미·전복·달걀·유부·무·유챗잎·유자·파·톳·우엉·미나리·모자반·가지·흰순무·하케(대구)·소라·미역 등이 사용되었는데, 총 18가지 재료 가운데 보통 11~12종이 사용되었다. 특히 도미·전복·

달걀은 스기야키의 메인 재료였다.

이제는 빙허각 이씨의 승기악탕의 비밀을 밝힐 차례이다. 왜관의 스기야키杉燒가 양반가의 손님 접대 음식으로 상에 오르기까지는 '조선화' 과정이 필요했다. 일본간장과 된장 대신 조선간장이 사용되었고, 재료도 완전히 바뀌었다. 왜관의 스기야키는 도미·전복·달걀이 주재료였지만, 빙허각 이씨의 승기악탕은 닭·돼지비계·박오가리·표고버섯·대파·달걀이며, 양념에는 술·간장·식초·참기름·후춧가루가 들어간다. 왜관의 스기야키와 비슷한 점은 '간장을 넣은 육수에 삶는다'는 점밖에 없는데, 이 요리를 스기야키의 변종으로 볼 수 있을까? 어쨌든 빙허각 이씨의 닭찜은 왜관의

+ 스기야키는 두 종류

《왜관》의 저자 다시로 가즈이는 스기야키杉燒에 두 가지가 조리법이 있다고 했다. 하나는 '스기바코야키杉箱燒'로 삼나무 상자에 된장과 생선·가금류·채소를 넣고 끓여 먹는 요리이고, 다른 하나는 '스기이타야키杉板燒'로 삼나무 판자에 어육을 올리고 불에 직접 닿지 않게 굽는 것이다. 훈제 요리의 일종이라 할 수 있다. 이 조리법의 장점은 삼나무 향을 보다 진하게 느낄 수 있다는 점이다. 삼나무를 이용한 생선요리는 노르웨이를 비롯한 연어의 본고장에서도 볼 수 있는데, 연어를 삼나무 판자에 올려 불에 익혀서 훈제 향을 즐긴다.

왜관에서 내놓은 요리는 국물이 있는 스기야키였으므로 스기바코야키였다.

스기야키가 지나치게 조선화하면서 탄생한 새로운 요리이다. 그리고 이 요리는 '기생이나 음악보다 낫다'는 뜻에서 승기악탕이라는 이름이 붙여졌다.

아직도 풀리지 않는 의문은, 승기야기·승가기·승기악이·승기악으로 불린 일본음식이 어떻게 조선에서 최고의 찬사를 받는 요리인 '승기악탕'으로 불리게 되었는가 하는 점이다. 그런데 이 의문을 풀 실마리를 한글학회의 《큰사전》(4권, 1957)에서 발견할 수 있다. 《큰사전》은 '승기악탕勝妓樂湯'을 이렇게 설명해 놓았다.

승기악탕 : 소고기 잰 것을 남비 바닥에 깔고, 진장을 발라 구운 숭어 토막을 담고, 그 위에 온갖 채소와 고명을 굵게 썰어 얹고, 왜된장에 끓인 음식.

놀랍게도 이 요리는 도미 대신 숭어를 쓴다는 점 외에도 이전의 도미면 조리법과 다르다. 소고기를 잰 것을 냄비에 깐다는 점과 왜된장에 끓인다는 점이 그렇다. 소고기와 냄비는 일본음식 스키야키(소고기·닭고기 등에 파·두부 등을 곁들여서 끓인 냄비 요리)의 조리 포인트이고, 왜된장에 끓이는 것은 스기야키의 조리 포인트이다. 즉 조선의 도미면이 일본음식 스키야키와 스기야키를 만나 새로운 맛으로 재탄생한 것이다. 그 요리는 도미면이 궁중에서 누려온 '승기악탕'이라는 지존의 이름까지 차지하였다. 그리고 《큰사전》에 '승기악탕'으로 기재되기에 이르렀다. 이러한 변화는, 조선 후기에 이르러 왜관의 일본음식 스기야키와 스키야키가 조선 사람의 입맛을 사로잡으면서 왜풍倭風이 크게 일어난 결과로 볼 수밖에 없다.

당시 왜관을 통해 일본문화가 상륙하면서 조선 사람들 사이에는 일본도日本刀를 차고 다니는 것이 큰 자랑거리가 되기도 하였다 한다. 그런 분위기로 미루어 볼 때 조선 사람 사이에 일본음식이 선풍적인 인기를 끌었으리라는 것은 뻔하다.

스기야키를 맛본 조선 사람들의 반응

조선 후기 문신 조명채曺命采(1700~1764)는 1748년(영조 24) 3월에 일본에 갔다가 비에 막혀 이키시마壹岐島(일본 나가사키 현에 속해 있는 섬)에서 묵었다. 이정암以酊菴*의 승려가 보낸 영접관이 와서 역관에게 말하기를, "도주島主가 곧 사행使行에게 승기악勝妓樂을 보낼 터이니, 점심은 잠시 천천히 드십시오."라고 하였다. 그때 조명채는 스기야키를 맛보고 그 소감을 이렇게 썼다.

> 승기악이라는 것은 저들의 가장 맛 좋은 음식이라고 하는 것이다. 이윽고 들으니, 사자가 거느려 와서 왜인이 손수 만들어 바친다고 하는데, 마치 우리나라의 이른바 열구자잡탕悅口子雜湯과 같은 것이며,

---

*이정암 쓰시마 할려산(瞎驢山)에 있는 승려 현소(玄蘇)의 암자

그 빛이 희고 탁하며 장맛이 몹시 달지만 그리 별미인지도 모르겠다. 일기도의 왜인은 음식에 가장 박하며 일공日供(날마다 바치는 음식)의 간도 다 맞지 않아서, 일행이 모두 이 때문에 괴로워한다.

〔봉사일본시문견록奉使日本時聞見錄, 건乾〕

이 설명에는 삼나무 상자가 나오지 않아 '승기악'이 스기야키인지 스키야키인지 확언할 수 없다. 그렇지만 '그 빛이 희고 탁하며 장맛이 몹시 달다'는 말로 미루어 보아 스기야키임을 짐작할 수 있다. 스기야키의 국물이 흰 된장 국물이기 때문이다. 이 요리를 조명채는 "그리 별미인지 모르겠다."라고 썼다. 조명채보다 뒤늦게 일본을 방문했던 조엄도 스기야키를 맛본 뒤에, "저들의 일미라 하여 승기악이라고 이름 한 것이나, 그 맛이 어찌 감히 우리나라의 열구자탕을 당하겠는가?"〔계미년 11월 29일, 해사일기〕라고 했다.

스기야키는 왜관이 생긴 뒤로는 조선에서도 맛볼 수 있게 되었다. 그 사실은 조선 후기 문신 이학규李學逵(1770~1835)를 통해서 확인되는데, 그는 천주교 인사로 오인받아 김해에서 유배생활을 하고 있었다. 그때 스기야키를 맛보고는, "승가기 국물은 가기보다 낫다고 하는데 / 만드는 법은 앞서 일본으로부터 전해졌네(勝歌妓臛出歌妓 造法先從黍齒傳)."〔금관죽지사金官竹枝詞〕라고 하였다.

그런데 스기야키를 맛본 조선 사대부들은 한 목소리로 '입에 맞지 않는다'라거나 '열구자탕만 못하다'라고 말했다. 다른 사람들도 마찬가지였을까? 그렇지 않았다. 조선 사대부들이 문화 선진국이라는 자만심 때문에 '섬나라 오랑캐'의 음식에 쉽게 입맛을 내주

동래부사접왜사도(東萊府使接倭使圖)

〈동래부사접왜사도〉는 모두 열 폭의 그림으로 구성된 병풍이다. 이 그림은 마지막 열 번째 폭으로, 동래 부사가 일본 사신을 맞이하여 연향대청에서의 연회를 베푸는 장면을 묘사한 것이다.

지 않았을 뿐이다. 다른 조선인들은 일본음식에 매우 호의적이었다.《왜관》의 저자 다시로 가즈이는 왜관에서의 조선인 미식가의 잔치는 '스기야키 요리'였다고 밝혔다.

스기야키는 18세기에 왜관에 와서 통역사로 활동했던 일본인

+ 스키야키鋤燒와 스기야키杉燒

이기문李基文 교수(《승기악탕의 어원 탐구》의 저자)는 일본어 백과사전《광사원廣辭苑》(kōjien, 제2판 1969)을 참고하여 두 요리의 차이를 이렇게 설명하였다.

스키야키(suki-yaki, すきやき, 서소鋤燒) : 소고기·닭고기 등에 파·두부 등을 곁들여서 끓인 냄비 요리. 메이지 유신維新 전에 아직 짐승 고기를 먹는 것을 일본인이 싫어하고 꺼렸을 때에 고기를 가래鋤, suki에 얹어서 구워 먹은 데서 온 말이다.

스기야키(sugi-yaki, すぎやき, 삼소杉燒) : 삼나무의 얇은 판자로 짠 상자에 어육·야채 등을 넣고 흰 된장 국물을 채워 넣고 불에 쬐어 익힌 요리. 삼나무에서 밴 향기를 상완賞翫(음미해 즐김)함. 나중에는 삼나무 판자 위에 어육을 놓고 불을 피워 구운 요리를 말한다.

두 요리는 조리 도구에서 큰 차이가 있다. 스키야키는 냄비를 사용하고, 스기야키는 '삼중杉重(스기주우)'이라는 삼나무 널빤지로 만든 상자를 사용한다. 내부는 삼등분되어 있는데, 그 안에 식재료를 넣고 은근한 불에 데우면서 삼나무의 향을 음미하며 먹는 요리이다. 보다 진한 삼나무 향을 즐기려면 삼나무 널빤지에 어육을 올려 훈제하듯 익힌다.

오다 이쿠고로小田幾五郎(1755~1832)의 《통역수작通譯酬酌》에도 자주 등장한다. 오다 이쿠고로는, 조선 사람에게 일본요리 중에서 무엇이 입에 잘 맞느냐고 물어보면, 한결같이 첫째는 스기야키, 둘째는 안코鮟鱇(아귀), 셋째는 하마야키浜焼(갓 잡은 도미를 염전에 있는 가마에서 굽거나 소금구이한 것)와 소멘素麵이라고 대답했다고 말했다. 오다 이쿠고로는 스기야키와 관련된 에피소드를 《통역수작》에 길게 소개하였다.

스기야키와 아귀(안코) 요리는 정말 조선 사람들이 좋아하더군요. 지난번에 동래 부사가 연향에 참석하러 오셨을 때, 의뢰하신 대로 스기야키를 조리하였답니다. 굉장히 맘에 드셨던 모양입니다. 드시고 남은 것은 관녀女樂한테도 내려 주셨습니다. 연대청宴大廳(부산 또는 동래 부사가 일본 사신을 맞이하여 연회를 베풀던 장소로 왜관 바깥에 있었다)까지 가져오게 하여 드셨지요. 스기야키는 부사만 그런 것이 아니라, 서울에서 내려오신 양반님들도 좋아하셨는데, "일본의 된장 맛이 좋다."라고들 말씀하시더군요. 일찍이 역관을 역임하신 박 사정(박준한朴俊漢. 士正은 역관의 별칭으로 보인다)이라고 하시는 분은 이것을 유독 좋아하셨는데, 대마도에 체재하실 적에는 아침저녁으로 그리고 귀국하시는 배 안에서도 이쪽에서 준비를 하여 내드린 적이 있답니다. 그러고 나서 선물용으로 가져가고 싶다 하시기에, 작은 통에 2~3개 담아 드렸더니, 귀국 후 서울에서 부산으로 내려오신 높으신 분들에게 잡수시게 하였다고 전해 들었습니다. 이 밖에도 일본 선물로 '보명주保命酒'(호메이슈)를 한두 병 가져가신 모양

스키야키

삼나무 상자가 아니라 철 냄비에 담긴 이 요리는 스키야키이다. 삼나무가 귀한 조선에서는 스기야키보다 철 냄비에 쉽게 끓일 수 있었던 스키야키가 더 널리 퍼졌을 것이다. 정약용이 〈한방소육도〉에서 '살마주의 풍속'이라 부른 것이 이 요리를 두고 한 말이 아니었을까.

입니다만, 그에 대한 평판은 알 수 없습니다. "일본의 고급술과 된장을 싫어하는 조선인은 없다."라고 듣고 있습니다.

〔《왜관》에서 재인용〕

이처럼 조선 양반들은 스기야키뿐 아니라 일본된장과 술맛에도 열광하였다. 이름은 밝히지 않은 동래 부사는 스기야키를 왜관에서 자신의 관할 지역으로 배달시켰고, 역관 박준한은 쓰시마에서 돌아올 때 일본 측이 마련해 준 스기야키를 지인들에게 대접하기도 했다.

그렇게 일본음식이 조선 사람들의 입맛을 사로잡은 비결이 무엇이었을까? 첫 번째 비결은 단맛에 있었을 것이다. 조선에서는 감미료로 벌꿀이나 엿을 쓴다. 설탕은 조선에서 좀처럼 구하기 힘든 귀한 감미료이다. 그런데 일본은 단맛이 뛰어난 백설탕을 음식에 사용했다. 오키나와에서 사탕수수를 재배했기 때문이다. 오다 이쿠고로는, 일본음식이나 과자를 맛본 조선 사람들이 "매우 맛이 좋다."라거나 "얼음사탕과 오화당五花糖(오색으로 물들여 만든 둥글납작한 사탕)은 별품이다."라고 칭찬을 늘어놓았다고 말했다. 단맛에 반한 조선인들이 많았던 것이다.

특히 왜관의 일본요리에 조선인들이 열광했던 까닭은, 맛은 좋지만 양이 푸짐했던 데 있다. 일본요리를 처음 접한 조선인들은 너무 양이 적게 나와서 불만스러워했지만, 왜관의 스기야키는 양도 푸짐해서 일본요리와 조선요리의 장점을 잘 살린 음식이었던 것이다.

10

조선을 찜 쪄 먹은 희대의 탐식가들

식전방장, 부호들의 호화로운 밥상

중국 진나라 무제 때 하증何曾이라는 재상이 있었다. 정치적 라이벌 조상曹爽이 정권을 잡자 병을 핑계로 물러났다가, 조상이 촉나라 정벌에 실패한 후 사마의司馬懿(179~251)에게 처형되자 관직에 복귀했다. 하증은 평소 사치를 극도로 부려 옷과 수레가 호화롭기 그지없었고 어찌나 탐식을 했는지, 한 끼 식사에 1만 전을 들여 사방四方 열 자나 되는 상에 음식을 차리게 하고도 "젓가락으로 집어 먹을 만한 게 없다."라고 투정했다고 한다. 그 말 한마디로 하증은 뭇사람들의 뇌리에 전설적인 탐식가로 각인되었고, 그의 밥상은 '식전방장食前方丈'(사방 열 자가량의 상에 차린 진수성찬)으로 불리며 과욕과 탐식, 부질없는 삶, 허울의 대명사가 되었다.

하증은 맹자·소동파 등 수많은 문사들로부터 탐식가로 조롱을 받았다. 맹자는 하증을 빗대어, "나는 뜻을 펼치게 되더라도 사방 한 길의 밥상에 음식을 차리는 것이나 시첩 수백 인의 시중을 받는 것을 하지 않을 것이다(食前方丈 侍妾數百人 我得志 不爲也)."라고 하였다. 자타공인 미식가 소동파는 푸성귀로 배를 채우면서도 "내나 하증이나 한 번 배부르기는 일반이다."라고 하였다.

하증과 식전방장은 고려와 조선의 사대부들 사이에서도 탐식과 호화로운 밥상의 대명사로 쓰였다. 고려의 문신 목은 이색은 "방장方丈(식전방장)이야 배부르게 먹을 줄만 알겠지만 / 굶은 배는 시를 토해 낼 줄도 아는걸요(方丈應徒飽 飢腸解吐詩)."〔목은시고 권 28〕라고 말했다. 배부른 하증보다 배고픈 시인이 낫다는 뜻이다.

심지어 미식가 서거정은 밥상에 올라온 불그스름하게 찐 민물새우 한 접시를 가리켜 "어찌 한 길 되는 밥상에 부끄러우랴(食前方丈愧何曾)."라고 만족스러워하였고, 채소를 보고는 소동파의 말을 빌려 "필경 내나 하증이나 다 같이 배부른데 / 식전방장 고량진미를 벌일 필요가 없네(畢竟我與何曾同一飽 不須食前方丈羅膏粱)."라고 자신의 담박한 식성을 뽐냈다.

정약용은 "하후何侯(하증)의 방장 밥상과 유랑庾郎(유고지)의 채소 반찬도 꿈속에서 살찌고 마른 것을 비교함에 지나지 않고, 끝내는 하나의 썩은 물체로 함께 돌아가고 마는 것"이라며 사치와 탐식을 경계했다.

하증은 탐식의 결과를 《평안공식단平安公食單》이라는 책으로 남겼다. 당나라 사람 위거원韋巨源이 쓴 《소미연식단燒尾宴食單》과 더불어 중국음식의 발전에 많은 영향을 끼친 책이다. 그 책을 읽은 허균은 "수만 가지 진미를 기록하였으나 눈만 현란하게 할 뿐이지 실상은 알 수 없다."라고 불만스러워했다. 그러나 하증이 불후의 탐식가라는 것에는 이의를 달지 않았다.

식전방장에 팔진미를 먹었다는 윤원형

탐식을 바라보는 시각은 크게 두 가지이다. 호방한 성격 또는 부도덕한 심성이다. 조선에서는 호방하다기보다 부도덕하게 여겼다. 특히나 지배층인 사대부의 탐식은 지탄의 대상이 되었다. '음식을 탐하는 자가 권력은 탐하지 않겠느냐?'라고 백안시했기 때문이다.

조선 시대의 간관諫官들은 탐식을 하는 관료를 공개적으로 성토하기도 했고, 당쟁을 벌이는 관료들은 정적의 도덕성에 흠집을 내기 위해 집요하게 상대방의 탐식 습성을 물고 늘어졌다. 탐식에 대한 비판은 권세가의 지나친 전횡을 견제하여 관료층의 부패를 억제하기도 하였다. 그렇다고 권세가들이 탐식을 버리지는 않았다. 새롭고 진귀한 음식을 먹는 것은 자신의 높아진 지위와 권세를 확인하는 시간이자, 남에게 힘과 아량을 동시에 보여 줄 수 있는 기회였기 때문이다. 그래서 권세가들은 예외 없이 탐식가였다. 조선 시대를 통틀어 탐학하거나 사치가 심하다는 비난을 많이 받은 인물은 윤원형, 박원종, 정사룡을 들 수 있다.

윤원형尹元衡(?~1565)은 중종의 계비 문정왕후의 동생이다. 당시 '소윤小尹'으로 불리면서 '대윤大尹' 윤임尹任과 대립하였는데, 을사사화로 윤임 일파를 몰아내고 정권을 잡았다. 그 다음에 윤원형은 평소에 원한을 품었던 인물과 반대파들을 심복을 통해 대대적으로 숙청했다. 그의 권세는 하늘을 찌를 듯 높아졌다.

그의 집에는 뇌물이 줄을 이었다. 실록에 따르면, "선물로 들어온 고기가 마당에 쌓여 그대로 썩어 갈 지경"이었고, "성 안에만 집이 열여섯 채"였으며 "남의 노예와 논밭을 빼앗은 것은 이루 헤아릴 수 없었다."라고 한다. 또한, 상인들을 집 앞으로 불러서 시장을 열고, 상인들이 팔려고 가져온 청동과 백금의 품질을 엉터리로 평가하여 터무니없는 가격에 사들였다. 사람들은 그런 윤원형을 두고 "동취인銅臭人보다 더 심하다."라고 비아냥거렸다. 중국 후한

우유 짜기 조영석

소의 젖을 짜기는 쉬운 일이 아니다. 다섯 명이 달려들어야 할 수 있는 일이었다. 왜냐하면 일반 소는 젖소와 달리 아무 때나 젖을 내지 않고 송아지를 봐야만 젖을 내기 때문이다. 그림 속의 어미 소는 송아지를 보고 있고, 남자에게 붙들린 채 젖을 빼앗긴 송아지는 발만 동동 구르고 있다.

시대에 최열崔烈이라는 사람이 돈으로 벼슬을 샀는데, 사람들이 그를 미워해서 '동취'라고 불렀다는 고사가 있다. '동전 냄새'라는 뜻인데, 돈으로 관직이나 작위를 산 사람이나 돈만 밝히는 사람을 비하한 말이다.

윤원형은 심성 또한 흉악하기 이를 데 없었다. 그의 죄상은 문정왕후가 죽은 뒤에 낱낱이 밝혀졌는데, 그의 첩 정난정鄭蘭貞이 본부인 김씨를 독살하는 것을 방조했고, 다른 첩에게서 낳은 아들은 몰래 죽여서 강물에 버리는 패륜까지 저질렀다고 한다. 그런 범죄가 권력 때문에 드러나지 않았던 것이다. 그러나 권좌에서 쫓겨나는 순간 모든 죄상이 드러났다.

명종은 외삼촌인 그를 죽일 수가 없어서 미봉책으로 삭탈관직하고 고향으로 낙향시켰다. 그러나 대신들은 윤형원의 피를 보고 싶어 했다. 죽음을 예감한 윤원형은 정난정을 데리고 외딴 곳으로 몸을 숨겼다. 그러나 의금부에 꼬리를 잡혔다. 정난정은 의금부 도사가 잡으러 온다는 말에 독약을 마시고 자살했고, 시신을 본 윤원형도 독약으로 목숨을 끊었다.

윤원형의 탐식 기질은 대신들이 올린 탄핵 상소로 알 수 있다. 명종 20년(1565) 대사헌 이탁李鐸과 대사간 박순朴淳이 윤원형의 죄상을 26조목으로 낱낱이 아뢰었다. 주로 윤원형의 탐식과 사치 행각에 대한 공격이었다.

첫째, 궁중의 사옹원司饔院(궁중의 음식에 관한 일을 맡아보던 관아)처럼 집에 선부膳夫(남자 요리사)를 두었고, 식전방장에 팔진미八珍味(여덟 가지 귀한 음식)를 고루 갖추어 먹으면서도, 옛날 하증처럼 '젓가락 갈 데가 없다'면서 투정했다고 질타했다.

둘째, 사복시 소속 낙부酪夫를 집으로 불러서 타락죽駝酪粥(우유에 쌀을 넣어 끓인 죽)을 끓여 자녀와 첩에게까지 배불리 먹였다고 질타했다.

셋째, 사대부들에게는 금지된 식기인 금은 그릇을 사용하였고, 집 안에 비단 휘장을 쳤으며, 궁궐보다 사치스러운 가구와 집기로 집을 꾸몄고, 첩들에게 궁인들보다 더 사치스러운 옷을 입혔다고 했다.

조선에서는 부엌일을 여자가 맡는 것이 상례였다. 흔치 않았던 남자 요리사는 선부 또는 숙수熟手로 불렸는데, 선부는 사옹원에서 궁궐의 음식을 맡아보던 종7품 잡직으로 중인이었으며 숙수는 전문 요리사로 궁궐에서 일을 하기도 했고 민간의 잔치에 불려 가기도 했다. 사옹원에는 재부宰夫·선부·조부調夫·임부飪夫·팽부烹夫로 불린 10여 명의 중인 요리 전문가와 390여 명의 자비差備(천민 요리사)가 있었다. 자비는 출퇴근하는 노비였고, 간혹 여노비도 있었다. 중인 역관 이표가 쓴《수문사설》에 박이미朴二尾, 사금四金, 이병伊並, 권탑석權榻石, 돌이乭二, 학득學得 등 천민 요리사들의 이름이 보인다.

조선의 사대부들은 집에 남자 요리사를 두는 것을 지나친 탐식과 사치로 여겼다. 그런데 윤원형은 집으로 감히 왕의 요리사인 선부를 불러서 요리를 하게 하거나, 숙수를 두고 산해진미를 차려 먹었던 모양이다. 왕만이 누릴 수 있는 권세를 일개 사대부인 윤원형이 누렸다는 점에서 이탁과 박순은 참람僭濫(분수에 넘치고 너무 지나침)하다고 말한 것이다.

타락죽은 사복시司僕寺(궁중의 말과 가마에 관한 일을 맡아보는 관아)에서 왕실에 공상하는 음식이다. 민간에서는 우유를 구하기가 어렵기 때문에 타락죽은 귀한 음식이었다. 그런데 윤원형은 권세를 이용해서 사복시 소속의 낙부에게 조리 도구와 재료를 가지고 집으로 오게 하여 타락죽을 자녀와 첩에게 배불리 먹였다. 그런 행동 역시 사대부 신분으로는 할 수 없는 것이었다.

그러나 이러한 탐식과 사치는 윤원형만 즐겼던 것이 아니다. 권세가들에게는 보편적인 생활이었다. 다만 윤원형은 정치 보복을 지나치게 일삼아서 공공의 적으로 몰린 상황이라, 정적들이 그를 숙청하기 위해 탐욕과 부도덕성에 초점을 맞추고 공격한 것이다.

조선 시대 탐식가들의 위시리스트

중국 주나라에서는 맛있는 음식으로 여덟 가지를 꼽았다. 그것을 '팔진미'라고 하는데, 순오, 순모, 포돈, 포양, 도진, 지, 오, 간료가 그것이다.

《예기》의 내칙內則에 따르면, 순오淳熬는 '젓국을 달여 밭벼로 지은 밥에 얹고 그 위에 기름을 부은 것'이며, 순모淳母는 순오를 본떠 만든 음식으로 밭벼 대신 기장밥을 쓴다. 포돈炮豚과 포양炮牂은 돼지나 양의 암컷을 잡아서 뱃속에 대추를 채우고 진흙을 발라 구운 것이다. 도진擣珍이란 소·양·사슴·노루·고라니의 등심살을 짓찧어서 부드럽게 하여 삶은 요리이다. 지漬란 갓 잡은 소고기를 얇게 썰어서 좋은 술에 담갔다가 초와 젓, 매실로 담근 장을 곁들여 먹는 것이다. 오熬란 소고기를 엮은 갈대 위에 놓고 계피와 생강가루, 소금을 뿌려 말린 요리이다. 간료肝膋란 개 창자에 개 간을 넣고 구운 요리이다. 이상의 팔진미는 본디 노인을 봉양하는 여덟 가지 맛있는 음식을 뜻한다.

그런데 후대에는 팔진미가 '세상에서 가장 맛있는 음식'이라는 뜻으로 쓰이게 되었고, 왕조나 지역에 따라 꼽는 음식의 종류가 달랐다. 《한서漢書》에서는 **용간**龍肝(용의 간), **봉수**鳳髓(봉황 골수), **토태**兎胎(토끼 태), **이미**鯉尾(잉어 꼬리), **악적**鶚炙(독수리 구이), **웅장**熊掌(곰발바닥), **성순**猩脣(원숭이 입술), **소락**酥酪(우유를 가공한 것)처럼 신화 속의 음식이나 희귀한 음식으로 바뀌었다. 이런 음식들이 유명해진 것은 탐식가들의 식탁에 자주 올라서가 아니라 시인들의 입방아에 자주 오르내렸기 때문이다. 시인들은 푸성귀로 배를 채우면서도 '팔진미 부러울 게 없다'는 말을 자주 하였다. 그러나 탐식가의 표본 하증도 팔진미를 다 먹지는 못하였다. 본디 부모를 봉양하는 맛있는 음식이었던 팔진미는, 가장 귀한 음식 또는 신화적인 음식의 상징이 되었고, 부호들의 호화로운 음식을 빗댄 말로 쓰였다.

조선의 권세가들은 하증처럼 팔진미를 차려 먹는다는 비난을 들었다. 그들은 정말 온갖 희귀한 음식을 먹었을까? 그렇지 않다. 조선에는 인륜을 뒤흔든 패악무도한 탐식가는 없었다. 조선은 왕이 아닌 개인이 식탐을 마음껏 누릴 수 있을 정도로 식재료가 풍부한 나라가 아니었다. 그들은 조선 땅에서 나는 식재료를 재주껏 구해서 먹었을 따름이고, 조선은 매우 작은 나라였다. 그들이 실생활에서 즐긴 음식은 무엇이었을까? 아쉽게도 조선의 탐식가들은 하증처럼 자신의 식단을 기록으로 남기지 않았기 때문에 그 실체를 알 수가 없다.

조선에는 숨은 탐식가들이 있었다. 부유층 중인이 그들이다. 다양한 음식을 섭렵하기로는 양반들보다 중인이 오히려 유리했다. 중인 중에서도 역관은 조선을 벗어나 중국과 일본의 다양한 음식을 맛볼 수 있었다. 부유한 중인은 웬만한 양반들보다 식생활 수준이 훨씬 높았다. 예를 들면, 중인 역관 이표가 그런 사람이었다.

이표가 쓴《수문사설》은 부유한 중인들의 호화로운 음식 사치를 엿볼 수 있는 책이다. 이표는 중국어 역관으로서 사역원정司譯院正(정3품)을 지낸 인물인데, 무역을 통해 많은 재산을 모았으나 신분 장벽에 막혀 당상관이 될 수 없는 설움을 미식으로 달랬다고 한다. 그는 숙수를 집으로 불러 궁중요리를 해 먹기까지 했는데,《수문사설》에 나오는 숙수 박이미의 우병芋餠, 돌이와 학득의 황자계혼돈黃雌鷄餛飩이 그것이다. 맛을 탐닉하기에는 중인 신분인 것이 훨씬 자유로웠다. 차별을 당하는 대신 체면이나 격식에 얽매이지 않고 무엇이든 마음껏 먹을 수 있었고, 사대부와 달리 중인의 탐식은 사회적으로 비난거리가 되지도 않았다. 나랏돈으로 호의호식하는 것이 아니었기 때문이다.

《수문사설》에는 박이미의 우병(토란떡), 돌이와 학득의 황자계혼돈 등 서른일곱 가지 음식이 실려 있다. 이 책에 실린 음식들은《규합총서》에 실린 음식보다 질적인 면에서 훨씬 앞선 것이었다는 평가를 받았다. 그래서 이 책을 윤원형을 비롯한 조선 탐식가들의 화려한 식단을 어림잡는 잣대로 소개하고자 한다.

황자계혼돈은 밀가루나 쌀가루를 반죽하여 만두피를 빚어 닭고기와 꿩고기를 넣고 찐 요리이다. 혼돈은 만두의 다른 이름이다. 그 외에 증돈蒸豚(새끼돼지찜), 열구자탕, 어장증, 가마보곶 등이 눈에 띄는 고급 요리이다. 어장증魚腸蒸은 대구 위장에 대구의 살을 다져 넣고 찐 요리이다. 대구 살 대신 꿩·돼지·닭고기를 쓰기도 했다. 가마보곶加麻甫串은 숭어·농어·도미 등 생선살로 만든 어묵이다. 그 외에 **낙설**酪屑(분유), **계단탕**鷄蛋湯(계란탕), **서국미**西國米(미국쌀), **두부피**豆腐皮, **뱅어탕**白魚湯(녹말과 후추로 뱅어 모양을 만들어서 꿀물에 넣어 먹는 음료) 등은 중국과 일본의 조리기법이 가미된 요리였다. 이표 집안의 음식은 왕에게 진상되기도 하였는데, 동과증冬瓜蒸(동아찜)과 우병이 그것이다.

가장 화려한 요리는 모로계잡탕母露鷄雜湯으로, 사용된 재료와 조리법은 아래와 같다.

〔재료〕

꿩고기 300g, 닭고기 150g, 돼지고기 150g, 표고버섯 3장, 송이버섯 5개

생강 20g, 파 20g, 잣 1큰술, 달걀 2개, 기름 3큰술, 간장 4큰술

소 뼛골 100g, 녹말 1/2컵, 숭어 1마리, 소고기 100g

해삼 50g, 무 100g, 게 1마리

〔만드는 법〕

1. 꿩고기, 닭고기, 돼지고기는 삶아 건져 낸다.
2. ①에 표고버섯, 송이버섯, 잣, 생강, 파를 넣고 곱게 다진다.
3. ②에 달걀과 참기름 간장을 넣고 섞어서 냄비에 볶아 만두소를 만든다.
4. 숭어는 얇게 포를 떠서 ③의 만두소를 넣어 어만두를 만든다.
5. 남은 ③의 만두소 절반을 그릇에 담고 소의 뺏골을 섞어 반죽한다.
6. ⑤의 반죽을 대추알 정도로 떼어 내어 녹말가루를 입혀 기름에 지져 낸다.
7. 송이버섯과 표고버섯, 해삼, 무, 게의 장, 달걀, 게살은 함께 찧어서 죽같이 만든 다음 체에 밭쳐 내린다.
8. 남은 만두소 절반과 ⑦을 고루 섞는다.
9. ①의 육수에 소의 안심고기를 넣고 끓이면서 숭어만두, 뺏골 반죽 지진 것을 넣는다.
10. ⑧의 만두소도 대추만 하게 떼어서 달걀 푼 것에 담갔다가 ⑨에 넣어 끓인다.

《수문사설》에는 허균이 별미 음식으로 꼽았던 웅장, 표태, 녹설 녹미가 보이지 않는다. 중국의 만한전석滿漢全席에 나오는 기기묘묘한 음식을 기대했다면 실망했을 것이다. 조선의 탐식가들은 시간과 거리의 제약 때문에 식재료를 원활하게 손에 넣지 못하였다. 교통이 발달한 지금, 우리는 윤원형이나 이표뿐 아니라 조선의 왕들보다 훨씬 다양한 음식을 먹고 있다. 그 점에서 탐식가는 우리 자신이다. 다만 우리와의 차이는, 다 같이 못 먹던 시대에 그들은 권력을 이용해서 자신의 입을 채웠다는 점이다. 그 점에서 그들은 탐식가인 것이다.

+《규합총서》에 나오는 '돼지 새끼집 찜'

돼지 새끼집 무르게 삶은 것을 한 마디씩 베어, 돼지고기와 소고기를 곱게 다져 온갖 양념 하여 메밀가루에 섞어 그 속에 소를 넣고, 닭이나 꿩과 함께 전복, 해삼, 숙복 나무새붙이를 썰어 넣고 깨소금 기름장을 섞어 새끼집과 찜을 하면 좋다.
어미 돼지가 새끼 가진 것을 잡으면 새끼집 속에 쥐 같은 것이 든 것을 깨끗이 씻어, 그 뱃속에 양념하여 넣고 통째로 찜을 하면 맛이 좋다. 얻기 쉽지 않을 뿐더러 일부러 잡기는 숨은 덕 쌓기에 옳지 않으니, 그저 연한 돼지를 튀겨 통째로 내장과 같이 큰 솥에 넣고 파와 미나리도 많이 넣는다. 그리고 순무를 껍질 벗겨 많이 넣고 같이 삶는다. 고기는 먼저 넣고 나물은 나중에 넣는다. 무르익게 삶아 내어 뼈를 없애고, 살은 가늘게 찢는다. 비계와 내장은 썰고 파는 한 치 길이로 썰고, 생복이나 숙복이 없으면 전복 곤 것과 해삼, 표고버섯, 박오가리붙이를 썰어 넣고, 파 흰 뿌리와 생강을 두드려 같이 넣고, 좋은 장을 식성대로 간 맞추고 기름과 깨소금을 많이 넣어 주물러 섞어 큰 놋합에 담아 중탕하여 익힌다. 달걀 흰자위, 노른자위를 부쳐 가늘게 채친 것을 후추, 잣가루와 같이 뿌려 겨자에 찍어 먹는다.

+ 안동 선비 김유의 요리서, 《수운잡방》

《수운잡방需雲雜方》은 조선 중종 때 안동 선비 김유金綏(1481~1552)가 전통 요리법을 기록한 책이다. '수운需雲'은 격조 높은 음식문화를 뜻한다. 《역경易經》의 "구름 위 하늘나라에서는 잔치와 풍류로 먹고 마시게 하며 군자를 대접한다(雲上于天需君子以飮食宴樂)."라는 구절에서 따온 것이다. '수운잡방'이란 '풍류를 아는 사람에게 대접하는 특별한 요리'라는 의미를 담고 있다. 허균의 《도문대작》보다는 70년, 정부인 안동 장씨의 《음식디미방》보다는 110년 정도 앞선 것으로 추측된다. 김유가 이 책을 쓰게 된 동기는 남다른 미각이나 식탐이 있었기 때문은 아니다. 집안 사정이 그로 하여금 음식에 관심을 갖게 했다. 집안 사정이란 그의 형이 관직을 받아서 벼슬살이를 위해 집을 떠나게 된 것이었다. 그는 형 대신 장손 역할을 맡아서 부모를 봉양하고, 선비의 의무인 봉제사奉祭祀(제사를 받듦)와 접빈객接賓客(손님 접대) 일에 전념해야 했다. 그러면서 김유는 자연스럽게 음식의 세계에 눈을 떴다. 그도 생원시에 합격하였고, 활쏘기에 능해 무과에 응시한 적도 있었으나, 과거를 포기한 대신 마음껏 식도락을 즐겼던 것이다.

집안 살림이 넉넉한데다 성품이 호협豪俠했던 김유는 찾아오는 손님을 좋아했다. 퇴계 이황과도 교분이 있었던 모양이다. 이황은 훗날 김유가 죽었을 때 그의 묘지명을 썼을 뿐 아니라 호조 참판에 추증되게 한 장본인이다. 퇴계는 김유의 묘지명에, "공의 성품이 호협하여 빈객을 좋아했는데 집 옆에 탁청정濯淸亭이 있어 손님을 맞아 즐기며 크게 술 마시기를 연일 밤을 세우되 피로한 빛이 없으니 선비들이 이 고을을 지나면 반드시 찾아오사 즐겼다."라고 썼다.

김유가 살았던 16세기는 성리학이 생활에 뿌리를 내린 시기로, 남녀유별 의식이 더욱 엄격해졌다. 그런 시대에 김유는 사대부 체면을 뒤로 한 채, 집안의 손맛을 지키고, 손님에게 좋은 음식을 대접하겠다는 마음에서 몸소 요리서를 썼던 것이다. 그렇게 탄생한 《수운잡방》에는 술 만드는 법과 김치 담그는 법을 합하여 100여 가지의 요리법이 들어 있다. 현존하는 가장 오래된 요리서이고, 500년 전 안동의 요리문화를 엿볼 수 있는 귀중한 책이다.

《수운잡방》의 내용을 보노라면, 우선 60가지가 넘는 술 이름에 놀라게 된다. 김유가 접빈객을 소중하게 여겼다는 퇴계의 말이 빈말이 아님을 어림할 수 있다.

술로는 포도주가 눈에 띈다. 멥쌀과 누룩, 포도 가루로 빚는 방법이 있고, 다른 방법으로, 찹쌀과 누룩, 생포도를 쓰는 방법이 있다. "포도를 짓이겨 놓고 찹쌀 5되를 죽을 만들어서 식힌 다음, 누룩가루 5홉을 섞어 독에 담아 두고 맑아지기를 기다렸다가 쓴다."고 하였는데, 이 포도주의 맛을 김유는, "양주자사의 자리도 흥정해 볼 만하다."라고 극찬했다.

김유 집안의 두부에는 특별한 비법이 있었다. 콩 1말에 별도로 녹두 1되를 넣는 점이다. 녹두는 묵을 쒀서 먹을 만큼 전분이 많이 들어 있으므로, 녹두를 넣은 두부는 일반 두부보다 찰지고 식감이 매끄러울 것이다. 또한 은은한 녹두향 덕분에 한결 고급스럽게 보일 것이다. 또한《수운잡방》은 요리서라기보다는 양반가의 생활백과 같은 느낌이 든다. 술 외에는 식초·김치·채소 가꾸기, 식재료 저장법이 대부분을 차지하고, 일품요리는 열 가지 정도에 불과하기 때문이다. 그나마 고급스러운 음식을 꼽자면, 육면肉麵과 삼색어아탕三色魚兒湯이 두드러진다. 육면은 "기름진 고기를 반숙半熟해서 국수처럼 가늘게 썰어 밀가루를 고르게 묻힌 다음, 된장국에 넣어 여러 번 솟구쳐 끓어오르면 먹는" 음식이다. 고기로 면을 대신한다는 점에 고급스러움과 맛의 특색이 있다.

삼색어아탕은 은어 또는 숭어 새끼, 대하, 삼색 녹두묵이 주재료인 음식이다. 은어나 숭어 새끼의 살을 포 떠서 새알 모양의 완자를 빚고 녹두가루에 묻혀 뜨거운 물에 삶아 낸다. 삼색 녹두묵을 긴 네모꼴로 썰어 대하, 완자와 함께 냄비에 담고 육수를 부어 끓인다. 은어를《동의보감》에서는 "속을 편안하게 하고 위를 튼튼하게 한다."라고 소개했다. 그런 은어를 사용한 점에서 삼색어아탕은 술로 엉클어진 손님의 속을 달래 주려는 주인 김유의 배려가 돋보이는 음식이었다.

김유의《수운잡방》에 담긴 음식들은 안동 지방에서 쉽게 구할 수 있는 식재료들을 사용했고, 늘 먹는 음식에 가깝다. 희귀한 식재료는 없고, 소고기가 가장 비싼 재료에 속한다. 그럼에도 김유 집안의 음식들이 귀하게 느껴지는 까닭은 정성이 느껴지고 정갈해 보이기 때문이다. 김유 집안의 탕 요리인, 삼하탕三下湯·황탕黃湯·삼색어아탕의 특징은 고기를 썬 그대로 넣지 않고 굳이 완자를 빚어서 넣는다는 점이다. 그 완자가 바로 정성과 정갈함의 근원이라 하겠다. 손님에게 맛도 좋고 보기에도 좋은 음식을 대접하여 가문의 품격을 높이려는 사대부가 안주인들의 노력이 그런 정갈한 음식을 탄생시킨 것이다. 김유의 공은 집안의 손맛을 지키기 위해, 안주인들의 솜씨를 글로 썼다는 데에 있다.

'동방의 갑부' 정사룡

정사룡鄭士龍(1491~1570)은 조선 중기의 문신으로 자는 운경雲卿, 호는 호음湖陰이다. 중종 4년(1509) 별시 문과에 병과로 장원급제하였다. 시문이 뛰어나 두 차례나 동지사로 명나라에 가서 문명을 떨쳤고, 조선에 온 중국 사신들을 접대하면서 많은 시를 주고받았다. 《계곡집》(1634)을 남긴 장유는 "근대의 명가를 일컬을 때 시의 분야에서는 반드시 호湖·소蘇·지芝를 거론하곤 하였다."라고 말한 바 있는데, 호는 호음 정사룡, 소는 소재蘇齋 노수신盧守愼, 지는 지천芝川 황정욱黃廷彧을 가리킨다. 정사룡의 시 한 수를 보자.

회포를 적다紀懷

계단에 명협초 네 번 지고 달이 또 찼는데 四落階蓂魄又盈
쓸쓸하게도 찾아오는 수레 없어 문을 걸었네. 悄無車馬閉柴荊
시서의 옛일은 버려 두어 다시 하기 어려운데 詩書舊業抛難起
농사짓는 새 일은 계획이 아직 서지 않는구나. 場圃新功策未成
빗기운이 노을을 눌러 산이 갑자기 어둑하더니 雨氣壓霞山忽暝
강물이 달빛을 받아서 밤인데도 오히려 밝구나. 川華受月夜猶明
근심 걱정이 이제는 마음을 괴롭히지 않으니 思量不復勞心事
이 신세 마땅히 낚시와 밭갈이에 부쳐야겠네. 身世端宜付釣耕

〔호음잡고 권5, 잡기일록〕

명협초蓂莢草는 초하루부터 보름까지 하루에 하나씩 잎이 나다가 그 이튿날부터 그믐까지 잎이 하나씩 진다는 전설 속의 풀이다. 이 시는 정사룡이 나이 일흔을 앞두고 쓴 작품이다. 명협초가 잎을 떨구듯이 자신도 탐욕을 버리고 마음을 비우겠다는 의지를 담았다. 그러나 정사룡은 문명에 비해 턱없이 낮은 인품 때문에 지탄을 많이 받았다.

정사룡은 '동방의 갑부'로 불렸다. 부자가 된 자세한 경위는 알 수 없으나, 동지사로 명나라를 오가며 사무역으로 기반을 닦고, 중종반정 이후 권좌에 올라 부를 편취했을 것이다. 당시 청원위青原尉 한경록韓景祿(중종의 둘째사위)은 장안의 소문난 부자였는데, 정사룡이 '동방의 갑부'라는 말을 듣고 얼마나 부자인지 보려고 찾아갔다. 정사룡이 예조 판서였을 때이다.

대문 앞에 종 두 사람이 서 있는데 옷차림부터 심상치 않았다. 칠사립(옻칠한 갓)에 모시옷을 입고, 파란 돌띠를 두른 모양새가 매우 화려했다. 안으로 들어서자 구슬과 비취로 치장한 여종들이 보이고, 뜰에는 행랑이 길게 줄지어 있었다. 한경록이 종에게 무슨 건물이냐고 묻자 다락의 습기 찬 무명천을 말리기 위해 지은 헛간이라고 했다. 무명천이 모두 몇 동이나 되느냐고 다시 묻자 헛간에 넣은 것만 600여 동(한 동은 50필)이고, 다락의 것을 아직 3분의 1도 옮기지 못했다고 했다. 그 말에 한경록은 정사룡에 비하면 자신은 다만 '추위에 떨며 구걸하는 아이를 겨우 면했다' 할 정도임을 알았다.

그때 정사룡이 나오더니, "삼가 박주薄酒(집안의 술을 낮춰 이르는 말)로나마 작은 정성을 표할까 하옵니다." 하였다. 이어서 종들이 음식을 내오자 한경록의 눈이 휘둥그레졌다.

조금 있으니 머리를 두 갈래로 땋은 아리따운 여종이 진수성찬을 받들고 나왔는데, 순식간에 내온 상이 사방 한 길이나 되었다. 또 창두(사내종)들이 각각 악기를 들고 줄을 지어 들어와 대청 아래 동서로 벌려 앉았고, 비단옷을 입은 꽃다운 미희들이 비파와 생황을 가지고 대청 아래 앉았다. 이어서 수륙水陸에서 나는 산해진미가 술을 따를 때마다 나왔고, 상에 가득한 그릇들은 금과 은이 아니면 당화기唐畵器였다. 부마(한경록)는 더 이상 술은 마시지 못했지만, 시간을 끌면서 진품을 다 먹어 보고자 했다. 해가 저물자 셋씩 넷씩 짝을 지어 나와 바치는데 나오는 음식마다 더욱더 진기한 음식이었다. 마침내 부마는 정사룡이 자신이 당해 낼 수 없는 부자임을 깨닫고 사양하고 돌아왔다.

〔어우야담〕

정사룡은 거처하는 방과 1만 권의 서가에 늘 1,000필의 베 두루마리를 꽂아 두었다고 한다. 그것을 접대 비용으로 쓰면 곧바로 채워 놓곤 했다. 그런 그에게 특이한 버릇 한 가지가 있었다. 늘 잠자리에 눕지 않고 앉은 채로 밤을 새웠는데, 어쩌다 몹시 피곤하면 손으로 이마를 받치고 책상에서 잠깐 졸 뿐이었다. 지인이 그 까닭을 묻자 이렇게 대답했다.

"인생 100년에 잠자는 것이 반을 차지한다오. 나는 평생토록 밤에 잠자지 않았으니 내가 100년을 산다면 200년을 사는 게 될 것이오."

그렇게 남 몰래 노력했기 때문인지, 정사룡은 절세의 시인으로 문단의 인정을 받았다. 시풍은 "말을 치밀하게 다듬어 웅걸했고, 기이한 문구를 잘 구사했다."라는 평을 받았으나 인물평에서는 '탐학스럽다'는 비난이 끊이지 않았다. 실록의 사가는 그를 더 박하게 평가했다.

정사룡이 졸하였다. 사룡은 문장으로 큰 이름을 얻어 조사詔使를 접대할 때 가장 격찬을 받았다. 그러나 젊을 때부터 호부豪富를 너무 탐하여 남의 말도 아랑곳하지 않고 가산을 늘려 사치스럽게 살았다. 부제학을 지낸 뒤로는 번번이 탄박을 당하다가 마침내 권간權奸과 결탁했다는 이유로 대론臺論이 갈수록 준엄해져 판중추부사에서 관작을 삭탈당하고 산관散官으로 있다가 죽었는데, 뒤에 광국원종공신으로 직첩이 추복되었다. 그가 숭품崇品에 오를 수 있었던 것은 모두 문장으로 상을 받았기 때문인데, 시종 문장이 훌륭하여 추명醜名을 덮었다고 한다.

〔선조 3년(1570) 4월 1일, 선조수정실록〕

정사룡이 처음부터 부귀의 맛을 알았던 것은 아니다. 막 과거에 합격하고 첫 직임을 맡았을 때 그는 시 잘 쓰고 학문에 밝아 전도 유망한 청년일 뿐이었다. 그런 그에게 권력과 부귀의 신세계를 보여 준 인물이 있었으니, 그가 바로 중종반정의 주동자 박원종이다.

주먹 하나로 부와 권력을 거머쥔 박원종

박원종朴元宗(1467~1510)은 일자무식이었지만 음보蔭補(음서)로 무관직에 진출했다. 성종 17년(1486)에 선전관으로 있으면서 무과에 급제하여 선전내승宣傳內乘으로 승진했는데, 무예 실력이 발군이라 왕의 측근이 되었다. 성종은 무관인 그를 파격적으로 승정원 동부승지에 발탁하였다. 대신들의 반대가 심했는데, 박원종이 글조차 읽지 못했기 때문이다. 그러나 성종은 박원종에게 "문관 승지에게 글을 배우라."고 하교하는 것으로 반대를 물리쳤고, 이후에는 공조·병조 참의(종3품)까지 품계를 올려 주었다.

성종이 죽자 연산군 역시 박원종을 승지로 임명하여 최측근으로 삼고 크나큰 시혜를 베풀었다. 연산군은 박원종에게 자신이 노리갯감으로 거느렸던 흥청興淸 300명을 주고, 온갖 보화를 듬뿍 내렸다고 한다. 그의 집은 대문이 세 개였고, 정원의 연못 한쪽에는 붉은 난간과 푸른 창문으로 꾸며진 누각이 서 있었다. 박원종은 붉은 발이 드리워진 거실의 평상에 앉거나 누워서 지냈는데, 그윽한 향기가 코를 찔렀고, 옆에는 부채를 든 시녀들이 수없이 많았다고 한다.

그렇게 많은 시혜를 받았지만, 박원종은 연산군이 갈수록 광폭해지자 등을 돌렸다. 연산군이 그의 마음을 돌리려고 여러 관직으로 의중을 떠봤지만 박원종이 미온적인 반응을 보이자 마침내 그를 미워하여 삭직했다. 그 뒤로 연산군과 박원종의 군신 관계는 깨졌다. 그러나 그것 때문에 박원종이 연산군 폐위에 앞장선 것은 아니었다. 결정적인 계기는 연산군이 백부 월산대군의 부인 박씨(승평부부인)를 능욕한 사건이었다. 그 일 때문에 박씨는 자결로 삶을 끝냈는데, 박씨는 박원종의 친누나였다. 박원종이 '차라리 자결을 하라'고 압박했다고 한다.

1506년 박원종은 성희안成希顏, 유순정柳順汀 등과 함께 반정을 일으켜 연산군을 폐하고 중종을 옹립했다. 그 공으로 정국공신 일등에 책록되었고, 이듬해에는 '이과李顆의 옥사'(이과, 윤귀수 등이 견성군을 옹립하려 한 사건)를 진압한 공으로 정난공신定難功臣 일등에 책록되었다. 1508년에는 사은사로 명나라에 다녀왔고, 1509년 영의정에 올랐으나 몇 달 후 병으로 쓰러져 관직에서 물러났다. 얼마 후 세상을 떴는데, 실록의 사가는 그의 졸기를 이렇게 썼다.

…… 배우지 못하여서 학술이 없고 참소하는 말을 믿었다. 일찍이 어떤 사람이 고하기를 "여러 문사들이 공을 논박하려 하고 또 공훈이 있는 사람을 없애려고 꾀한다." 하니, 원종이 그 말을 믿고 문사를 모조리 제거하려 하다가 처족妻族인 김세필金世弼이 힘써 구해救解하여 그만두었다. 성질이 또 이기기를 좋아하여 임금 앞에서도 사색辭色(말과 얼굴빛)에 나타내는 것을 면치 못하였다. 뇌물이 사방에서 모여들고 남에게 주는 것도 마땅함을 지나쳤다. 연산군이 쫓겨나자 궁중에서 나온 이름난 창기들을 많이 차지하여 종으로 삼고 별실을 지어 살게 했으며, 거처와 음식이 참람하기가 한도가 없으니, 당시 사람들이 그르게 여기었다.

〔중종 5년(1510) 4월 17일, 중종실록〕

한마디로, 박원종은 주먹 하나로 한평생을 떵떵거리며 살았던 위인이다. 그런 박원종의 권력과 호화로운 생활을 흠모한 사람이 바로 정사룡이다.

정사룡이 박원종을 만난 것은 갓 과거에 급제하여 첫 직임을 맡았을 때였다. 정9품 관리가 되어 공적인 일로 공신 박원종을 찾아갔다. 박원종이 반갑게 맞아 주며 술상을 차리게 했는데, 잠시 후 정사룡은 호화판 술상에 눈이 휘둥그레졌다.

곱게 단장한 수십 명이 각기 수건과 불진拂塵, 거문고 등을 가지고 나와 좌우로 섰는데 모두 분을 바르고 눈썹을 그렸다. 여러 남자 악공들은 악기를 들고 긴 행랑을 지나와 섬돌 위에 줄지어 앉았고, 여종 두 명이 짙은 화장에 화려한 옷을 입고 다리가 높은 상을 들고 왔는데 산해진미가 옥빛 찬란한 그릇에 담겨 있었다. 방장지식方丈之食이 갖추어졌지만 손이 미치지 못하였는데, 상이 맷돌처럼 회전했기 때문에 맘대로 음식을 먹을 수 있었다. 고상한 음악이 연주되고 술잔이 연이어 채워졌는데, 갑작스럽게 마련한 음식이 모두 특별한 진미였다.

〔어유야담〕

정사룡이 부귀의 맛을 안 것은 바로 그때였다. 박원종을 보면서 자신의 미래상을 발견했던 것이다. 실제로 정사룡은 훗날 문명을 날리면서 '동방의 갑부'가 되자 박원종 못지않게 사치스러운 생활을 하였다.

정사룡은 봉록과 지위가 모두 성대하게 되자 주방 사람으로 하여금 아침저녁으로 반찬 이름을 쭉 써서 올리게 하고, 그 가운데 먹고 싶은 것을 점찍었다. 그 당시 공경과 재상의 집 중에서 유독 호음만 음식이 지극히 호사스러웠다. 관직에서 내침을 당해 동교東郊(서울 동대문 밖의 근교)에 살면서도 스스로 보양하는 것은 여전했다.

〔어우야담〕

이상으로 식전방장의 세 주인공, 윤원형·정사룡·박원종의 탐식 내력을 살펴보았다. 그들은 권세가이자 엄청난 재력가들이었고, 왕보다 사치스럽게 살았다. 왕은 그들처럼 드러내 놓고 사치를 부릴 수가 없었다. 성리학을 숭상하는 군주로서 근검한 생활로 모범을 보여야 했기 때문이다. 그들은 왕보다 자유로웠다. 물론 여론의 질타를 받긴 했지만, 여론이란 그저 지나가는 바람에 불과했다. 그러나 그들은 권력과 재물을 먹고 살다가 서툴게 죽어 갔다.

홍길동은 희대의 도적, 그의 형 홍일동은 대식가

조선은 외국에 '대식국大食國'으로 알려졌다. 12세기에 고려를 다녀간 송나라 사신 서긍은 《고려도경高麗圖經》에서 "고려 사람들이 많이 먹는 것을 무척 좋아한다."라고 썼고, 18세기 조선의 일상을 쓴 샤를 달레C. C. Dallet도 《조선교회사서설》에서 "조선 사람들의 큰 결점은 폭식이다."라면서 "부자나 가난한 사람, 양반이나 상민이나 많이 먹는 것을 영예로 여기고, 어릴 적부터 많이 먹어 위장을 늘려 놓는다."라고 썼다.

도대체 얼마나 많이 먹었기에 그런 말이 나왔을까? 실학자 이덕무는 "우리나라 남자가 한 끼에 먹는 양은 평균 5홉을 기준으로 한다."라고 했다. 1홉은 약 180cc이므로 5홉은 900cc, 하루 두 끼로 계산하면 1800cc(1되)를 먹는 셈이다. 샤를 달레는 "노동자 한 사람의 보통 식사 분량은 쌀 약 1리터인데, 그것을 익히면 한 사발이 가득 된다."라고 증언했다. 현대인이 세 끼에 먹을 양을 한 끼에 먹어 치웠던 것이다. 그래서 나온 말이, '중국인은 음식을 혀로 먹고, 일본인은 눈으로 먹고, 조선인은 배로 먹는다'는 것이다.

그런데 조선인의 대식 습관을 변호하는 의견도 있다. 조선 시대의 생업인 벼농사는 유럽 농업에 견주어 노동량이 15~20배 정도 많았다고 한다. 그 노동량을 버텨 내기 위해 조선 농민들은 엄청난 열량이 필요했다. 따라서 열량과 직결된 영양소인 탄수화물을 많이 섭취할 수밖에 없었다. 또 다른 견해로, 조선 농민들의 식사량이 절대적으로 많은 것이 아니라는 주장도 있다. 조선인들은 한두 가지 반찬에 밥을 많이 먹어서 대식가로 보였을 뿐 식사 총량에서는 서양인과 큰 차이가 없었다는 것이다.

그럼에도 절대적인 대식가는 있었다. 서거정의 《필원잡기》에 어느 대식가 이야기가 나온다.

공이 일찍이 진관사津寬寺에서 놀 때, 떡 한 그릇·국수 세 주발·밥 세 그릇·두붓국 아홉 그릇을 먹었고, 산 밑에 이르러 또 삶은 닭 두 마리, 생선국 세 그릇, 어회 한 쟁반, 술 사십여 잔을 먹었더니 세조가 듣고 장하게 여겼다. 그러나 보통 때에는 밥을 먹지 않고 쌀가루와 독한 술을 먹을 뿐이었다. 뒤에 홍주洪州에서 폭음하다가 죽으니 남들은 그의 창자가 썩어서 죽었는가 의심하였다.

이것은 홍일동洪逸童(1412~1464)을 두고 한 말이다. 세종·세조 연간의 문신으로, 벼슬은 대사간·대사성·호조 참판 등을 지냈다. 부친이 태종 12년(1412) 절도사를 지낸 홍상직洪尙直인데, 역사에 남은 이름이다. 그가 바로 '아버지를 아버지라 부를 수 없고 형을 형이라 부를 수 없어' 도적이 된 홍길동의 생부이다. 홍길동洪吉同(1440~?)은 허균에 의해 의적으로 미화되었으나, 실체는 연산군 때 세상을 떠들썩하게 한 도적의 수괴였다. 그 홍길동의 이복형이 바로 홍일동이다.《남양홍씨세보》에 '홍일동의 제 길동'이라 나온다.

홍일동은 세종 24년(1442)에 말단직 한학훈도에서 돈녕부 부승으로 승진했는데, '중국말 강습을 게을리 한 죄'로 장 80대를 맞고 파직당했다. 이후 8년 만에 복권되어 우정언(사간원에 속한 정6품 벼슬)으로 관직에 복귀했다.

관운이 트인 것은 세조 즉위년(1455)이었다. 사간원 주부로 있다가 원종공신 이등에 책록되었던 것이다. 그때 집현전 응교 서거정도 함께 녹훈되었는데 그것이 인연이 되었는지, 나이는 서거정이 여덟 살 많았지만 두 사람은 친분을 쌓아 나갔다.《동문선》에 서거정이 홍일동에게 써 준 시가 두 편이 실려 있을 정도로 둘은 친분이 두터웠다. 그중 한 편은 한강에서 놀이를 하다가 쓴 것이다.

홍일동

그대에게 소동파의 적벽강 놀이로 권하네.

勸君以蘇長公赤壁之遊

그대에게 왕우군의 난정* 모임으로 청하네.

請君以王右軍蘭亭之會

그대와 약속하세, 이 적선의 도리원* 잔치를.

期君以李謫仙園中之宴

그대여, 함께 취해 보세,

구양 태수의 취옹정* 위에서처럼.

共君以歐太守亭上之醉

사마 높은 수레가 영화가 아니고 **駟馬高車不足榮**

열정에 방장*도 귀한 것 아니어서 **列鼎方丈不足貴**

세상만사 어느 때나 끝날 것인가. **世間萬事幾時了**

만날 적마다 실컷 즐김이 제일인 것을 **不如逢場須盡歡**

멋진 놀이에 멋진 곳 얻기 어려워 **勝遊難得幽絕處**

옛사람도 물에 가고 산에 놀았지. **古人臨水又登山**

맛 좋은 술이 술통에 있고

---

* 난정(蘭亭) 왕희지가 3월 3일에 노닐던 회계의 누각

* 도리원(桃李園) 이태백이 봄밤에 노닐던 곳

* 취옹정(醉翁亭) 송나라 구양수가 태수로 갔던 추저우(滁州)의 누각

* '열정에 방장' 한나라 오후들이 즐겼던 음식(오후정)과 식전방장

멋쩍은 손은 좌중에 없네. 尊中有美酒座上無惡客
우리 함께 손잡고 강변에 나가 與君連袂到江頭
큰 술잔 들어 속진을 씻어 버리세. 一洗塵襟浮太白

〔동문선 권8, 칠언고시〕

서거정은 홍일동의 인품과 학식을 높이 평가했다. "인격이 우뚝하게 뛰어나고 성품이 천진하며 겉치레를 꾸미지 않았다."라고 말했다. 그의 술버릇도 알았는데, 정신없이 취하면 풀잎으로 피리 소리를 구성지게 냈다고 한다.

홍일동은 기이한 구석도 있었다. 오래된 거문고를 악보 없이도 퉁기다가 으스대며 말하기를, "나의 거문고는 천고千古에 전하지 않는 도연명의 흥취를 얻었다. 옛날에 백아伯牙가 거문고를 타자 오직 종자기鍾子期만이 그 뜻을 알았는데, 나의 거문고는 도연명이 나오지 않으면 세상에서 알 사람이 없다."라며 큰소리쳤다. 사실은 거문고를 탈 줄 몰랐던 것이다. 그런 그를 가리켜 서거정은 '천지간의 기이한 남자'라고 했다. 시도 꽤나 알고 술도 잘 마시면서 허풍이 세고 쾌활한 축이었던 것이다.

세조도 홍일동의 그런 성격을 좋아했다. 홍일동은 원종공신 책록 이후 문과 중시에 급제하여 세조로부터 표리表裏(왕이 내려 준 옷감)를 하사받고, 좌승지·대사간·대사성으로 승승장구했다. 한때 칙서의 내용을 누설한 혐의로 의금부에 구금되었으나 세조의 선처로 곧 석방되었다.

평소 괄괄한 성격에 언변이 거칠었던 그는 세조 앞에서도 흉금을 감추지 않았다. 홍일동은 세조가 불교로 기우는 듯하자 작심한 듯 부처를 논박했다. 부아가 난 세조가 "이놈을 죽여서 부처에게 사례하겠다."라며 시위侍衛에게 일러 칼을 가져오게 했다. 그런데도 홍일동은 태연하게 할 말만 늘어놓을 뿐, 시위가 칼로 정수리를 두 번이나 문질러도 돌아보거나 두려운 빛이 없었다. 그 모습을 장하게 여긴 세조는, "네가 술을 먹겠느냐?"라고 물었다. 그러자 홍일동은, "번쾌樊噲는 한나라 무사였고 항우는 다른 나라의 왕이었는데도 항우가 주는 한 동이 술과 돼지다리 하나를 사양치 않았는데, 하물며 성상께서 주시는 것이겠습니까."라고 대답했다.

세조가 항아리에 술을 가득히 담아 내려 주자 홍일동은 힘차게 마셨다. 세조가 "죽음을 두려워하느냐?"라고 물으니, 그는 "죽는 게 마땅하면 죽고 사는 게 마땅하면 사는 것인데, 그런 걸로 마음을 바꾸겠습니까."라고 말했다. 그런 의연함에 기분이 좋아진 세조는 홍일동에게 초구貂裘(담비 모피로 만든 갖옷) 한 벌을 하사했다.

그 뒤로 세조는 홍일동에게 국빈과 종친을 접대하는 일을 자주 맡겼다. 세조 7년(1461)에는 하정사賀正使가 되어 명나라에 다녀왔고, 세조 10년(1464) 3월에는 선온을 가지고 굴포堀浦에 가서 여러 종재宗宰에게 하사하게 하였다. 그 임무를 마치자마자 명나라 사신이 오자 세조는 홍일동을 선위사로 삼아 명승지를 안내하게 했는데, 홍주에 이르러 그는 과음으로 순직하였다. 실록에 그의 졸기가 이렇게 실려 있다.

행상호군行上護軍 홍일동이 홍주에서 졸하였다. 홍일동은 성질이

방광*하여 사소한 예절에 구애하지 않고, 평생에 더러운 물건을 싫어하지 아니하였고 나쁜 옷을 부끄러워하지 아니하였으며, 술을 잘 마시어 두어 말까지 마시었다. 또 시 짓기를 좋아하여 여러 번 과제科第에 합격하였다. 임금이 선위사로 보낸 것도 술을 잘 마시기 때문이었는데, 홍일동이 명을 받고 기쁨이 안색에 나타났으며, 홍주에 이르러 여러 종재宗宰가 돌아오는 것을 만나 선위례宣慰禮를 행하면서 마음껏 마시고 대단히 취하여 마침내 죽음에 이르렀다. 임금이 그 소식을 듣고 즉시 임원준任元濬 등을 보내어 그를 구하게 하였으나 온몸이 푸르러 살릴 수 없었다.

〔세조 10년 3월 13일, 세조실록〕

서거정은 홍일동의 부음을 듣고 "뜻이 있어도 시행치 못하였고 벼슬이 그 능력에 차지 못하였으니, 애석하다."라며 애도했다.

그런데 홍일동은 생전에 홍길동 때문에 곤란을 겪었을까? 그런 일은 없었다. 홍길동이 도적 수괴가 되기 전에 저승으로 떠났기 때문이다. 홍길동은 연산군 초기에 도적의 수괴로 암약하면서 주로 보부상들의 봇짐을 강탈했고, 당상관 행세를 하면서 관에 들어가 행패를 부리는가 하면, 정3품 당상무관인 엄귀손을 포섭하여 그의 비호하에 장물을 처리한 큰 도적이었다. 홍길동은 연산군 6년(1500)에 체포되었고, 엄귀손은 결탁 사실과 비리 전모가 드러나 처형되었다. 홍길동의 최후는 알려진 바가 없다.

---

*방광(放曠) 언행에 조심스럽지 않음.

홍길동은 서자가 아니었다는 주장도 있는데 확인할 방법은 없다. 여하튼, 형제였던 두 사람을 극명하게 다른 삶을 살게 된 계기는 무엇이었을까? 허균이 《홍길동전》에 쓴 대로 '차별' 때문이었을까?

다산의 9대조 정응두는 소문난 대식가

정응두丁應斗(1508~1572)는 조선 중기 문신으로 중종 29년(1534)에 식년문과에 급제했고 명종 즉위 후 사간·예조 참의를 거쳐 대사간·좌우 부승지·중추부 동지사를 역임했다. 전국 7도 관찰사를 역임했는데, 함경도 관찰사 시절 천재지변으로 고통받는 백성들을 구제하여 인망을 얻었다. 당시 그가 흉년의 피해를 조정에 치계馳啓한 내용이다.

도내의 각 관아에서 여러 해 계속되는 흉년으로 장소를 설치하고 진휼을 하고 있으나 모두 구맥*과 피직*뿐으로 유명무실합니다. 빈궁한 백성들은 나물을 캐어 먹고 있으나 그래도 먹고살 수가 없어서 약한 자는 몰래 도적질하고, 강한 자는 살인하며, 심지어는 밥을 가지고 가는 것을 보고 목을 졸라 죽이고 빼어 먹은 자까지 있으니 흉년의 피해가 이 지경에 이르렀습니다.

그리고 크고 작은 종기와 열병이 도내에 두루 펴졌는데, 죽은 사람은 그리 많지 않지만 병으로 누워 있는 사람이 십 중 칠팔이므로 농사도 시기를 잃고 말았습니다. 이처럼 흉년을 당하여 끼니를 바라는 백성들이 또 실농失農까지 하여 재해가 함께 이르게 되었으니 매우 걱정되고 두렵습니다.

〔명종 15년(1560) 5월 27일, 명종실록〕

목민관으로서 성실한 자세 때문인지, 인물 평가에 인색한 실록의 사가들마저 이례로 정응두에게는 "마음이 깊고 빈틈없으며 항시 남을 대할 때는 좋은 얼굴을 지어 자신을 기꺼이 따르게 하고 나쁜 점을 가리워서 칭찬을 취하려고 하였다."〔명종 21년(1566) 7월 3일, 명종실록〕라고 후하게 평했다.

1561년 병조 판서를 거쳐 판의금부사로 종묘 헌관獻官이 되었으며, 좌찬성·평안도 관찰사·판중추부사에 이르렀다. 시호는 충정忠靖이다. 시호가 있음에도 실록에 그의 졸기는 없다. 그런데 《어우야담》에 정응두의 먹성에 관한 이야기 한 편이 실려 있다.

찬성贊成 정응두는 먹는 양이 매우 컸다. 일찍이 농장에서 한가하게 지내는데 마을 노인이 홍시 200개를 큰 동고리에 담아 술 두 병과 여러 안주와 함께 찬성에게 올렸다. 정 찬성은 두 병의 술과 안주를 다 먹고 그릇을 비우고는 앉아 한가하게 이야기를 나누면서 홍시를 집어 꼭지를 다고 입에다 던져 넣었는데 잠깐 사이에 다 먹어 치

* 구맥(瞿麥) 패랭이꽃
* 피직(皮稷) 껍질을 벗기지 않은 피

웠다. 빈 동고리를 마을 노인에게 던져 주자 노인이 인사하고 사례하며 말했다. "제가 애초에 이것을 올릴 때는 대감께서 여러 날 잡수실 거리로 바치고자 한 것입니다. 이 자리에서 다 드실 줄은 미처 몰랐습니다."

그 마을에 이충의李忠義라는 사람이 있어 집안에서 철마다 제사를 지냈는데, 제사가 끝나면 찬성을 맞이해 대접하였다. 한 신위神位에 진설한 음식을 모두 찬성에게 올렸는데, 제기가 매우 커서 평소 사용하는 그릇의 세 배는 되었다.

과일 예닐곱 그릇과 유밀과 두세 그릇의 높이가 모두 한 자가 되었고, 떡과 적의 높이도 한 자였다. 국수 한 그릇, 어육탕 예닐곱 그릇, 기타 바다와 육지에서 나는 음식 몇 그릇, 밥과 술에 이르기까지 양껏 올렸는데 찬성은 즉시 그릇을 다 비웠다. 그 집안사람 모두가 정찬성의 양이 크다는 것을 알고 음식을 매우 풍성하게 하려고 힘썼으며 세상에 보기 드문 장관으로 여겼다.

이처럼 정응두는 소문난 대식가였다. 그나마 탐식가 중에서 밥값 정도는 한 위인이었다. 놀라운 것은 정응두가 나주(압해) 정씨 14세손으로 정약용(23세손)의 선조였다는 사실이다.

우리 집안이 9대가 옥당*에 벼슬한 것에 대해서는 세상에서 부러워하는 점이다. 그러나 하지 않은 벼슬이 세 가지가 있는데 그것은, 정승·이조 판서·문형*이다. 만약 충정공忠靖公(정응두의 시호) 적에 조금만 더 진출하였더라면 어찌 거기에 도달하지 못하였겠는가. 다만 한 걸음 물러섰을 뿐이었다.

〔다산시문집 권14, 제〕

정약용이 정응두를 만났더라면 그의 식탐에 대해 무슨 말을 했을까?

탐식을 빌미로 정적을 공격하다

조선은 성리학의 사회였다. 성리학이 사회적 기준이자 도덕적 잣대였다는 뜻이다. 간신과 충신은 인물평에서 명암이 극명하게 엇갈리는데, 간신은 어렸을 때부터 악한으로 몰아가고 충신은 비범함을 타고난 것처럼 그린다. 그들은 인간에 대한 모범답안을 가지고 있었던 것이다. 그것은 성리학적 인간, 군자君子이다.

문제는 그 잣대가 양날의 칼로 사용되었다는 데 있다. 정적을 부도덕한 인간으로 음해하는 수단이자 자기편을 성인으로 둔갑시키거나 허물을 감춰 주는 수단이기도 했다. 특히 권력싸움에서 패배한 정적이나 역신으로 몰린 인간에게는 도덕적인 치명상이 가해졌다. 도덕적인 흠집 내기에 사용됐던 것 중에 하나가 탐식에 관한 것이었다.

---

*옥당(玉堂) 홍문관의 별칭

*문형(文衡) 대제학의 별칭

충신과 현신에게는 '악의惡衣와 악식惡食을 부끄러워하지 않았다'는 말로 군자의 이미지를 덧칠했고, 역신과 간신에게는 '화려한 음식과 괴이한 것을 탐했다'는 말로 패륜의 이미지를 덧칠했다. 전자를 대표하는 인물이 이황과 이이라면 후자에 속하는 인물은 허다한데, 두 명을 꼽자면 김자점과 정후겸이 있다.

둘은 역신逆臣이라는 공통점이 있고, 식탐이 많았다는 것도 닮았다. 호화롭게 먹길 좋아했다니 안 먹어 본 음식이 없었겠지만, 두 사람은 특이하게도 '갓 부화한 병아리'를 즐겼다고 한다. 그런 말은 역신들을 더 추악한 악당으로 만들기 위한 인신공격과 도덕적인 흠집 내기의 전형에 속한다. 역모 혐의로 잡힌 허균은 온갖 모욕적인 언사를 받았는데, '천지간의 한 괴물'로부터 '부모 상중에도 기생과 놀았다'느니 '술과 고기를 먹었다'느니 온갖 모욕적인 언사를 받지 않았는가. 그런데 김자점과 정후겸에게는 왜 식탐을 문제 삼았는지, 그것도 왜 '갓 부화한 병아리'였는지 그 의도가 자못 궁금하다.

김자점金自點(1588~1651)은 광해군·인조 대의 문신이다. 인목대비 폐모론이 대두하자 벼슬에서 물러났다가 이귀李貴, 최명길 등과 함께 반정에 가담하였다. 1623년 인조반정 이후 일등공신에 책록되었는데, 공을 세워서가 아니라 반정 세력의 김상궁에게 뇌물을 주고 '새치기'한 결과였다.

어떤 까닭에선지 인조는 그를 탐탁지 않게 여겼다. 그런 마당에 마침 이자점이 미운 짓을 하고 나섰다. 1625년(인조 3) 윤인발의 딸을 세자비로 간택하려 했는데 김자점이 "역적의 자손이라 불가하다"라고 제동을 걸자 인조는 그를 삭탈관직시켰다. 그런데 1627년 정묘호란이 터지자 병권을 맡길 사람이 없어 다시 불러들였다. 그때 김자점은 인조를 호종한 공로로 도원수에 올라 서북쪽 방어를 맡았다. 그런데 1636년 병자호란이 터지자 김자점은 임진강에서 청군을 막아야 할 총책임자였음에도 전투를 회피하여 적군에게 길을 터 주었다.

전쟁이 끝난 후 조정 대신들은 김자점을 군율에 따라 처형해야 한다고 주장했다. 그러나 솜방망이 처벌로 끝났다. 위리안치로 강화에 일 년 유배되었다가 해배되어 강화 유수를 거쳐 호위대장으로 임명되었다. 정묘호란 때 인조를 호종했던 덕을 크게 본 것이다. 그 뒤로 그는 1644년 정적 심기원沈器遠을 역모 혐의로 제거하고 마침내 영의정에 올랐다.

김자점은 소현세자가 돌연사한 뒤에 손자 세룡世龍을 인조의 서녀 효명옹주와 혼인시켜서 인조와의 관계를 더욱 굳건히 다졌다. 그러나 인조가 죽자 그는 급속히 추락했다. 효종이 즉위하자 송시열·송준길 등 노론이 북벌론을 앞세워 정계에 회오리바람을 일으켰다. 위기를 느낀 김자점은 '청나라통' 역관 정명수·이형장을 통해서 북벌 계획을 청나라에 누설하였다. 그 증거로 송시열이 쓴 장릉長陵(인조와 인열왕후 한씨의 능)의 지문誌文을 보냈는데, 거기에는 청나라 연호 대신 명나라 연호가 씌어 있었다. 청나라는 즉각 군대로 위협하며 조선에 해명을 요구했고 조선은 이경석李景奭을 보내 사태를 수습했다. 그 일로 조정의 대간들은 김자점을 극렬히 탄핵했고, 결국 그는 광양으로 유배되었다가 아들 김익金釴의 역모

사건이 발생하자 처형되었다.

김자점은 산 채로 능지처참을 당했다고 한다. 그런데 그 형벌을 처음 시행한 이가 바로 김자점이었다. 일찍이 김자점은 심기원을 처형할 때 인조에게 "이 역적은 일반적인 법률로 단죄해서는 안 되니, 먼저 팔과 다리를 자른 뒤에 죽여 반역자들을 징계하소서."라고 건의했다. 그 건의대로 심기원은 산 채로 팔다리가 잘려 죽었다.

죽기 전 형틀에 묶여 있던 심기원은 형리가 다리를 자르려 하자 "이게 무슨 형벌이냐?"라고 물었다 한다. 형리가 "김 상공이 명한 것입니다."라고 대답하자 심기원은 원한에 찬 목소리로 말했다. "김자점에게 말해 다오. 끝내는 너도 이 형벌을 당할 거라고." 그런데 그의 예언은 신기하게 적중했다. 김자점도 산 채로 능지처참을 당했다. 자신이 만든 악법에 자신도 걸렸던 것이다. 그 후로 그 형벌은 폐지되었다 한다.

조선 후기 문신 성대중은《청성잡기》에서 김자점의 탐식 습관을 아래와 같이 꼬집었다.

음식 사치를 극도로 부리는 자는 패망을 자초하지 않는 경우가 드무니, 평민은 굶어서 죽고 귀족은 몰락하여 멸망한다. 허의許宜란 자는 부잣집에서 자라면서 입맛을 극도로 사치스럽게 하여 천하의 산해진미도 그의 입에 싫증나지 않은 것이 없었는데, 병이 나자 먹을 만한 것이 없어 드디어 굶어 죽고 말았다. 그리하여 당시 사람들의 비웃음거리가 되었다. 김자점은 패망하려 할 적에 온갖 부드러운 음식들이 모두 단단하다 하여 갓 부화한 병아리를 먹었고 정후겸 역시 이렇게 하였는데, 모두 얼마 안 있어 처형되었다.

근래에 한 세도가에서 떡국을 만들면서 사람의 오관五官과 사지四肢를 모두 구비한 어린아이 모양으로 만들어 먹었는데, 얼마 되지 않아 멸망하였다 한다.

갓 부화한 병아리를 먹었다는 말은 실제로 김자점이 그것을 먹었을 수도 있지만, 그의 악하고 잔인한 면을 부각하려는 반대파의 속셈이 담겨 있다. 그리고 위 글을 쓴 성대중은 허균에게 그랬듯이, 패망한 사람들의 공통점으로 '음식 사치'를 꼬집은 독실한 성리학자였다는 사실도 고려해야 한다.

병아리를 먹은 또 한 명의 주인공은 정후겸鄭厚謙(1749~1776)이다. 그는 본디 인천에서 어업에 종사하던 서인庶人이었다고 한다.

정후겸의 아비 정석달鄭錫達은 인천에 살면서 생선 장수로 업을 삼고 있어 집안이 몹시 한미하였는데, 그 아들 정후겸으로 정치달의 뒤를 잇게 하였으니, 그때 나이 겨우 16세였다.

〔영조 40년(1764) 4월 14일, 영조실록〕

그런 정후겸에게 엄청난 행운이 찾아왔다. 영조의 딸 화완옹주의 양자가 된 것이다. 그 뒤로 궁궐을 자유롭게 출입하게 되었는데, 이듬해(1765)에 진사·생원 양과에 합격했다. 필시 화완옹주의 후광 덕이었을 것이다. 영조는 정후겸에게 덜컥 장원봉사 감투를 씌워 주었다. 불과 3년 후에는 승지가 되었고, 이듬해 개성부 유수를 거쳐 호조 참의·호조 참판·공조 참판을 지냈다. 20대 초반에 이미 장차관 반열에 오른 것이다.

갑작스런 출세로 부와 권력을 손아귀에 쥔 정후겸은 당시 노론 세도가 홍인한洪麟漢과 손잡고 국정을 농단했다. 1775년 영조가 세손(정조)에게 대리청정을 명하자 정후겸은 화완옹주, 홍인한과 함께 강력하게 반대했다. 그러나 뜻대로 되지 않자 밀정을 동궁에 잠입시켜 세손의 언동을 사찰하고, 세손의 비행을 조작하여 유언비어를 퍼뜨리고, 심지어 동궁에 불을 지르는 등 '세손 죽이기'에 혈안이 되었다. 그러나 홍국영洪國榮의 세손 밀착 보호에 막혀 뜻을 이루지 못했다.

1776년 영조 사후 정조가 즉위하자 정후겸을 탄핵하는 대신들의 상소가 빗발쳤다. 당시 대사간 홍억洪檍이 올린 상소이다.

그는 하늘이 낸 요물로 비천하고 한미한 출신이면서 귀척근신의 반열에 들었으니, 그 근본은 바닷가의 꼴 베고 양 치는 아이이면서 마치 귀한 집안에서 태어난 것처럼 하였고, 공주 집안에 양자로 들어갔으면서 마치 혈족인 것처럼 하였습니다. 이에 감히 거만하게 스스로를 높이고 방자하게 거리낌이 없어 조정 관원을 마음대로 위협하고 제어하였으며 사대부를 오로지 일삼아 능멸하였습니다. 위세와 기염이 날로 치성해지고 형세와 세력이 매우 확장되어 장수와 재상을 전형함에 그의 우익羽翼(새의 날개)이 되고 조아爪牙(손톱과 어금니)가 되지 않은 사람이 없었으며, 오로지 그의 명을 받들 것만 생각하여 오히려 뒤처질까 걱정하여서는 단지 정후겸이 있는 줄만 알고 조정이 있는 줄은 몰랐습니다.

〔정조 즉위년(1776) 5월 23일, 정조실록〕

결국 정후겸은 경원에 유배되어 가시울타리에 갇혀 지내다가 사사되었다.

동시대를 살았던 성대중은 정후겸의 인간됨을 속속들이 알고 있었을 것이다. 그런데 그의 책에서 정후겸에 관한 내용은 김자점처럼 갓 부화한 병아리를 먹었다는 말뿐이다. 실록 사가의 말에, "대문을 열어 놓고 권세 있는 자를 불러들여 세도가 한세상을 기울이니, 이익利益을 좇는 무리가 이蝨처럼 달라붙지 않음이 없었다." 하니, 곰발바닥 요리 아니라 무엇인들 못 먹었을까. 그의 식탐을 더 깊이 다룰 수 없는 것이 못내 아쉽다.

금주령도 마셔 버린 술고래, 홍윤성

이덕무는 〈사소절士小節〉(선비가 지켜야 할 작은 예절)에서 술 마실 때 조심해야 할 것을 이렇게 지적했다.

만일 술을 마실 경우, 전일에 혹 취기로 인해 실수를 했거나 과음으로 인해 병이 났으면, 매양 술자리를 대할 때마다 반드시 실수하고 병이 났던 전일의 일을 크게 반성, 명심하고 경계하여 약간 얼근하면 빨리 그만둘 것이요, 마구 마셔서 정신을 어지럽혀 다시 전일의 잘못을 되풀이하는 지경에 이르지 않아야 옳다. 그러나 취할 듯 말 듯할 때에 과음되기 쉬운 것이니, 이때에 깜짝 놀라 얼른 술잔을 놓는 것이 옳다. 남에게 술을 굳이 권하지 말 것이며, 어른이 나에게 굳이 권할 때는 아무리 사양해도 안 되거든 입술만 적시는 것이 좋다.

〔청장관전서, 사소절〕

조선 시대 내내 금령을 내린 세 가지가 있으니, 소고기·소나무·술이 그것이다. 그러나 어느 한 가지도 제대로 지켜지지 않았다. 소고기는 그나마 규제가 어느 정도 가능했지만, 술은 사대부가의 손님 접대에 늘 필요한 것이었기에 금주령은 거의 효력을 발휘하지 못했다. 게다가 술 잘 마시는 사람을 쾌남, 호걸로 보는 시각마저 있어서, 사대부가 쌀독에 쌀은 빌지언정 술독에 술이 마를 날은 없었다. 과연 얼마나 마셨을까?

조선 초기에 홍윤성洪允成(1425~1475)이라는 주당이 있었다. 세조로부터 '경음당鯨飮堂'이라는 별명을 얻은 인물이다. 서거정의 《필원잡기》에도 이름을 올린 제법 거물이었다.

위평공威平公 홍윤성이 젊은 나이에 정승이 되어 집이 매우 부호하였다. 날마다 귀빈을 초대하여 연회를 개최하니, 음식이 풍부하고 정결하여 그 비용이 만 전萬錢씩이나 되었으니, 비록 하증이라 할지라도 능히 이를 따르지 못했을 것이다. 위평은 주량이 매우 강한지라, 당시 열성공烈成公 황수신黃守身과 정선공靖宣公 김하金何가 주량이 위평과 서로 대적할 만하여 비록 종일 마음껏 마셔도 조금도 취한 빛이 없었다. 광릉(세조)이 일찍이 위평을 별호하여 경음당(술고래)이라 하고, 도서圖書(도장)를 새겨 하사하였다. 이웃에 한 선비가 있었는데, 또한 술 마시는 것을 좋아하여 일찍이 명함에 글을 써 성명을 통하기를, "주인도 술고래 객도 술고래 / 주인이 마시는데 객이 어찌 사양하리(鯨飮主人鯨飮客 主人鯨飮客何辭)." 하니, 한때 서로 전해 가며 웃었다.

〔필원잡기 권2〕

홍윤성은 계유정난에서 수양대군을 왕위에 옹립한 주역 중 한 사람이다. 문종에 이어 어린 단종이 즉위하자, 수양대군에게 "임금이 어리고 나라가 위태하니 정국을 바로잡을 큰일을 일으켜야 된다."라고 진언하고 권람權擥을 모사로 천거했다.

홍윤성은 배운 것은 없고, 무인 기질에 기골이 장대하고 완력이 대단했다고 한다. 계유정난 당시 황보인皇甫仁, 김종서金宗瑞 등 원로 대신을 살해·제거하는 데 앞장섰던 사람이 바로 홍윤성이다. 성격이 포악하기 이를 데 없어, 사람을 죽였다는 일화가 많이 있다. 자신을 30여 년이나 키워 준 삼촌이 또 다른 조카의 벼슬을 부탁하자 대가를 요구했다가 욕을 먹고는 발끈하여 그 자리에서 삼촌을 때려죽였다고 한다. 그뿐 아니라 자신의 집 앞에 흐르는 냇물에서 말을 목욕시키던 행인을 말과 함께 죽였고, 논을 빼앗기고 항의하러 온 노파를 한 주먹에 쳐 죽였다는 일화도 있다.

세조 즉위 후 홍윤성은 정난공신 이등에 녹선되었고, 예조 참의·경상우도 절제사를 거쳤다. 신숙주를 도와 모련위毛憐衛에 침입한 여진족을 토벌한 공으로 숭정대부에 올랐고, 우의정·좌의정에 이어 영의정에 올랐다.

세조는 홍윤성이 사람을 죽였다는 말을 듣고도 '정난靖難의 원훈元勳'이라는 이유로 책망만 할 뿐 처벌하지 않았다. 1471년에는 성종의 즉위를 보좌한 공으로 좌리공신佐理功臣 일등에 책록되었다. 그는 주먹 하나로 정승 반열에 올랐고, 사람을 쉽게 죽여 '패륜 정승'으로 악명을 남겼다.

조선의 술고래들 이야기는 따로 책 한 권을 써야 할 만큼 많다. 금주령은 금육령 이상으로 조선 시대 내내 사회적 이슈였다. 그것을 다루는 것은 '탐식'이라는 주제에서 벗어나는 것이라 다음 기회에 다루기로 한다. 이 책에서는 조선의 술꾼들이 좋아했던 안주 이야기 하나만 하겠다.

필탁의 주흥: 오른손에는 술잔, 왼손에는 게 집게발

이덕무의 손자 이규경은 《오주연문장전산고》의 〈섭생攝生〉 편에서 가을에 먹는 게를 최고의 양생 비결의 하나로 꼽았다.

가을철에는 …… 신시申時에 게蟹의 집게발과 농어회鱸魚膾로 해천라海川螺(소라껍질)에 새로 빚은 술을 따라 취한 뒤에 퉁소 두어 곡조를 부른다. 땅거미가 지면 사립문에 기대어 초부樵夫, 목동牧童의 노래를 들으며, 반월향半月香을 피워 놓고 국화를 가꾼다.

게는 벼가 익을 무렵에 가장 맛이 좋다. 살이 꽉 차기 때문이다. 게살 중에도 집게다리의 살은 '해오蟹螯'라고 불렀는데, 예로부터 미식가들이 진미 중의 진미로 꼽았다.

해오는 《진서晉書》 〈필탁전畢卓傳〉에 나오는 말이다. 필탁은 "오른손에 술잔, 왼손에 해오를 잡고서 술 연못 속에 빠져서 일생을 퍼마시다 죽으면 충분하다(右手持酒卮 左手持蟹螯 拍浮酒池中 便足了一生)."라고 말한 전설적인 주당이다. 필탁은 술을 끔찍이 좋아했고 예의범절에 얽매이지 않았다. 관리 신분에 남의 집 술을 밤에 훔쳐 먹다가 붙잡히기도 했는데, 그는 늘 주변 사람들에게 "술을 얻어 수백 곡을 실을 수 있는 배에 싣고, 사시四時로 잡히는 맛있는 생선을 뱃머리에 놓아두되, 오른손에는 술잔을 들고 왼손에는 해오를 잡고서 술을 실은 배와 함께 떠 있으면 문득 한평생이 만족스러울 것이다."라고 말했다 한다. 그 뒤로 필탁은 주당들의 멘토가 되었고, '술 한 잔에 게 집게발'은 벼 익을 무렵 벌이는 조촐한 술자리의 단골 메뉴가 되었다.

게는 예로부터 중국의 대문호들이 '내황후內黃侯', '무장공자無腸公子', '곽색郭索'이라 부르며 술자리의 으뜸 안주로 꼽아 온 요리이다. 내황후란 게의 별칭이다. 굳은 껍질 안에 황색 게장이 들어 있기 때문에 붙여진 것이다. 무장공자는 게에 창자가 없음을 두고 한 말이며, 곽색은 다리가 많다는 뜻에서 붙인 별명이다.

조선의 양반들 역시 맛 좋은 술에 게의 부드러운 속살을 파먹으

게 조석진

게 두 마리와 갈댓잎을 살짝 흘려 그린 그림이다. 이 그림에는 과거 합격을 기원하는 뜻이 담겨 있다. 게의 등껍질인 갑甲이 장원급제의 갑甲과 글자가 같은 데서 착안한 그림이다. 갈댓잎을 함께 그린 까닭은, 중국식 발음으로 갈대 로蘆 자가 '전려傳臚'의 려臚 자와 같기 때문인데, 전려란 임금이 장원급제한 사람에게 내리는 음식이다. 전려를 갈대로 형상화하여 합격을 기원한 것이다. 이런 그림을 전려도傳臚圖라고 부른다. 전려도로 인하여 게는 사대부들에게 더욱 친근한 음식이 되었다.

며 중국 대문호들처럼 게맛 예찬에 동참했다. 조선 초기 성리학의 종장宗匠이자 훗날 사림의 조종祖宗이 된 김종직金宗直(1431~1492)은 정부 요직에 있었으나 가난 때문에 함양 군수를 자원했다. 평생 청빈하게 살았고 좋은 음식과는 담을 쌓고 살았던 '소학군자' 김종직도 냇물에서 게를 잡아 포식했던 한여름 추억에는 기꺼이 시 한 편을 할애했다.

집게발 잘라라 하얀 살에 젓가락이 따르고 斫玉片還隨箸
배를 쪼개라 누런 속은 농짝에 가득하네. 破腹金穰自滿匡
듣건대 막걸리 곁들이면 풍미가 좋다 하니 見說入糟風味絕
깊은 밤에 위소랑을 짝할 만하구려. 夜深堪伴緯蕭郎

〔점필재집 권1〕

위소랑은 어부를 두고 한 말이다. 위소는 '쑥대를 엮는다'라는 뜻으로, 게를 잡는 어부가 쑥대를 엮어 삼태기처럼 만들어서 게가 다니는 목을 막아 잡는 데서 온 말이다. '위소랑을 짝할 만하다'는 것은 어부와 친하게 지낸 덕분에 게 맛을 보게 되었다는 뜻이다.

조선의 대문호 서거정이 게의 살진 맛을 지나쳤을 리 없다. 그는 어느 시골 노인이 게를 보내 오자 기쁨에 겨워서, "옥 집게다리 황금 껍질 빛나는 내황후는 / 그 풍미가 진정 강호의 제일류이고 말고(玉螯金甲內黃侯 風味江湖第一流)."라고 시를 지었다.

게의 집게다리 맛은 다산도 한때 그리워한 적이 있다. 유배지 장기에 막 내려갔을 때 그는 고향을 그리워하며 "꽃게의 엄지발이 참으로 유명한데 / 아침마다 대하는 것 가자미국뿐이라네(紅擘蝤蛑儘有名 朝朝還對鰈魚羹)."라고 한탄하였다.

천하의 미식가 허균도 술안주로는 게 요리를 첫째로 쳤다. 《한정록》의 '음저飮儲(술안주)' 항목에서 술 마시기에 좋은 다섯 가지 음식을 이와 같이 꼽았다. 술 마실 때 참고할 만하다.

술 마실 때의 요리를 안주飮儲라 하는데, 첫째는 청품淸品으로 선합鮮蛤(날참조개의 고기)·조감糟蚶(살조개의 고기로 요리한 것)·주해酒蟹(게로 요리한 것)의 유이고, 둘째는 이품異品으로 웅백熊白(곰 등 부위의 기름으로 맛이 매우 좋음)·서시유西施乳(복어의 다른 이름으로 봄철에 맛이 매우 좋음)의 유이고, 셋째는 이품膩品으로 염소와 양이나 거위고기 구이의 유이고, 넷째는 과품果品으로 송자松子·행인杏仁의 유이고, 다섯째는 소품蔬品으로 날죽순鮮筍·이른 부추早韭의 유이다.

조선 시대 양반들의 탐식에 관한 기록은 사실 많지 않다. 먹을 걸 탐하는 것은 선비의 미덕이 아니었는데 어느 누가 '나 이렇게 먹었소' 하고 기록을 남기겠는가. 같은 유교 국가였지만 조선과 중국은 음식문화에서 큰 차이가 있다. 조선 사대부들은 식탐을 비루하게 여겼다. 반면에 중국 사대부들은 요리를 즐겼다. '재상宰相'의 '宰' 자는 집을 뜻하는 '宀(면)' 자에 '살상하다'라는 뜻을 가진 '辛(신)' 자를 붙여서 만든 글자이다. 즉 '宰'는 '집안에서 요리하는 사람'을 가리킨다 하겠다. '宰'가 '재상'을 뜻하게 된 것은, 상나라를 세운 탕왕의 재상 이윤伊尹이 노예 출신이었기 때문이다. 이윤은 요리사였다고 한다. 이런 고사로 재상과 요리사를 결부시킨 중국 사대부들은 요리를 좋아했고 멋스럽게 먹기를 바랐다. 그런 풍토가 절세의 미식가 소동파를 낳았던 것이다.

조선 사대부들은 식탐은 많았지만 조리법은 외면하여 조리서 하나 남기지 않았다. 문자를 독점했던 양반층이 조리법에 관심을 두었더라면 조선의 음식문화는 훨씬 풍성하게 꽃을 피웠을 것이다.

+ 한식에서 신선로는 화장기 진한 첩

이 책에서 입에 올린 요리 가운데 조선 시대의 지배층이 가장 선호한 요리를 꼽는다면 신선로(열구자탕)가 첫 손가락에 든다. 신선로는 소수 상류층만 향유했을 뿐 지금까지도 서민의 음식이었던 적이 없음에도 우리 사회에서 지나치게 후한 대우를 받고 있다. 농림부가 펴낸 《아름다운 한국음식 100선》(2007)의 표지를 차지했고, 맛 칼럼니스트 황교익이 자신의 블로그에 올린 글에 따르면, 청와대 만찬의 대미를 장식하는 음식이 신선로라고 한다. 메인 조명을 끈 상태에서 서버들이 60여 개의 신선로를 들고 등장하여 신비감을 준다고 한다. 그런데 역대 대통령들이 동남아 순방을 다녀온 뒤로는 신선로에 씁쓸한 반응을 보였다는데, 그 까닭은 신선로가 우리 고유의 음식이 아니라는 사실을 동남아에서 확인했기 때문이란다.
청와대 만찬의 대미는 신선로에서 다른 음식으로 바뀌어야 한다. 나는 승기악탕(도미면)을 추천한다. 황해도 의주 백성들이 오랑캐를 토벌하러 온 허종에게 대접하였다는 음식이다. 신선로를 대체할 수 있는 가장 적합한 음식이다. 왜냐하면 승기악탕에는 자신들의 생명과 재산을 지켜 주러 온 장수(지도자)에게 민초들이 정성껏 만들어서 바친 음식이라는 스토리가 담겨 있기 때문이다. 세계 어떤 음식에 이만한 스토리가 들어 있는가.

탐식은 현대사회에 가장 흔한 범죄

드디어 조선 시대의 탐식가들 이야기를 끝냈다. 생각보다 후련하지는 않다. '탐식'이라는 주제와 거리가 있는 이야기들까지 주섬주섬 엮어 놓았기 때문에, 조선 선비들의 음식문화를 써 놓고 탐식가 이야기라고 우기는 것 같아 읽는 분들에게 미안하다. 그리고 '탐식'을 분명하게 정의하지 않고 글을 시작한 것도 주제의식을 희미하게 만든 원인이었다. 그래서 이제라도 탐식과 미식의 차이를 정립하고자 한다.

탐식의 다섯 가지 유형

교황 그레고리우스 1세는 탐식의 유형으로 다섯 가지를 꼽았다. 시도 때도 없이 먹는 것, 너무 섬세한 요리(맛)를 추구하는 것, 너무 호화롭게 먹는 것, 절도 없이 게걸스럽게 먹는 것, 너무 과하게 먹는 것이 그것이다.

조선 시대 선비들이 본 탐식의 유형도 위와 비슷하다. 성호 이익은 "부호들은 하루에 일곱 끼니나 먹는다."라고 개탄했고, 이덕무와 정약용은 음식의 맛을 따지며 먹거나 사치스럽게 먹지 말라고 훈계했다. 식사 예절을 지키고 많이 먹지 말라는 것은 선비라면 누구나 하는 말이었다.

정리하면, 탐식이란 음식에 대한 '과도한 관심과 지나친 몰두'라고 할 수 있겠다. 그런데 왜 동양이나 서양이나, 탐식을 하지 말라고 했을까?

탐식은 죄악을 부르는 초대장?

미국의 소설가 프랜신 프로즈Francine Prose는 탐식을 매우 흥미롭게 분석했다. 그의 책《탐식Gluttony》은 중세 기독교가 왜 탐식을 죄악으로 취급했는지를 보여 주고, 현재에도 탐식은 '가장 널리 퍼져 있는 죄'라고 지적한다.

중세 기독교에서는 탐식을 '일곱 가지 대죄' 가운데 두 번째 죄악으로 꼽았다. 단테도《신곡神曲》에서 언급한 것인데, 정욕Lust, 탐식Gluttony, 탐욕Greed, 나태Sloth, 분노Wrath, 시기Envy, 허영Vanity이 그것이다. 중세의 교부들은 그중에서 가장 근본적인 죄악으로 탐식을 꼽았다. 그 까닭은 개인의 탐식이 정욕을 비롯한 다른 죄악들을 불러 모은다고 여겼기 때문이다. '사막의 교부'로 불린 에바그리우스 폰티쿠스Evagrius of Pontus(346~399)는 "탐식은 정욕의 어머니이자 사악한 마음의 자양분"이라고 못 박았다. 또한 초기 신학자들은 '탐식이 미각을 찬양하는 탓에 우리의 관심을 신에게서 멀어지게 만든다'거나, '신을 향한 사랑과 순수한 헌신에서 우리를 멀어지게 하기에 죄'라고 주장했다. 교부 토마스 아퀴나스는 "무절제, 흉측한 쾌락, 너저분함, 불결함, 수다스러움, 정신의 아둔함"을 "탐식이 낳는 여섯 딸"이라고 불렀다. 그런데 정작 본인은 엄청난 대식가였다고 한다. 그가 식탁에 앉으려면 배가 닿는 부분을 둥그렇게 잘라 내야 한다는 과장된 말도 있었다.

《그리스도를 본받아》를 쓴 토마스 아 켐피스Thomas a Kempis도 "음식과 술로 배가 터질 듯 차 있을 때 방탕이 문을 두드린다."라고 탐식을 경고했다. 그런 경고에 따라 수녀들은 지나친 단식으로 자신의 몸을 기아 상태로 만들어서 자신이 오직 신만을 위해 헌신하고 있음을 증명하려 했다. 그러나 성직자들은 늘 좋은 음식과 훌륭한 와인을 즐겼다.

중세의 예술가들은 탐식에 대한 교부들의 경고에 따라 자신의 작품에서 탐식을 저주하고, 탐식가에게 온갖 경멸을 다 퍼부음으로써 자신의 신앙심을 증명하려 했다. 영국 시인 제프리 초서는 부패한 '면죄부 판매인Pardoner'을 통해 "여자들은 색욕에 불을 붙이는 / 탐식의 앞잡이입니다."라고 여자와 탐식을 경멸했다.

15세기의 화가 히에로니무스 보슈Hieronymus Bosch는 〈최후의 심판〉에서 저주를 받아 지옥에 간 탐식가들이 음식으로 변하는 광경을 그렸다. 같은 시기에 널리 읽혔던 소책자 《신의 섭리》에는 탐식한 죄인들이 지옥에서 어떤 벌을 받게 되는지가 끔찍하게 묘사되어 있다. 탐식가들은 지옥 불이 이글거리는 둥근 식탁에 앉아서 온갖 역겨운 음식을 먹어야 한다. 소변과 대변은 물론 기생충, 개구리, 도마뱀 따위를 먹어야 하는데, 먹기를 거부하면 악마들이 고문을 해서 억지로 먹인다.

이와 같이 중세 기독교가 탐식을 가장 근원적인 죄악으로 규정한 이유는 무엇일까? 낮은 생산력으로 인한 식량난 때문이었다. 그럼에도 인구는 늘어나서, 사회를 유지하려면 입에 자물쇠를 채워야 했다. 그 역할을 교회가 떠맡으면서 교부들은 탐식이야말로 가장 흉악한 죄라고 설파했다. 그 결과 중세인들은 적게 먹으면서 늘 신만 바라보는 '착한 죄인'으로 개조되었고, 교부들은 조금만 경계를 늦추어도 어김없이 죄를 짓고 마는 어린 양들을 교회 울타리 안에 가두어 둘 수 있었다. 탐식이 죄라는 의식을 심어 준 결과 이석이조 효과를 본 것이다.

조선에서는 탐식을 어떻게 취급했을까? 결론부터 말하면, 서양에 비하면 탐식에 비교적 관대했다. 조선 정부는 신분에 따라 음식의 가짓수와 상차림의 격을 제한하는 법을 만들고, 그 규정을 어긴 사람을 처벌하겠노라고 공표했다. 하지만 실제로 규제를 강하게 하지는 않았다. 탐식을 막으려는 목적보다는 신분의 벽을 지키려는 의중이 강한 정책이었기 때문이다.

조선의 지배 이념인 성리학에서는 탐식을 부도덕으로 여기긴 했으나 죄악으로 규정하지는 않았다. 하지만 탐식은 부모로부터 받은 몸을 망가뜨려 불효를 하게 된다거나 집안 살림을 거덜 내고 사회를 병들게 한다고 목소리 높여 경고했다.

그런데 정작 조선에서 탐식이 사회문제가 된 적은 소고기 탐식 외에는 별로 없었다. 그 까닭은, 조선 사회의 농업 생산력이 워낙 낮았고, 국토가 좁고 기후가 단일하여 식재료가 다양하지 못했기 때문이다. 탐식은 소수 권세가들이 누린 특권이었고, 인구의 다수는 기아에 항구적으로 시달렸다. 따라서 정부가 틀어쥐려 한 것은 일반 민중이 아닌 특권층의 목구멍이었다. 특권층의 식욕을 적절히 통제하지 않으면 하층민의 분노가 폭발하여 사회가 붕괴될 수도 있는 상황이었기 때문이다. 성리학의 청빈과 근검 정신은 그런 현실이 낳은 고육지책이었던 것이다.

한의학의 약식동원藥食同源(약과 음식은 근원이 같다는 뜻) 사상도 탐식을 막는 데 자못 큰 기여를 하였다. 우리 몸에 가장 좋은 약은 음식이라는 생각이 음식을 귀하게 여기는 풍토를 만들었고, 지나친 식사는 도리어 건강에 해가 된다는 말이 탐식에 대한 경각심을 심어 주었다.

미식가와 탐식가의 차이

미식가가 등장한 것은 17세기에 이르러 프랑스 상류층에서였다. 엄격한 식사 예절이 강조되면서 음식을 즐기되 품위를 갖춘 사람, 고급스러운 입맛을 가진 사람이 교양인으로 대접받았다. 그들은 잘 만들어진 요리는 예술작품에 비길 바 없다면서 요리를 예술로 승격시켰고, 스스로 미식가를 자처하면서 탐식가들과 선을 그었다. 그러나 미식가와 탐식가를 구분 짓기란 참으로 모호하다. 이 문제는 이 책을 쓰는 동안 줄곧 나를 곤란하게 했다.

이 책에 나오는 인물 가운데 명백한 탐식가는 허균밖에 없다. 자신의 입으로 "나는 평생 먹을 것만 탐한 사람"이라고 실토하지 않았던가. 유난히 음식에 관한 시를 많이 써서 이 책에서 자주 언급된 서거정은 누구보다 다양한 음식을 즐겼지만 육식은 멀리했다. 그는 미식가일까 탐식가일까? 이 글의 서두에서 소개한 교황 그레고리우스 1세의 '탐식의 다섯 가지 유형'이 그 대답을 해 줄 수 있으리라 생각한다. 시도 때도 없이, 너무 섬세하게 맛과 호화로운 음식을 추구하며, 게걸스럽게 너무 많이 먹는 것! 이렇게 먹는 사람을 탐식가라 부르기로 한다.

그런데 미식가를 규정하기는 더 까다롭다. 탐식가와 겹치는 모습이 많기 때문이다. 국립국어원의 《표준국어대사전》에 따르면 탐식가는 "음식을 탐하는 사람"이고, 미식가는 "음식에 대하여 특별한 기호를 가진 사람, 또는 좋은 음식을 찾아 먹는 것을 즐기는 사람"이다. 식도락가는 미식가의 동의어이다. 그 외에 악식가가 있는데, '맛없고 거친 음식을 즐겨 먹는 사람'이다.

이 기준에 따라 이 책에 나온 사람들을 돌아보자. 부친상 중에 우심적을 먹었다는 채수, 개고기를 즐긴 유석·심상규·김안로, 소고기를 탐한 김계우, 식탐이 많았던 허균, 식전방장의 윤원형·정사룡·박원종, 대식가 홍일동·정응두는 탐식가라는 데 이론이 없을 것이다.

미식가로는 우심적을 좋아했던 김문, 담박한 음식을 좋아한 서거정, 농어회와 냉면을 좋아한 장유를 꼽을 수 있다. 악식가에 가장 가까운 사람은 이덕무와 정약용이다.

그럼 우리는 어떤 부류에 속할까? 탐식의 다섯 가지 유형에 다 해당되는 것은 아닌지, 스스로에게 물어볼 일이다.

탐식은 자신의 몸에 증거를 남긴다

언론을 통해 만들어진 '맛있는 식당'(맛집이라 불린다)이 부쩍 많아졌다. 그런 식당들은 색다른 맛을 즐기려는 사람들로 온종일 북적인다. 이제는 맛있는 음식을 먹으려는 욕망이 더 이상 죄가 아니다. 먹을 것이 대량으로 생산되는 지금은 대량소비와 탐식을 미덕으로 여기는 사회이다. 그런 사회에서 우리는 거대한 식품기업과 언론이 가르쳐 준 '맛집'의 충실한 고객으로 살고 있다. 우리 사회는 개개인의 모든 욕구를 억압하면서도 유독 식욕만큼은 제동을 걸지 않는다. 도리어 더 많이, 더 맛있게, 새로운 맛을 추구하라고 부추긴다. 그 결과는 비만 인구의 증가로 나타났다. 탐식은 현대 사회에 가장 널리 퍼져 있는 범죄이다. 다른 범죄와 달리 탐식은 남을 해하지 않는다. 자신에게 해를 입힐 뿐이다.

먹을 것이 넘쳐 나는 축복받은 시대에 살고 있는 우리는 탐식으로 인해 파괴되고 있다. 무엇을 어떻게 먹을 것인지 분별해야 할 이유가 거기에 있다. 미식가가 될 수는 없을까? 그 대답을 맛 칼럼니스트 황교익의 말에서 찾을 수 있다. 그는 탐식을 "맛있는 음식을 찾아다니며 먹는 것"이라 정의했고, 미식은 "음식에 담긴 삶을 맛보자는 것"이라고 하였다. 이 정의에 따르면 우리는 모두 탐식가이다. 그러나 이제라도 음식의 맛보다 그 속에 담긴 삶에 주목한다면 우리도 탐식의 해악을 피하면서 멋스럽게 먹을 수 있지 않을까?

2012년 1월 김정호

인명 색인

ㅈ

참고 도서·논문 목록

고전번역총서 (한국고전번역원)

《조선왕조실록》
《승정원일기》
《고려사절요》
《만기요람》
《동문선》
권근, 《양촌집》
권필, 《석주집》
김장생, 《사계전서》
김정희, 《완당집》
김종직, 《점필재집》
박지원, 《연암집》
서거정, 《사가집》
성대중, 《청성잡기》
송시열, 《송자대전》
신유한, 《해유록》
신흠, 《상촌집》
이규경, 《오주연문장전산고》
이규보, 《동국이상국집》
이긍익, 《연려실기술》
이덕무, 《청장관전서》
이색, 《목은집》
이유원, 《임하필기》
이익, 《성호사설》
장유, 《계곡집》
정약용, 《다산시문집》
정조, 《홍재전서》
조명채, 《봉사일본시문견록》
조엄, 《해사일기》
한치윤, 《해동역사》
허균, 《성소부부고》
홍만선, 《산림경제》

단행본

강명관,《옛글에 빗대어 세상을 말하다》, 길, 2006
강인희,《한국식생활사》, 삼영사, 1997
고광석,《중화요리에 담긴 중국》, 매일경제신문사, 2002
국립민속박물관 편역,《조선대세시기 1-4》, 국립민속박물관, 2007
규장각한국학연구원,《조선 국왕의 일생》, 글항아리, 2009
김동욱,《새벽 강가에 해오라기 우는 소리 상, 중, 하》, 아시아문화사, 2008
김만조·이규태 공저,《김치견문록》, 디자인하우스, 2008
김상보,《조선시대의 음식문화》, 가람기획, 2006
김상보,《한국의 음식생활문화사》, 광문각, 1997
김찬별,《한국음식, 그 맛있는 탄생》, 로크미디어, 2008
김태형,《심리학자, 정조의 마음을 분석하다》, 역사의아침, 2009
다시로 가즈이, 정성일 역,《왜관-조선은 왜 일본사람들을 가두었을까》, 논형, 2005
박홍갑 외,《승정원일기, 소통의 정치를 논하다》, 산처럼, 2009
서긍, 민족문화추진회 역,《고려도경》, 서해문집
안대회,《조선을 사로잡은 꾼들》, 한겨레출판, 2010
안대회,《선비답게 산다는 것》, 푸른역사, 2007
안동 장씨,《다시 보고 배우는 음식디미방》, 궁중음식연구원, 1999
유만공, 임기중 역,《우리 세시풍속의 노래》, 집문당, 1993
유몽인, 신익철 외 역,《어우야담》, 돌베개, 2006
유정, 배규범 역,《사명당집》, 지만지, 2011
윤덕노,《음식 잡학 사전》, 북로드, 2007
윤덕노,《장모님은 왜 씨암탉을 잡아주실까? : 음식 유래 이야기》, 청보리, 2010
윤서석 외,《한국음식대관 1-6》, 한국문화재보호재단, 1997
왕런샹, 주영하 역,《중국 음식 문화사》, 민음사, 2010
이성우,《한국식품문화사》, 교문사, 1997
이용기,《조선무쌍신식요리제법》, 궁중음식연구원, 2001
이이, 민족문화추진회 편,《석담일기》, 솔, 1998
이표,《현대식으로 다시 보는 수문사설》, 농업진흥청, 2011
이해원,《중국의 음식 문화》, 고려대학교출판부, 2010
장징 저, 박해순 역,《공자의 식탁》, 뿌리와이파리, 2002
정대성,《일본으로 건너간 한국음식》, 솔, 2000
정민,《새로 쓰는 조선의 차 문화》, 김영사, 2011
정약용, 박석무 역,《유배지에서 보낸 편지》, 창비, 2009
정약용, 전주대호남학연구소 역,《여유당전서》, 여강출판사
정학유, 허경진·김형태 역,《시명다식》, 한길사, 2007
정혜경,《한국음식 오디세이》, 생각의나무, 2007
조성기,《양반가문의 쓴소리 : 이덕무의 '사소절'》, 김영사, 2006
주영하,《그림속의 음식, 음식속의 역사》, 사계절, 2005

채경서,《두부》, 김영사, 2006
최기철,《민물고기를 찾아서》, 한길사, 1997
최남선,《조선상식문답》, 기파랑, 2011
최서해,《탈출기》, 문학과지성사, 2004
최준식,《한국인에게 밥은 무엇인가》, 휴머니스트, 2004
프랜신 프로즈, 김시현 역,《탐식》, 민음in, 2007
한일공통역사교재 제작팀,《조선통신사》, 한길사, 2005
한국고문서학회,《조선 시대 생활사 1~3》, 역사비평사, 2006
함규진,《왕의 밥상 : 밥상으로 보는 조선왕조사》, 21세기북스, 2010
허균, 허경진 편역,《교산 허균 시선》, 평민사, 2002
허경진 편역,《청소년을 위한 다산 정약용 산문집》, 서해문집, 2010
허경진,《허균 평전》, 돌베개, 2002
혼마 규스케, 최혜주 역,《조선잡기: 일본인의 조선 정탐록 》, 김영사, 2008
홍선표,《조선요리학》, 조광사, 1940

논문

고경희,《조선시대 한국풍속화에 나타난 식생활문화에 관한 연구》, 한국식생활문화학회지 18-3, 2003
김대길,《조선 후기 우금에 관한 연구》, 사학연구 제52호, 1997
김덕수,《임진왜란과 불교승려군》, 육군본부 군종감실, 1993
김미혜,《조선 후기 문학과 회화에 나타난 한국음식문화 연구》, 호서대 박사논문, 2008
김성미,《「고사십이집」의 조리가공에 관한 분석적 연구 2》, 동아시아식생활학회지 통권 4-3호, 1994
김성우,《15세기 중, 후반 훈구관료 서거정의 관직생활과 그에 대한 평가》, 대구사학, 2006
김성진,《19세기 김해인의 생활을 침식한 왜풍》, 지역문학연구 제3호, 1998
김태홍,《견육요리의 연구-1 : 문헌고찰》, 한국식문화학회지 4권 3호, 1989
민족문학사연구소 한문분과,《이가환의「정헌쇄록」》, 민족문학사연구 통권 31호, 2006
안용근,《한국의 개고기 음식에 대한 고찰》, 한국식품영양학회지 통권 12-4호, 1999
이기문,《승기악탕의 어원 탐구》, 새국어생활 17-1, 국립국어원, 2007년 봄
이성우,《조선시대 조리성의 분석적 연구》, 한국정신문화연구원, 1982
이재규,《수원갈비의 역사성에 관한 연구》, 경기대 석사논문, 2003
정혜선,《정사룡의 생애와 시세계》, 한국한시작가연구 4, 태학사, 1999
탁효정,《조선 후기 왕실원당의 사회적 기능》, 청계사학 524호, 2004,
정숙인,《「해동죽지」에 나타난 세시풍속 고찰》, 어문연구 33권 4호, 한국어문학교육연구회, 2005

기타

조선시대 식문화 원형 http://joseonfood.culturecontent.com/